Bestsellers

LUCIANO DE CRESCENZO

ELENA, ELENA, AMORE MIO

ARNOLDO MONDADORI EDITORE

© 1991 Arnoldo Mondadori Editore S.p.A., Milano

I edizione I libri di Luciano De Crescenzo febbraio 1991
I edizione Oscar Bestsellers maggio 1993

ISBN 88-04-37112-1

Questo volume è stato stampato
presso Arnoldo Mondadori Editore S.p.A.
Stabilimento Nuova Stampa - Cles (TN)
Stampato in Italia - Printed in Italy

Ristampe:

1 2 3 4 5 6 7 8 9 10 11 12

1993   1994   1995   1996   1997   1998

Elena, Elena, amore mio

C'è un uomo cieco, qui, con una fronte
grande e bianca come una nuvola,
e tutti noi suonatori,
dal più bravo al più umile,
scrittori di musica e cantastorie,
sediamo ai suoi piedi,
e lo ascoltiamo cantare della caduta di Troia.

(dall'Antologia di *Spoon River* di Edgar Lee Master)

Premessa

Appartengo a una generazione che non ha mai giocato agli indiani e cow-boy. Quali le ragioni non saprei dirlo: sarà che negli anni Quaranta non erano ancora arrivati i film di John Wayne, o che Mussolini ci spingeva di più verso la «classicità» che non verso il Far West, certo è che noi balilla, quando dovevamo fare a botte, preferivamo dividerci in Greci e Troiani piuttosto che in Sioux e soldati del Settimo Cavalleggeri.

La prima guerra tra ragazzi di cui conservo memoria fu quella combattuta tra la quarta B e la quarta C del Liceo Ginnasio Umberto I di Napoli in Villa Comunale, nel tratto compreso tra piazza Vittoria e la cosiddetta Cassa Armonica (che nella circostanza ci rimise tutti i vetri colorati della fascia inferiore). Avevamo spade di legno e utilizzavamo come scudi i coperchi dei bidoni dell'immondizia, sui quali in precedenza avevamo scritto a grandi lettere: «A MORTE I FIGLI DI TROIA». Il perché poi noi fossimo i Greci e loro i Troiani, non sono mai riuscito a spiegarmelo; probabilmente perché eravamo stati noi della quarta B i primi a pensarci. In realtà avremmo voluto essere tutti Achille, solo che per sostenerlo a voce alta bisognava fare i conti con un certo Avallone, un bisonte, mio compagno di classe, dotato di due mani grosse come prosciutti.

I ruoli di Diomede, Aiace Telamonio, Aiace Oileo e

9

Idomeneo furono subito accaparrati dai ragazzi più robusti della quarta B, motivo per cui dovetti accontentarmi di essere Epistrofo, un eroe focese che perfino Omero aveva snobbato, nominandolo solo una volta nell'elenco dei capitani. Ma per capire fino a che punto i nomi fossero distribuiti a caso, basti pensare che Cotecchia, l'ultimo della classe, individuo noto per la sua dabbenaggine, impersonava l'astuto Ulisse, e solo perché era amico di Avallone.

Inutile dire che nessuno di noi voleva essere Menelao. Che il fratello di Agamennone avesse le corna era fin troppo noto perché qualcuno potesse portarne il nome con disinvoltura. Eppure, a pensarci bene, proprio io avrei potuto accollarmi l'ingrato compito, dal momento che ero stato appena mollato da tale Ceravolo Elena, una ragazzina della terza A che aveva perfino il nome giusto per sostenere il ruolo dell'adultera.

Un giorno, all'una, l'attesi inutilmente all'uscita di scuola. Vidi sfilare, una dopo l'altra, tutte le sue compagne, e quando alla fine chiesi ragguagli a una biondina con gli occhiali, questa, non senza un pizzico di cattiveria, mi rispose: «Elena ha fatto filone[1] con Giorgio, quello alto della quarta C». Rimasi annichilito: avevo appena scritto una poesia dal titolo «Elena, Elena, amore mio» e avrei tanto voluto leggergliela mentre l'accompagnavo a casa. Girai come un ebete tutto il giorno e l'indomani mi vendicai nel modo più abietto: andai a dire ad Avallone che quelli della quarta C lo avevano soprannominato «palla di sivo», e tanto bastò per far scoppiare la prima grande guerra tra gli Achei e i Troiani.

Avallone, ovvero Achille, era un autentico camorrista: pretendeva una sigaretta al mese da tutti i suoi compagni di classe e guai a chi non era puntuale. Un giorno, per aver solo tentato un accenno di ribellione, presi tante di quelle botte

[1] Fare *filone* = marinare la scuola.

10

che ancora oggi ne conservo il ricordo. *Ebbi modo, comunque, di rivalermi durante il compito di greco: quando l'energumeno mi chiese di passargli la traduzione, risposi con molto coraggio: «Mi chiamo Epistrofo e sono un misero focese: il greco non lo so. Se proprio non sai cosa scrivere, fatti aiutare da Ulisse che è amico tuo!».*

Mosso da questi ricordi, quasi per un desiderio incontenibile di rivivere quei giorni, ho cercato di raccontare anch'io, nel mio piccolo, la guerra di Troia, vista però con gli occhi di Leonte, un ragazzo di sedici anni che parte per il fronte, insieme al suo maestro Gemonide, con nove anni di ritardo rispetto all'inizio delle ostilità.

Leonte è alla ricerca di suo padre, il re di Gaudos, dato per disperso da circa cinque anni: nessuno degli Achei gli sa dire se sia stato ucciso in battaglia o se sia stato fatto prigioniero dai Troiani. Tra le varie ipotesi c'è anche quella di un complotto ordito da suo zio Antifinio per impossessarsi del trono di Gaudos, un'isoletta poco più a sud di Creta.

Non appena messo piede a terra, il ragazzo conosce Tersite, il guerriero storpio odiato da tutti a causa delle sue maldicenze. A sentire lui, Agamennone è un volgare profittatore, Achille un feroce assassino e Ulisse un emerito mariuolo. In un primo momento Leonte cercherà di difendere i suoi idoli, ma in seguito dovrà arrendersi all'evidenza dei fatti.

Il romanzo inizia più o meno nello stesso anno in cui comincia l'Iliade, ovvero con il famoso litigio tra Agamennone e Achille che «infiniti addusse lutti agli Achei», e termina con il cavallo di legno e l'eccidio che ne seguì. Leonte, a forza di chiedere notizie del padre, finisce per conoscere (e per innamorarsi) di una troiana chiamata Ekto. La donna rassomiglia stranamente a Elena. «È lei o non è lei?» si chiede con ansia il ragazzo. «Non è lei» gli risponde duro Tersite «e anche se lo fosse, non sarebbe mai una donna in carne e ossa: Elena è un fantasma, è una nuvola a for-

11

ma di femmina costruita da Era solo per distruggere Troia!»

Personaggio ambiguo, sempre oscillante tra la passione e il rimorso, Elena ci guarda. Vittima o colpevole che sia, è lei l'unico motore del mondo. Lidia Storoni Mazzolani, nei suoi Profili omerici *(Editoriale Viscontea), ne traccia un ritratto a più facce molto suggestivo. Elena è l'essenza della femminilità. Chi nella vita ha amato sa di che cosa sto parlando. Sa, ad esempio, che non è mai riuscito, nemmeno per un attimo, a possederla sul serio: anche quando credeva di stringerla tra le braccia, anche quando lei gli giurava tra le lacrime di amarlo per sempre.*

Ah, Elena, Elena, amore mio! È a te che dedico questo libro, nella speranza, e nel timore, d'incontrarti ancora.

I
In rotta per Ilio

Laddove conosciamo Leonte, un ragazzo cretese di sedici anni, partito per Troia alla ricerca del padre disperso, e laddove, con l'occasione, ci verranno raccontati anche i miti di Talo e d'Ifigenia.

«Non così sotto, maledetto Stenobio, non così sotto!» urlò Filotero. «Vuoi proprio che Talo mi sfondi la nave?! Non t'accorgi che la montagna ci sta venendo addosso? Lo vedi o non lo vedi che la montagna ci sta venendo addosso?»

Stenobio non rispose: si limitò ad alzare gli occhi al cielo, come per chiamare Zeus a testimone delle stupidaggini che era costretto a sentire.

«Non mi fido di Talo. Lo vuoi capire che non mi fido di Talo?» continuava intanto a strepitare il comandante. «Ascolta ciò che ti dico: prima o poi quello mi fracassa la nave. Tu continua a ficcarti sotto costa e poi vedi se quello non mi fracassa la nave!»

«Ma per tutte le figlie di Taumante,» imprecò sottovoce Stenobio «è mai possibile che io, primo allievo di Fereclo, debba stare qui a sentire un vecchio rimbambito come Filotero! L'unico comandante al mondo che ancora crede alla leggenda del servo di bronzo!»

La cosa, poi, che più gli dava fastidio era che Filotero ogni frase la ripeteva almeno due volte: per non sentirlo più

13

blaterare, scese giù tra gli *zughitai*[1] e dette ordine al capovoga perché si allontanasse dalla costa. Alla fine, disgustato, decise di buttare l'àncora[2] proprio al centro della baia di Zakros, in modo da essere equidistante da qualsiasi punto della costa.

Quella di Talo era una storia che ormai la si raccontava solo ai novellini al loro primo imbarco. Pare che un giorno Minosse, re di Creta, assillato dalle continue scorrerie dei pirati sardi, si fosse rivolto a Efesto e che questi gli avesse regalato un servo di bronzo chiamato Talo (oggi avremmo detto un robot) che ogni notte faceva per tre volte il giro dell'isola e lanciava massi su tutte le navi in arrivo. Pare che contro i Sardi Talo fosse implacabile: giungeva al punto d'arroventare il proprio corpo fino a farlo diventare incandescente, per poi abbracciare tutti quelli che gli capitavano a tiro, e mentre i poverini urlavano, lui li guardava morire ridendo.[3] Si dice anche che avesse un'unica vena che gli attraversava tutto il corpo, dalla nuca al tallone, e che un giorno la maga Medea, dopo averlo sedotto con un filtro d'amore, lo abbia fatto morire sfilandogli il chiodo che fungeva da tappo.

Seduto a prua su un groviglio di cime, c'era un giovane guerriero dai capelli rossi e gli occhi verdi: era Leonte, l'unico figlio di Neopulo, il re di un'isoletta chiamata Gaudos, distante una ventina di miglia da Creta. Il ragazzo sentì Stenobio borbottare. Si rese conto che il pilota era

---

[1] Nelle navi greche arcaiche i rematori erano chiamati *thranitai, zughitai* e *thalamitai* a seconda della fila in cui remavano (in coperta, un piano sottocoperta o due piani sottocoperta). Lo *zugòn* era il banco al quale venivano incatenati.

[2] L'àncora di ferro all'epoca non esisteva, essendo il ferro un metallo molto raro, ancora più dell'oro. Le ancore del periodo omerico (le *eunai*) erano costituite da più pietre forate legate a una cima (Omero, *Iliade*, I, 436) e garantivano appena una tenuta sufficiente a rallentare la deriva. Infatti, una volta giunte a destinazione, le imbarcazioni venivano tirate a secco a forza di braccia.

[3] Da cui l'espressione «risata sardonica». (*Su(i)da*, ed. Westermann, sotto la voce *Risus sardonicus*.)

arrabbiato, ma nella sua inesperienza non poté fare a meno di dar ragione al comandante: anche non volendo credere alla leggenda di Talo, perché rischiare la caduta di un masso quando quella notte, data la completa assenza di onde, avrebbero potuto ancorarsi anche al largo? Solo per risparmiare qualche metro di cima? E perché mai? Tanto a tirarla su, la mattina dopo, ci avrebbero pensato gli schiavi!

Erano trascorsi solo due giorni da quando avevano lasciato Gaudos e già gli sembrava di essere in viaggio da chissà quanto. Lui d'altra parte, a eccezione di quella volta che era stato a Festo con lo zio Antifinio, non si era mai mosso dalla sua isola. E benché eccitato dall'idea di combattere fianco a fianco con eroi del calibro di Aiace Telamonio o di Achille, esseri per lui simili agli Dei, provava tuttavia un certo timore ad avviarsi alla conoscenza del mondo proprio con una guerra. Aveva appena compiuto sedici anni e solo da pochi giorni indossava il *chiton amfimaschalos*, la tunichetta con la quale i ragazzi benestanti di Gaudos informavano la cittadinanza di essere diventati maggiorenni. Di suo padre Neopulo gli era rimasto un ricordo molto vago, un'immagine sfumata nel tempo: lo aveva visto partire nove anni prima e poi non ne aveva saputo più nulla.

«Alzati Leonte: il sole è già sorto» gli aveva detto la madre. «Tuo padre parte per la lontana Troia. Tra poco avrà inizio il sacrificio.»

Il sacrificio! Leonte, al ricordo di quel giorno, provò ancora una volta una stretta al cuore. La sua capretta, la sua candida capretta, alla quale aveva dato perfino un nome, la stessa con la quale aveva giocato fino a poche ore prima della cerimonia, era stata uccisa al solo scopo di ingraziarsi la benevolenza di Poseidone! La mamma, in verità, lo aveva messo sull'avviso: «Leonte,» gli aveva detto «non giocare con gli animali dei sacerdoti, lo sai che prima o poi finiscono sull'altare». Ma lui, testardo, aveva voluto giocarci lo stesso. Poseidone non doveva essere un buon Dio se per un po' di mare calmo pretendeva addirittura la morte di un animale così buono. Anche il viaggio che stavano facendo in quel momento era stato propiziato dal sacrificio di un vitello.

«O Gemonide,» chiese Leonte a un uomo anziano che gli stava seduto di fronte «tu, che hai girato il mondo e che sai più cose di quante io ne potrò mai sapere anche se diventassi più vecchio del vecchio Titone, trovi giusto che si sgozzino bestie innocenti al solo scopo di placare le ire di un Dio?»

«Cosa intendi tu per "giusto"?» rispose Gemonide, che spesso, invece di rispondere, faceva un'altra domanda. «Se per "giusto" intendi "il sacro", allora tutto quello che è fatto dai sacerdoti è giusto. Se per "giusto" invece intendi "l'utile", allora sappi che non c'è nulla al mondo di più utile di un sacrificio. Con il fumo si nutrono i sacerdoti e con la carne i poveri, che se non fosse per i sacrifici, e per un po' di fortuna nei sorteggi, non la mangerebbero mai.[4]»

«Io voglio dire» precisò Leonte «che noi, prima di partire, abbiamo sacrificato un vitello. Io c'ero e l'ho visto. Il povero animale si è difeso con tutte le sue forze: pur se infiocchettato e dipinto, ha capito che stava per essere ucciso e ha fatto di tutto per evitarlo. Scalciava, rinculava,

[4] In Grecia i sacrifici erano molto amati dal popolo anche perché terminavano con grandi distribuzioni di carne a favore dei più poveri che in questo caso venivano chiamati «parassiti» nel senso di «coloro che mangiano con». I pezzi più prelibati erano sorteggiati. Non tutti però mangiavano gli animali dopo il sacrificio; in alcune zone era così sentita l'esclusività del Dio che essi venivano sotterrati o buttati a mare. Anzi si racconta che in tempi antichissimi gli uomini fossero tutti vegetariani e che un giorno un sacerdote, avendo raccolto un pezzo di grasso appena arrostito, caduto dall'altare, si sia leccato le dita e abbia dato così inizio alla dieta carnivora. (Sissa e Detienne, *La vita quotidiana degli Dei greci*, Laterza, pp. 62 e 158.)

puntava le zampe sul terreno, ma non ha ottenuto niente: gli schiavi lo hanno tirato su con le funi e pungolato ai fianchi. Ho visto il Grande Sacerdote squarciargli la gola da un orecchio all'altro. Ho visto gli occhi della bestia annebbiarsi man mano che la morte gli entrava nel corpo. Ho visto il Sacerdote immergere le mani inanellate nell'orrenda ferita. Ho visto e ho pianto. Ed è stato a quel punto che mi sono chiesto: che vantaggio ne ha tratto il Dio? E poi ancora: che cosa abbiamo fatto noi di male a Poseidone, perché lui ci debba tormentare con tempeste e marosi?»

«O giovane Leonte,» rispose Gemonide, alquanto sorpreso dallo sfogo dell'allievo «il tuo animo è più tenero di quello di una vergine appena colpita da Eros, e si commuove per la sorte di una bestia che comunque sarebbe andata al macello, se non altro per essere mangiata dagli esseri mortali, come te e come me. Cosa avrebbe dovuto dire allora Clitennestra, quando le strapparono dalle braccia la figlia prediletta per sacrificarla ad Artemide?»

«Di quale figlia parli?»

«Di Ifigenia, che fu immolata in Aulide.[5]»

«E perché la immolarono?»

«Per punire Agamennone che aveva offeso Artemide con una frase non molto felice.»

«Cosa disse di così oltraggioso?»

«A dire il vero niente: pare che dopo aver colpito un cervo, giusto in mezzo alla fronte, abbia esclamato: "Nemmeno Artemide sarebbe stata capace di fare altrettanto!".»

«E poi?»

«E poi basta: cos'altro vuoi che dicesse?»

«E per una sciocchezza del genere una Dea si offende?» protestò indignato Leonte. «Magari lui quella frase l'ha detta solo per scherzo... in un momento di buonumore... e lei che fa? Se la prende con una fanciulla innocente!»

---

[5] Aulide: città di mare della Beozia.

«Ragazzo mio,» lo interruppe Gemonide «si vede che non conosci Artemide: è la più permalosa delle Dee. Alla povera Niobe, per aver detto molto meno, ha ucciso sotto gli occhi quattordici figli! Comunque, a tutt'oggi, nessuno sa se Ifigenia sia morta davvero. C'è chi dice di averla vista nella lontana Tauride.[6]»

«Raccontami meglio come andarono i fatti.»

«Quando scoppiò la guerra con i Troiani, le flotte achee si radunarono in Aulide e lì restarono bloccate in attesa che i venti volgessero a loro favore. Ogni sera i guerrieri accendevano i falò sulla spiaggia e ogni sera guardavano a oriente sperando in un miglioramento delle condizioni del mare. I più avidi non vedevano l'ora di raggiungere il suolo di Troia: parlavano a bassa voce di tesori d'oro e d'argento e di giovani donne da violentare. Sennonché, per giorni e giorni i venti soffiarono in direzione contraria ai loro desideri e il mare muggiva cupo, mettendo in pericolo persino le navi tirate a secco sulla riva. Stanco dell'attesa, Agamennone chiese all'indovino Calcante il perché di tanta avversione degli elementi, e il sacerdote gli rispose che la Dea Artemide era stata gravemente offesa e che i venti non si sarebbero calmati finché non fosse stata sacrificata la figlia primogenita di Agamennone. Questi impallidì: Ifigenia era la sua preferita, e poi chi avrebbe avuto il coraggio di comunicarlo alla madre, all'apprensiva Clitennestra? A sbrogliare la matassa provvide, come al solito, Ulisse. L'astuto itacense suggerì ad Agamennone di mandare un messaggero a Micene perché comunicasse alla regina Clitennestra che il più prestigioso degli Achei, il piè veloce Achille, si era improvvisamente innamorato d'Ifigenia e che desiderava sposarla. "Vedrai" disse "che la madre la farà partire subito e ne sarà addirittura felice."»

---

[6] Tauride: l'attuale Crimea.

«Quindi Ifigenia non sapeva di andare incontro alla morte?» chiese commosso Leonte.

«No, di certo,» confermò Gemonide «credeva di recarsi al proprio matrimonio.»

«... e magari, per piacere allo sposo, quel giorno si sarà fatta ancora più bella, più di quanto non lo fosse già di natura» continuò Leonte, accaldandosi man mano che immaginava la scena. «E le amiche l'avranno abbracciata e con malcelata invidia le avranno detto: "O te fortunata, a cui toccano nozze così nobili!". E lei stessa, forse, nel suo intimo, avrà pensato: "O me prediletta dagli Dei, che avrò come sposo il più forte e il più leale degli eroi!". E adesso, di grazia, o maestro, rispondi a una mia domanda: possiamo ancora chiamare "eroe" un uomo che inganna così una fanciulla?»

«Achille ignorava il raggiro,» precisò Gemonide «e quando ne fu informato montò su tutte le furie...»

«Ti pareva!» ironizzò Leonte.

«... e avrebbe voluto liberare Ifigenia con la forza, ma fu lei stessa ad accettare di sacrificarsi per il bene della patria. Era così bella, offerta sull'ara sacrificale, con i capelli biondi, lunghissimi, sparsi sul gelido marmo, che quando il sacerdote le aprì il camice color zafferano per affondare il coltello nel seno, tutti i guerrieri, e prima di tutti il padre, distolsero lo sguardo. E fu in quell'istante che Artemide, rapida come una saetta, la rapì, sostituendola con una cerva insanguinata. C'è chi giura di averla scorta in volo, teneramente abbracciata alla Dea, e chi di averla vista officiare da sacerdotessa nella barbara Tauride. Se tutte queste cose siano vere, io non saprei dirlo, ma non escludo che la storia sia stata messa in giro dagli stessi Achei per mascherare un così orrendo delitto. Tu però adesso, ragazzo, smettila di crucciarti e pensa piuttosto a tuo padre, del quale, poverino, non sappiamo davvero nulla: se

19

è in vita o se è già sceso nella buia dimora di Agesilao.[7]»

Ogni volta che qualcuno gli nominava il padre, lui cercava di ricordarne il viso, senza mai riuscire però a mettere a fuoco un'immagine. Di lui ricordava solo alcuni particolari minori: la sagoma imponente, la voce impostata per il comando, la barba fluente e le zanne del cinghiale Caledonio che penzolavano dalla collana.

La folla quel mattino aveva scandito a lungo il suo nome: «Ne-o-pu-lo, Ne-o-pu-lo, Ne-o-pu-lo», e gli aveva rivolto decine di frasi augurali: «Che tu possa diventare il più famoso degli Achei!», «Che il nome di Gaudos si affermi anche al di là dei mari!», «Che gli Dei guidino le tue navi fino alla lontana Troia!». E da quel giorno tutti gli avevano parlato del padre come di un essere superiore, il migliore degli uomini mortali, Neopulo l'Onesto, Neopulo il Saggio, Neopulo il Giusto, e via seguitando.

Lui, in realtà, questo padre non lo conosceva affatto. Sapeva solo che era partito nove anni prima per la guerra e che da cinque anni circa non ne aveva più notizie. Di tanto in tanto qualcuno tornava dal fronte e ne raccontava l'eroica morte. «È stato ucciso da Deicoonte; era davanti a tutti e stava per scavalcare le mura di Ilio, quando un dardo del troiano gli ha trafitto la gola.» «Nossignore,» diceva un altro «sono stati i Traci a farlo fuori: gli hanno teso un agguato nei pressi di Pedasa. Il nostro re ha combattuto contro nove nemici ed è caduto solo perché uno di loro, il vile Piroo, lo ha aggredito alle spalle. E fu ancora Piroo che, dopo avergli trafugato le armi e la collana, ne scaraventò il corpo nel vorticoso Scamandro.» Non si fa-

[7] I Greci, per scaramanzia, evitavano di pronunciare il nome di Ade, re dell'Oltretomba, e usavano sinonimi come Agesilao, Plutone, Dite o Polidegmone.

ceva però in tempo a preparare la cerimonia funebre che ecco arrivare da Troia un altro reduce: «Fermi tutti: Neopulo è vivo! L'hanno visto a Mileto. Era su una delle quaranta navi di Anfimaco, il re dei Carii. Stava legato al banco dei rematori e si comportava come un umile schiavo». L'unico dato certo era che il cadavere non era stato mai trovato, né le armi, né la preziosa collana con le zanne di cinghiale.

Ora Leonte andava a Troia, un po' per appurare la verità sul padre, e un po' perché da un anno a questa parte l'aria a Gaudos, per lui, era diventata irrespirabile. Suo zio Antifinio, infatti, aveva preso la reggenza e la gestiva in maniera dispotica e crudele. Bastava che qualcuno lo contrastasse, seppure minimamente, perché il giorno dopo lo ritrovassero morto in un anfratto. Antifinio aveva informatori disseminati dovunque, sia in città che nelle campagne, e girava sempre affiancato da una decina di mercenari giunti appositamente da Creta. Leonte, poi, in quanto pretendente al trono, rappresentava per lo zio una minaccia. Niente di strano, quindi, se di tanto in tanto qualcuno cercava di eliminarlo. Una notte, durante una festa dionisiaca,[8] un uomo travestito da satiro lo aveva assalito alle spalle, ma grazie all'intervento di alcuni passanti era riuscito a salvarsi. Il folle fu immobilizzato e portato in prigione. Prima ancora, però, che avesse potuto fare il nome del mandante, Antifinio lo aveva già pugnalato. «Così muoia chiunque attenti alla vita di mio nipote!» aveva sentenziato il tiranno.

A quel punto la madre di Leonte si rese conto che la vita del ragazzo era appesa a un filo e lo fece imbarcare la sera stessa per Troia. «Meglio i Troiani» disse «che i parenti!» Per maggior sicurezza gli mise al fianco un vecchio amico

---

[8] Le feste dionisiache erano riti a metà strada tra le processioni religiose e le orge: il popolo coglieva l'occasione per travestirsi, ubriacarsi e folleggiare.

di famiglia, precettore e maestro d'armi, affinché lo proteggesse dai nemici e soprattutto dagli amici. Gemonide da giovane era stato un famoso auriga e aveva vinto molte corse nel bosco di Onchesto.[9]

«O Gemonide,» gli chiese Leonte «è vero che il saggio Nestore ti voleva come auriga e che tu rifiutasti venti mine di argento pur di non allontanarti da Gaudos?»

«Sì, è vero, ma allora ero ancora un ragazzo e nell'isola c'era una fanciulla di Festo che poi, per mia somma sventura, morì nel fiore degli anni. Adesso però non indugiamo nei ricordi: il tuo giaciglio è pronto, ed è ora che tu vada a dormire.»

«Io non ho nessuna voglia di andare a dormire. E poi in una notte come questa, in cui perfino Borea ha deciso di attenuare i suoi furori, gli Dei si offenderebbero se non dormissi all'aperto.»

«Bada che la notte potrà sembrarti più calda della carezza di una madre, ma poi all'alba, stanne pur certo, ti ritroverai con le ossa bagnate.»

Gemonide, oltre che maestro, era anche cameriere, cuoco, assaggiatore di cibi e balia asciutta: ogni sera gli preparava un materasso pieno di foglie secche all'interno del cassero, proprio di fianco a quello del comandante. D'altra parte il ragazzo, in quanto figlio di re (e re lui stesso, nel caso che il padre fosse già morto) aveva diritto al posto letto più comodo della nave.

Leonte era un democratico: a lui non piacevano i privilegi di casta. È mai possibile, diceva, che solo perché sono figlio di re debba dormire al coperto, quando su questa nave ci sono uomini molto più vecchi di me che dormono esposti alle intemperie? Sarà per questo che tutti vogliono il

[9] Il bosco di Onchesto in Beozia, dedicato a Poseidone, fu forse il primo luogo dove vennero svolte corse regolari di cocchi. Omero lo cita nell'elenco delle navi. (*Iliade*, II, 506.)

potere: per dormire al coperto. E c'è perfino chi è disposto a uccidere per un posto più caldo. Antifinio, per esempio, desiderava la sua morte, solo per paura che un giorno lui gli potesse chiedere indietro il trono di suo padre.

«Dimmi, o Gemonide,» chiese Leonte «qual è il motivo, secondo te, per il quale gli uomini desiderano il potere?»

«Perché non hanno capito che è più conveniente fare affidamento sulla bontà» rispose con freddo cinismo Gemonide. «Per ricattare il prossimo ognuno di noi ha due armi: l'amore e il potere. Con il primo fa leva sul bisogno d'affetto e con il secondo sulla paura. Un mulo lo si può far lavorare o attirandolo con una carruba o minacciandolo con un bastone; e quasi tutti i re, e figli di re, preferiscono usare il bastone piuttosto che la carota.»

No, lui non era così: a lui del potere non importava nulla. Probabilmente era nato figlio di re solo per una distrazione del Fato. Lui amava Calimnia, una fanciulla di Gaudos, una bella, soave, eterea, dolcissima fanciulla di Gaudos, e non c'era regno al mondo, nemmeno quello di Cnosso, nemmeno quello di Agamennone, ma che dico, nemmeno quello di Zeus, che avrebbe accettato in cambio del suo amore. Purtroppo però per colpa della politica adesso era costretto ad allontanarsi da lei, ma quanto prima sarebbe tornato in patria per sposarla. Ah, se solo in quegli ultimi giorni avesse avuto il coraggio di parlare a suo zio Antifinio, a cuore aperto: così, semplicemente, esternando tutti i suoi sentimenti!

«Senti zio,» gli avrebbe detto «io trovo giusto che tu abbia la sovranità di Gaudos. Tu sei vecchio, sei brutto, sei malato, non puoi pretendere che una donna giovane e bella si innamori di te: prenditi quindi il mio regno e che questo ti renda felice. Io invece prenderò Calimnia, la bionda, la sublime, la candida Calimnia dalle labbra di corallo. Niente altro al mondo voglio al di fuori di lei. Noi non ti daremo mai fastidio. Verremo ai tuoi simposi con il capo inghirlandato di fiori e con la nostra presenza renderemo più bella la tua corte. Ti saremo vicini nel momento della morte e avremo cura dei tuoi figli.»

Sarebbero state parole al vento: Antifinio non gli avrebbe mai creduto, se non altro perché, malvagio com'era, riteneva che anche gli altri fossero uguali a lui: bugiardi, avidi e traditori. Ed è per colpa di siffatti uomini che ci sono le guerre. Ma, a proposito, perché era scoppiata la guerra di Troia?

II
Il *casus belli*

Laddove ascoltiamo uno sfogo di Eris, la Dea della Discordia, e ci poniamo alla ricerca delle cause della guerra di Troia, partendo dai lamenti di Gea, dalla nascita di Elena e dalle nozze di Peleo e Tetide.

«Mi chiamo Eris e sono la Dea della Discordia. Tutti se la prendono con me perché sarei stata io a far scoppiare la guerra di Troia; ma siamo sinceri: chi è stato il primo a cominciare? Io o loro...? Come, loro chi? Ma gli Dei, naturalmente. I nomi? Facciamoli pure. Il primo a seminare zizzania è stato Momo. Come? Non sapete chi è Momo? E allora ve lo dico io chi è Momo: è uno che ha sempre la puzza sotto il naso, che vive solo per criticare gli altri e che ha la faccia atteggiata a un perenne disgusto. È stato lui a dire a Zeus di non invitarmi alle nozze di Peleo e Tetide. "Per carità," gli ha detto (mi sembra quasi di sentirlo) "non la far venire quella lì, Eris è capace di rovinarti la festa! L'ultima volta che è stata a un simposio, è andata a raccontare ad Adone che il giorno prima aveva visto Afrodite con Bute l'Argonauta sul monte Lilibeo. Adone si è avventato su Bute con un coltello in mano, e se non era per Estia che si è messa in mezzo, chissà come sarebbe andata a finire!"»

Eris aveva ragione: Momo era davvero un pettegolo, non

25

a caso veniva definito il Dio del Biasimo e della Maldicenza. Tutto lo incuriosiva e niente gli andava bene. Un giorno Atena gli mostrò una casa confortevole, e lui trovò che non lo era abbastanza: «Sarà pure comoda,» disse «ma per i miei gusti è troppo immobile: non è spostabile a seconda degli umori». Efesto allora gli fece vedere un uomo bello e intelligente, e lui gli trovò subito un difetto: «Sarebbe ancora più bello se avesse uno sportellino sulla fronte, che permettesse di leggerne i pensieri nascosti». Afrodite, infine, gli presentò una donna di straordinaria bellezza e lui, quasi a malincuore, fu costretto ad ammettere che era affascinante. Ma subito dopo aggiunse: «Però ha delle scarpe orrende!».

«Che gentaglia gli Dei!» continuò a imprecare Eris. «Quando m'incontrano per strada fanno finta di non vedermi. Ma la cosa che più mi fa andare in bestia è che non m'invitano mai alle feste; salvo poi a supplicarmi quando hanno bisogno di me: "Eris, tesoro, provoca i Traci perché non se ne può più della loro tracotanza", "Eris, fa' in modo che i Locresi litighino con gli Abanti", "Eris, tuo fratello Ares si lamenta perché non ci sono più guerre", "Eris, Ade protesta perché agl'Inferi non arriva nessuno". E io, stupida, a darmi da fare, a creare liti di confine tra povera gente che magari non ha nessuna voglia di venire alle mani. E poi, quando c'è da divertirsi, quando c'è da bere e mangiare a sazietà, tutti a dire: "Chi? Eris la Discordia? Per carità, nemmeno dipinta!". Non ho forse diritto anch'io a qualche distrazione?»

Come darle torto? Pure lei, però, diciamo la verità, non faceva nulla per rendersi accettabile: non ci si può presentare a un simposio con un centinaio di vipere al posto dei capelli, una benda insanguinata intorno alla fronte e otto figli scatenati appesi alle sottane, uno più brutto dell'altro! Tanto per capire di chi stiamo parlando, ecco i nomi dei ragazzini: Fame, Pena, Oblio, Dolore, Stento, Menzogna, Bestemmia e Ingiustizia.

«Le responsabilità della guerra» concluse Eris «vanno cercate molto più lontano. La prima colpevole, a mio avviso, è stata Gea, la Madre Terra. Un giorno la beccai mentre si lamentava con Zeus. "Fa' qualcosa" gli diceva "perché io non so più come andare avanti: qua tutti si accoppiano, tutti fanno figli, tutti vivono più a lungo di quanto sia loro concesso e io non ce la faccio più a tenere tanta gente sul groppone! Le Moire mi hanno detto che i mortali sono già cinque milioni e che se non facciamo qualcosa di pratico, di qui a dieci anni diventeranno otto milioni." "Otto milioni!" esclamò Zeus. "E dove vogliamo arrivare!" Dopo di che inventò Elena, la donna più bella del mondo. Ora dico io: è mai possibile che per far scoppiare una guerra bisogna per forza ricorrere a una puttana? E se anche così fosse, non ce ne sono già abbastanza sulla Terra e sull'Olimpo? Era proprio necessario inventarne un'altra?»

Sulla nascita di Elena si raccontano le versioni più disparate: c'è chi sostiene di averla vista sbucare da un uovo di argento, prima caduto dalla luna, poi sospinto a riva dai pesci e infine aperto dalle colombe. E c'è chi dice che Zeus, fingendo di essere un cigno inseguito da un'aquila, si sia rifugiato in grembo a Nemesi e che, una volta in zona, diciamo così, l'abbia posseduta. L'uovo nato da questa unione venne poi depositato da Ermes tra le cosce di Leda, moglie di Tindaro, un giorno in cui la donna stava seduta a gambe larghe. Per celebrare l'impresa, Zeus pose in cielo le costellazioni del Cigno e dell'Aquila. Che ci fosse poi da celebrare lo sapeva solo lui! La versione più gentile parla di stupro semplice: Zeus, travestito da cigno, violenta Leda e la mette incinta. Nascono così Elena, Clitennestra, Castore e Polluce, che però non sono necessariamente tutti di Zeus, dal momento che quel giorno la signora si era accoppiata anche con il marito.

Ma torniamo alle nozze di Peleo e di Tetide, alle quali, come abbiamo appena appreso, nessuno aveva invitato Eris, la Dea della Discordia.

Tetide era stata fin dall'inizio un bel grattacapo per gli Dei. Essendo bellissima (forse pari alla stessa Afrodite), era anche appetita da molti, e in particolare da Zeus e Poseidone. Anzi, i due marpioni avevano perfino litigato su chi dovesse essere il primo a goderne i favori. Forte del suo *jus primae noctis*, Zeus estromise il fratello e stava quasi per consumare l'ennesima violenza, quando fu trattenuto per un braccio da Temi.

«Io al tuo posto non la toccherei!» esclamò la Dea della Saggezza.

«E perché mai?» chiese lui, meravigliandosi che qualcuno avesse osato interromperlo nell'esercizio delle sue funzioni. «Questa, che io sappia, è la più strepitosa delle figlie di Nereo!»

«Sarà pure strepitosa, come dici tu,» replicò Temi «ma su di lei pesa una profezia delle Moire.»

«Le Moire! Le Moire!» si mise a blaterare Zeus. «Saranno pure figlie mie queste stramaledette Moire, ma io non le riesco proprio a sopportare! Sempre a predire cose orrende! Sempre ad annunziare sciagure irreparabili!» Poi, un po' preoccupato, aggiunse: «Che hanno detto le Moire?».

«Che il primogenito sarà più potente del padre. E ora che lo sai, continua pure, se ne hai il coraggio.»

Terrorizzato dall'idea di mettere al mondo un futuro pretendente al trono dell'Olimpo, Zeus, non solo mollò la presa, ma proibì alla ninfa di accoppiarsi con qualsiasi altro Dio. Infine, per maggior sicurezza, le affibbiò come sposo un mortale, un certo Peleo, uno che aveva sulla coscienza alcuni delitti consumati nell'ambito familiare.[1] Tetide subito si oppose: «Perché lei, ninfa immortale, doveva essere l'unica delle cinquanta figlie di Nereo ad avere un marito mortale?». Protestò a tutti i livelli, ma non ottenne alcun risultato: all'epoca le donne, Dee comprese, contavano ben poco; se c'era poi un preciso volere di Zeus, meno ancora. Per quanto riguarda, infine, il consenso delle fanciulle, quando un uomo decideva di possederne una, non ci stava troppo a pensare: si presentava in casa della malcapitata e se la prendeva con le buone o con le cattive.

Peleo non fu da meno: si nascose nei pressi di una grotta marina (dove sapeva che la ninfa ogni giorno andava a fare la siesta) e attese. Dopo una mezz'oretta la vide arrivare dal mare, a cavallo di un delfino, tutta nuda e con i capelli al vento: doveva essere eccezionale! L'eroe non si mosse: aspettò che si addormentasse e poi, da quell'autentico mascalzone che era, le saltò addosso. La lotta fu senza esclusione di colpi. Tetide, tra le grinfie del bruto, si trasformò progressivamente in fuoco, in acqua, in leone, in serpente e in seppia. In quest'ultima versione gli schizzò addosso un getto d'inchiostro: lui però, seppia o non seppia, la violentò lo stesso (come ci riuscisse, proprio quando lei faceva la seppia, non oso nemmeno immaginarlo). Sennonché, dopo alcune ore passate a divincolarsi, a graffiare e a mordere, Tetide fu vinta dal desiderio e gli si abbandonò tra le braccia, baciandolo con passione. Il corpo di Peleo, grondante di mare, di sudore, di sangue, bruciacchiato, schizzato di nero di seppia e ciò nonostante concupito da Tetide, è una delle immagini più emozionanti della nostra storia.

[1] Qui si fa riferimento all'uccisione di Foco da parte dei fratelli Peleo e Telamone. I due eroi si giustificarono dicendo che si era trattato di una disgrazia (un disco sfuggito di mano durante una gara sportiva). Con l'aiuto di un'altra disgrazia – ancora una volta un lancio fuori misura – Peleo fece fuori anche il suocero Attore.

Le nozze furono eccezionali. Vennero celebrate davanti alla grotta di Chirone, sul monte Pelio, tra una moltitudine di centauri scalpitanti. Gli Dei maggiori parteciparono al banchetto seduti su dodici troni tempestati di diamanti, e Ganimede girò continuamente tra i tavoli riempiendo le coppe di nettare. Le Muse intonarono canti, Pan suonò la zampogna, Orfeo la lira, Apollo il flauto, le quarantanove sorelle di Tetide, le Nereidi, intrecciarono danze, lanciando sugli invitati rose e fiordalisi, mentre migliaia di colombe svolazzavano sul loro capo. La moglie di Zeus, Era, resse lei stessa la fiaccola nuziale. Quindi, introdotti da Iris la Messaggera, tutti gli Dei sfilarono davanti agli sposi, ognuno con un regalo: Atena portò una lancia la cui punta era stata levigata da Efesto e la cui asta proveniva da un frassino procurato da Chirone. Poseidone entrò tenendo per il morso Balio e Xanto, due cavalli immortali, il secondo dei quali anche parlante. Dioniso portò un liquido di colore rosso scuro che nessuno prima di allora aveva assaggiato e che in seguito fu chiamato «vino».

Come nelle cronache mondane, riteniamo nostro dovere riportare l'elenco dei presenti. Oltre ai già nominati c'erano: Artemide la saettatrice, Estia con il capo velato, l'immancabile Zeus, la saggia Temi, Demetra con la figlia Persefone, Chirone nelle vesti di compare dello sposo, con a fianco la moglie Cariclo, le Stagioni, Anfitrite, Ermes con la madre Maia, Efesto sotto braccio di Afrodite, Ares con i figli Fobo lo Spavento, Dimo il Terrore ed Enio la Strage, Nereo e Doride, rispettivamente padre e madre della sposa, i nonni Oceano e Teti guidati dalla giovane Ebe, il vecchio Crono con sua moglie Rea, le tre Cariti, Aglaia l'Ornamento, Eufrosine la Gioia e Talia l'Abbondanza, senza le quali il matrimonio sarebbe nato sotto cattivi auspici. Infine alcuni mortali sparsi, tra cui ricordiamo Telamone, Cadmo e Teseo. Ci scusiamo con i non menzionati, ma, data l'eccezionale affluenza, non è stato possibile nominarli tutti.

Si stava banchettando e conversando del più e del meno, quando dal fondo della grotta venne fuori Eris la Discordia. Tutti ammutolirono, la musica cessò di suonare e le Nereidi smisero d'intrecciare danze. La Dea, senza profferire parola, e senza guardare nessuno in particolare, attraversò la spianata, si avvicinò al tavolo centrale e vi buttò sopra una mela d'oro. La mela rotolò tra le vivande e dopo aver rovesciato un paio di coppe di nettare si arrestò davanti agli sposi. Peleo la prese e lesse ad alta voce la parola che vi era incisa: «*Calliste*», ovvero «Alla più bella». Per un attimo si guardò intorno... non sapeva proprio cosa farne... poi, resosi conto che si trattava di una patata bollente, la passò a Zeus.

Nel frattempo all'altro capo del tavolo era già scoppiata una lite furibonda tra Afrodite e Atena. Chi era la più bella? A chi spettava la mela? Zeus guardò con attenzione tutte le Dee presenti: in fatto di donne era ritenuto un esperto e pertanto non voleva sbagliare. Di seducenti ne vide molte, ma come il suo sguardo si pose su Afrodite non ebbe più dubbi: era lei la migliore in assoluto, e stava quasi per consegnarle la mela, quando un'occhiataccia di Era lo bloccò con la mano a mezz'aria.

«Orsù, deciditi, padre!» lo esortò Ermes, vedendolo immobile. «Chi è per te la più bella dell'Olimpo?»

Efesto si avvicinò a Zeus e, fingendo di volergli versare da bere, gli mormorò in un orecchio: «Io al tuo posto non ci starei tanto a pensare: sceglierei Afrodite, e non perché è mia moglie, ci mancherebbe, ma perché è fin troppo evidente che è la più bella di tutte: guardala e dimmi se in questo stesso momento non te la porteresti nel talamo?!».

«Certo che me la porterei!» ammise Zeus, ed era la pura verità. «E le consegnerei volentieri il pomo. Ma chi la sente

31

poi mia moglie? Non ho ancora deciso nulla e già mi guarda, come se mi volesse fulminare.»

Nel frattempo tutti si erano messi a discutere animatamente: chi era la più bella? E che cos'era la Bellezza? Era solo una dote fisica o anche una dote spirituale? La maggior parte dei presenti era per Afrodite.

«È stupidina, d'accordo,» dicevano «ma quanto a bellezza non ci sono dubbi: è lei la più bella!»

«Io invece sono per Atena!» sosteneva qualcun altro. «Con una donna non puoi stare sempre a fare l'amore, ventiquattro ore su ventiquattro. A un certo punto dovrai pure smettere, e allora sorge il problema di scambiarci quattro chiacchiere. Ebbene, con Afrodite di che cosa parli? Di profumi? Di creme per il trucco? Di abiti di seta? Con Atena invece puoi conversare di qualsiasi cosa. Atena è la più intelligente di tutte le Dee.»

«Qui l'intelligenza non è richiesta» protestava un altro. «Sulla mela cosa c'è scritto? C'è scritto "Alla più bella", non "Alla più intelligente". È quindi alla più bella che va consegnata la mela. Ora si tratta solo di decidere chi delle nostre Dee lo sia davvero. A me Afrodite sembra troppo magra: io francamente le preferisco Era dalle bianche braccia. È... come dire... più in carne, più prosperosa, insomma è più donna.»

Zeus, lo si vedeva dall'espressione del viso, non sapeva proprio come uscire dal vicolo cieco in cui lo aveva cacciato la Discordia. Non osava voltarsi, ma si sentiva sulla nuca lo sguardo minaccioso della moglie.

«Non t'impicciare!» gli sussurrò Temi in un orecchio. «Delega un mortale: lascia che sia lui a mettersi nei guai.»

Il suggerimento fu preso al volo: il re degli Dei si alzò in piedi e, dopo aver tossito un paio di volte per schiarirsi la voce, fece questo discorso.

«Mie care Dee, sono vecchio ormai e di donne ne capisco

sempre meno. Per me voi siete tutte ugualmente belle e io vorrei avere qui non una, ma mille mele d'oro per premiarvi tutte, a una a una, così come meritereste. Tre di voi però mi sembrano eccellere sulle altre: Era, Atena e Afrodite. Io adesso dovrei compiere l'ultima scelta e stabilire chi di queste tre Dee è la più bella; siccome, però, sono contemporaneamente sposo della prima e padre delle altre due, per non essere accusato un domani di parzialità, decido di nominare come giudice qualcuno al di fuori del nostro ambiente e cioè un mortale.»

Un lungo mormorio si alzò dai tavoli. Ognuno si chiedeva: potrà mai un mortale giudicare una Dea? E quale serenità potrà avere questo poverino il giorno in cui gli compariranno davanti, all'improvviso, tre Dee dell'Olimpo? Non correrà il rischio di restare abbacinato da tanto splendore?

Per ristabilire il silenzio e riprendere il discorso, Zeus fu costretto a battere due volte lo scettro sul tavolo.

«Tacete, o Dei, e ascoltate quanto è stato deciso: il mortale da me scelto si chiama Paride. È uno dei figli di Priamo e di Ecuba. Egli non sa ancora di avere nelle vene sangue regale: crede di essere un misero guardiano di pecore e vive sul monte Ida, nelle terre che si trovano al di là del mare. Ermes domani gli mostrerà le Dee e lui solo deciderà chi di esse è la più meritevole del dono. E adesso brindate con me e viva gli sposi!»

III
Alla più bella

Laddove si parla di un brutto sogno fatto da Ecuba, regina di Troia, per poi proseguire con il giudizio di Paride e il rapimento di Elena.

«A decidere chi è la più bella dell'Olimpo sarà Paride, figlio di Priamo» aveva detto Zeus e da quel momento iniziarono i guai per i Troiani. Ma cominciamo dall'inizio, dal giorno in cui nacque Paride.

Troia era una piccola e potente città costruita in cima a una collina nei pressi dell'Ellesponto, oggi noto come stretto dei Dardanelli. L'improvvisa strozzatura tra il mare Egeo e il mare di Marmara costringeva tutti coloro che percorrevano la rotta per l'Oriente a passare proprio davanti agli occhi dei Troiani, e questi, giustamente, pretendevano qualcosa in cambio.[1] Chi cercava di passare di nascosto, o in velocità, o col favore delle tenebre, veniva regolarmente assalito e depredato del carico. A questo scopo Priamo disponeva di una decina di navi velocissime

---

[1] Troia controllava tutto il traffico di provenienza orientale. Attraverso lo stretto dei Dardanelli transitavano metalli preziosi, quali l'oro, l'argento e il rame, e altre merci rare come il cinabro, le giade, il lino e la canapa; per non parlare del grano che sui mercati del Mar Nero aveva un prezzo molto più basso che in Grecia. Non bisogna dimenticare fra l'altro che all'epoca, data la totale mancanza di strade, tutto il commercio avveniva via mare.

che spuntavano come avvoltoi da dietro il capo Sigeo[2] e punivano tutti quelli che provavano a farla franca. Ora, a parte Eris e la mela d'oro, chissà che non sia stato questo il vero motivo che in seguito spinse gli Achei a dichiarare guerra ai Troiani?

Oggi gli archeologi hanno scoperto che di città di Troia distrutte e incendiate ce ne furono almeno dieci. Noi ci occuperemo della settima in ordine di distruzione,[3] e precisamente di quella che aveva come re Priamo, come regina Ecuba,[4] e come abitanti un miscuglio di razze composto da tre tribù: i Troiani, gli Ili e i Dardani.

Priamo ed Ecuba, tra maschi e femmine, ebbero la bellezza di cinquanta figli. Io da ragazzo, al ginnasio, pensavo sempre a come dovesse essere casa loro, all'ora di pranzo, con tutti i ragazzini intorno alla tavola che facevano chiasso, e col papà che chiedeva ragguagli alla mamma.

«Ecù, a quanto siamo arrivati?»

«A cinquanta.»

«Va be'... adesso basta però!»

È ovvio che non potevano essere figli di una stessa madre, se non altro perché la poverina non avrebbe avuto il tempo materiale per metterli al mondo. Secondo Omero, quelli nati da Ecuba erano solo diciannove (tra cui Ettore, Deifobo, Cassandra, Polidoro, Troilo, Paride e Polissena), poi c'era Esaco, il primogenito, figlio della defunta Arisbe, e infine trenta ragazzi di serie B avuti con concubine e donne di passaggio. A proposito di Esaco, si diceva che

[2] Oggi promontorio di Jeni Schehr.
[3] L'età approssimativa delle dieci città di Troia scoperte sulla collina di Hissarlik dovrebbe essere la seguente: Troia I 3000 a.C.; Troia II 2500 a.C.; Troia III 2300 a.C.; Troia IV 2150 a.C.; Troia V 2000 a.C.; Troia VI 1800 a.C.; Troia VII[a] 1200 a.C.; Troia VII[b] 1000 a.C.; Troia VIII 700 a.C.; Troia IX 400 a.C. La Troia omerica era posta tra il livello VII[a] e il VII[b], contrariamente alla tesi dello Schliemann, il quale pensava che quello incendiato dagli Achei fosse il III.
[4] Ecuba: per motivi nostalgici, abbiamo preferito la dizione latina «Ecuba» a quella greca «Ecabe».

avesse ereditato dal nonno materno la capacità di predire il futuro; aveva anche frequenti crisi epilettiche, ragione per cui veniva considerato un pazzo furioso.

Una notte Ecuba si svegliò madida di sudore. Aveva fatto un brutto sogno.

«Priamo...»

«...»

«Priamo...»

«Eh?» farfugliò il re di Troia, svegliandosi di soprassalto.

«Priamo: ho fatto un sogno.»

«Che sogno?»

«Un sogno tremendo!»

«Va be', me lo dici domani.»

«No, te lo debbo dire adesso!» insisté lei. «È troppo orribile perché io possa aspettare fino a domani.»

«Ma che ora è?» chiese ancora Priamo, sperando di dissuaderla.

«Stavo a letto con le doglie» proseguì lei imperterrita «e accanto a me c'erano la levatrice e le ancelle preferite. Man mano che passava il tempo i dolori diventavano sempre più forti, sempre più lancinanti, ma non erano uguali a quelli delle altre volte... erano diversi.»

«Come sarebbe a dire: diversi?»

«Erano come se all'interno del mio corpo» spiegò Ecuba «ci fossero tanti tizzoni ardenti. Poi all'improvviso la pancia si è aperta e ne è venuta fuori una fascina di legna in fiamme, tutta brulicante di serpenti. Alcune scintille sono cadute per terra e le fiamme si sono propagate fino alle mura. Ho visto un'Erinni dalle cento braccia appiccare il fuoco a tutta la città e ho visto le foreste intorno al monte Ida ardere come una torcia.»

A quei tempi sognare le Erinni non doveva essere una

cosa piacevole: la tradizione le raffigurava con il viso da cane, le ali da pipistrello, i capelli serpentiformi e una frusta nella mano destra. Si chiamavano Megera, Aletto e Tisifone, e personificavano rispettivamente l'Odio, la Collera e la Vendetta. La loro principale occupazione consisteva nel suscitare i rimorsi negli assassini,[5] salvo poi a trasformarsi in creature bellissime (dette Eumenidi), non appena riuscivano a ottenere il sospirato pentimento.

Impressionato dal sogno della moglie, Priamo chiamò a consulto gl'indovini più accreditati della Troade, e tra questi si fecero avanti anche due dei suoi figli: il già citato Esaco e la bella e tenebrosa Cassandra. I veggenti si riunirono nella stanza da letto di Ecuba e guardarono a lungo l'ultimo nato, il pargoletto Paride.

Esaco, dopo aver meditato a lungo (chissà poi perché, dal momento che il sogno era fin troppo chiaro), puntò il dito sull'infante e con voce bassa e funerea pronunciò la sua condanna.

«Costui deve morire!»

«Eh?»

«O lui, o Troia!»

«Che vuoi dire con "O lui, o Troia"?» chiese ancora Priamo, che non era più tanto svelto di mente.

«Padre, ti scongiuro,» urlò questa volta Esaco, buttandosi per terra e scalciando in aria, «se non vuoi che la nostra bella città perisca in mezzo alle fiamme, se non vuoi che le tue figlie vengano violentate dai nemici, se non vuoi che i tuoi figli finiscano divorati dai cani, dopo essere stati sterminati in battaglia, uccidi oggi stesso questo bambino, e

---

[5] Oreste, dopo aver ucciso la mamma, fu a lungo tormentato dalle Erinni, anche se il tribunale degli Dei, in pratica, lo aveva assolto. Apollo, suo difensore, sostenne la tesi, alquanto maschilista in verità, che il matricidio non era poi un reato così tremendo, dal momento che la donna altro non era (sempre secondo Apollo) che la guaina entro la quale l'uomo gettava il suo seme. (Eschilo, *Eumenidi*, 657.)

uccidi tutte le donne di Troia che partoriranno prima del tramonto, insieme ai loro figli appena nati!»

Priamo restò perplesso: Esaco era sempre stato un esaltato, uno da non prendere mai alla lettera. Basti dire che, essendo stato rifiutato da una fanciulla troiana, tale Asterope, ogni giorno andava su una rupe in riva al mare e tentava il suicidio buttandosi di sotto. La rupe però non era molto alta e lui, pur facendosi male, non moriva mai. Un giorno gli Dei, stanchi di assistere a tanti suicidi mancati, lo trasformarono in uccello pescatore. «Così si può buttare quando vuole,» dissero «senza dare fastidio a nessuno.»[6] Priamo non sapeva se dargli retta, e ammazzare qualcosa come una trentina di innocenti, o far finta di niente e rischiare che di lì a venti anni qualcuno dei sopravvissuti gli distruggesse la città. Tra l'altro, proprio sotto il suo tetto c'erano due donne, la sorella Cilla e la moglie Ecuba, che giusto quel giorno avevano partorito. Pazienza per la sorella che aveva un pessimo carattere, ma di far fuori Ecuba proprio non se la sentiva.

«Padre,» strepitava nel frattempo Esaco «uccidi il bambino! Uccidilo prima che lui uccida noi!»

Priamo si guardò intorno perplesso, poi, tanto per far qualcosa, cominciò col far strangolare dai servi la sorella Cilla e il figlio di lei, Munippo. Stava per sopprimere anche il piccolo Paride, quando si sentì un urlo: Cassandra voleva dire la sua.

«Questo neonato deve morire o sarà la rovina di Troia!»

Ora bisogna sapere che Cassandra, in gioventù, era stata condannata da Apollo a non essere mai creduta. Pare infatti che il Dio l'avesse molto corteggiata e che, pur di portarsela a letto, le avesse promesso il dono della preveggenza. Sennonché la fanciulla, una volta arraffata la capacità di

---

[6] Ovidio, *Metamorfosi*, XI, 755-95.

leggere nel futuro, aveva respinto con disgusto le *avances* del Dio. Il dialogo fra loro sarebbe stato più o meno questo:

«Cassandra, dammi un bacio!»

«No!»

«Uno solo!»

«Ho detto no!»

«Uno solo e poi basta!»

«E va bene» aveva risposto lei. «Però, mi raccomando: uno di numero.»

E Apollo, rapido come una biscia, le aveva sputato sulle labbra in modo che, qualsiasi cosa avesse predetto in futuro, nessuno l'avrebbe mai creduta.

Il fatto che Cassandra fosse anche lei del parere di sopprimere il neonato, invece di rafforzare la tesi di Esaco finì con l'indebolirla. Priamo non volle più eliminare Paride e ne affidò l'incarico a un pastore di sua conoscenza, tale Agelao. «Pensaci tu,» gli disse «ma mi raccomando: fallo lontano dal palazzo.» Agelao però era un brav'uomo, uno che non avrebbe ucciso nemmeno una mosca, figuriamoci un bambino! E difatti si limitò ad abbandonare Paride sul monte Ida, in mezzo alla neve, per poi scoprire, cinque giorni dopo, che il piccolo era sopravvissuto al freddo e alla fame grazie a un'orsa di passaggio. Pieno di stupore per il prodigio, Agelao mise Paride in una borsa e, dopo avergli cambiato il nome in Alessandro,[7] lo affidò alla moglie perché lo allevasse. A Priamo, come prova dell'avvenuto infanticidio, mostrò la lingua di un cagnolino. I maligni sostengono che la storia dell'orsa sia del tutto inventata e che Agelao risparmiò Paride solo perché aveva ricevuto da Ecuba una sostanziosa mazzetta.

[7] Alessandro stava per «colui che difende gli uomini».

39

Sedici anni dopo, sempre sul monte Ida, mentre stava pascolando un gregge di pecore, Alessandro (ovvero Paride) si vide comparire davanti, e senza alcun preavviso, Ermes e le tre Dee più belle dell'Olimpo: Era, Atena e Afrodite.

«O nobile Alessandro,» esordì il Dio «io sono Ermes, il Messaggero degli Dei.»

E Paride si stropicciò gli occhi, credendo di sognare.

«Tu che sei così seducente ed esperto di donne» proseguì Ermes «dona questa mela d'oro alla più bella delle Dee che ti sono innanzi. È Zeus che te lo ordina!»

«Io seducente? Io esperto di donne?» si meravigliò giustamente il ragazzo. «Ma forse, o divino messaggero, mi confondi con qualcun altro!»

Lui, infatti, fino a quel momento aveva conosciuto solo pecore, capre e buzzurri sul tipo di Agelao. Sì, d'accordo: aveva avuto una storia con una ninfa, tale Enone, figlia del fiume Cebreno, ma s'era trattato di un amoruccio giovanile, una cosa tra pastorelli, sì e no quattro baci dietro una siepe. Qui invece l'incombenza era di tutt'altro livello: stabilire quale delle tre Dee fosse la più bella non era certo una cosa facile. Era pur sempre la prima elezione di Miss Universo!

«Come puoi pretendere, o divino, che un povero guardiano di pecore giudichi tali bellezze!» si schermì il giovanotto, e aggiunse: «Se anche fossi in grado di assegnare il premio, chi mi salverebbe poi dall'ira delle Dee respinte? No, no, non credo che mi convenga fare da arbitro in uno scontro tra simili divinità: dividerò piuttosto la mela in tre parti uguali e ne regalerò uno spicchio a ciascuna».

«O giovane Paride,» insisté Ermes, chiamandolo questa volta col suo vero nome e minacciandolo con il caduceo,[8]

---

[8] Il caduceo: era l'insegna che contraddistingueva i messaggeri. Aveva l'aspetto di un piccolo scettro con due serpenti attorcigliati. Ermes l'aveva avuto in dono da Apollo in cambio di un flauto.

«non puoi disubbidire agli ordini dell'Addensatore di Nubi! Né io posso aiutarti nella difficile scelta. Guardale con attenzione, toccale pure se vuoi: ma dimmi chi tra Atena, Era ed Afrodite a te pare la più meritevole del premio.»

Le Dee intanto cercavano di conquistarselo in tutti i modi. Per sembrare più appetibili si erano lavate alle fresche sorgenti del monte Ida e ora gli camminavano intorno, sempre più vicine, sempre più affascinanti, inebriandolo di profumi sconosciuti. Atena irradiava intorno a sé lampi di luce, un po' per gli sguardi metallici e un po' per il luccichio dell'elmo sotto i raggi del sole. La maestosa Era dalle bianche braccia si era messa in controluce, evidenziando meglio che poteva le sue forme prosperose. Afrodite, invece, si era fatta cucire per l'occasione dalle Ore e dalle Cariti una tunica leggerissima con tutti i colori dell'arcobaleno. La tunica aveva una spaccatura laterale che partiva dalla spalla e arrivava fino ai piedi, lasciando scoperti il fianco e la gamba destra.

«Debbo giudicarle così come sono,» chiese Paride tremando «o posso vederle anche nude?»

«Non ci sono problemi» rispose il Dio. «Se lo desideri, esse si denuderanno.»

Afrodite non se lo fece dire due volte: si slacciò un nastrino che aveva sulla spalla e la tunica cadde di colpo a terra, lasciandola completamente nuda, a eccezione della cintura.

Paride rimase senza fiato.

«Devi toglierti anche la cintura!» urlò Atena.

«E allora tu togliti l'elmo,» replicò Afrodite «così la smetterai di sembrare più alta!»

Questo particolare della cintura va subito chiarito: si trattava di una fascia di seta dai poteri magici (*kestos himas*) che faceva innamorare chiunque la guardasse. Sopra vi erano state ricamate tutte le seduzioni: la Tenerezza, l'Impazienza, l'Intimità, la Persuasione e il Chiacchiericcio segreto. Afrodite non se ne liberava mai, per nessuna ragione, neppure quando andava a letto (anzi, soprattutto quando andava a letto). Anche quella volta, in presenza di Paride, malgrado fosse stata costretta a togliersela, continuò a reggerla con una mano, nel timore che qualcuno gliela portasse via.

«O Dee dell'Olimpo,» esclamò il giovane pastore, pallido come la tunica di una sacerdotessa di Artemide nel giorno della sua prima vestizione, «io temo che la vostra bellezza sia troppo al di sopra delle mie forze, ma se, come dice il divino messaggero, non posso eludere il compito, allora vi prego: aiutatemi. Una sola di voi mi venga accanto, e mentre l'una si mostra, le altre si allontanino di qualche metro, in modo che io possa concentrarmi su colei che mi sta vicino.»

E così fecero. La prima a presentarsi fu Era.

«Osservami bene, o mortale» disse la Dea. «E ricordati che se assegnerai a me il premio, io farò di te l'uomo più potente e più ricco dell'Asia. Tu dominerai la terra e i mari, e gli uomini tremeranno solo a sentire il tuo nome!»

Far tremare i nemici, dominare l'Asia e costringere i popoli confinanti a riconoscere la supremazia di Troia sarebbe stato il massimo per un figlio di re, ma non era poi molto allettante per un pastorello come Paride, che ignorava i suoi stessi natali e non sapeva nemmeno cosa volesse dire «Asia».

Come seconda, si presentò Atena.

«O giovane Paride, tu sei forte e sei saggio, ma non sei il più forte e il più saggio. Se mi consegnerai la mela, io farò in modo che tu possa vincere tutte le battaglie della vita e che il mondo ti ricordi come il più intelligente degli uomini.»

«Il più intelligente?» ripeté Paride fra sé e sé, non afferrando bene il concetto. «E cosa vuol dire essere il più intelligente? E quali sarebbero poi queste battaglie che dovrei vincere? Per quanto mi sforzi a pensare, non mi sembra di avere battaglie da combattere.»

Insomma, anche le proposte di Atena gli apparvero poco allettanti.

E finalmente arrivò Afrodite. Man mano che la Dea si avvicinava, Paride sentì aumentare i battiti del cuore e avvertì un tenue malessere, uno strano languore che partiva dal cervello per poi diffondersi pian piano in tutto il corpo.

«O Paride: tu mi piaci!» disse la Dea e lo guardò fisso negli occhi, come se fosse lei a doverlo giudicare.

«Io ti piaccio?» balbettò Paride.

«Sì, e mi piaci anche molto,» insisté lei «ma credo che tu già sappia di essere bello. Ciò nonostante ti chiedo: vorresti esserlo ancora di più? Vorresti che tutte le donne ti cadessero ai piedi? Ebbene, se mi darai quella mela, io farò di te il più amato fra i mortali e ti darò come compagna Elena di Sparta, la donna più bella che sia mai stata vista sotto la volta di Urano!»

Ecco finalmente una proposta concreta: una donna da portarsi a letto!

«E chi è questa Elena?» chiese impaziente.

«Ha i lineamenti del viso sottili e delicati. È nata da un uovo di cigno e ha avuto come padre Zeus e come madre la candida Leda. I suoi capelli sono lunghi, morbidi e biondi. I suoi occhi più azzurri dei laghi del Parnaso.[9] Le sue cosce sembrano fatte apposta per essere carezzate da mani virili. I suoi capezzoli sono chicchi d'uva inondati di sole. Il suo seno è caldo e tenero come...»

«Basta, basta, la voglio!» urlò Paride, senza nemmeno darle il tempo di precisare a cosa somigliasse il seno.

---

[9] Parnaso: monte della Focide, alto circa 2500 metri. I Greci ne fecero la sede della poesia. Il Parnaso aveva due cime: la prima ospitava Apollo con le Muse, e la seconda Dioniso con le Menadi.

E mentre lui, completamente impazzito, gridava al vento: «Elena, Elena, amore mio», Era e Atena si allontanarono scure in volto, meditando atroci vendette nei confronti suoi e di tutti i Troiani.

Tra potere, intelligenza e amore, Paride aveva scelto l'amore, né avrebbe potuto fare altrimenti, giacché era l'unica cosa che aveva capito. Confesso che anch'io, nei suoi panni (e forse anche nei miei), avrei votato Afrodite.

Per mantenere quanto promesso, però, la Dea ebbe il suo bel daffare: Elena era già sposata e Paride, in quanto guardiano di pecore, diciamo la verità, si presentava maluccio. Era indispensabile intanto fargli riavere il suo posto a corte. Ebbene, per una strana coincidenza proprio in quei giorni avevano inizio a Troia i giochi dardanici. Un dignitario di corte giunse alla capanna di Agelao per la scelta dei tori e, mentre selezionava i capi, si mise a parlare dei giochi. Disse che erano stati inventati da Laomedonte, il padre di Priamo, dietro suggerimento di Apollo, allo scopo di stringere alleanze con i popoli vicini. L'uomo si dilungò sulle gare in programma, sulla bravura dei partecipanti e, in particolare, sulla ricchezza dei premi: disse che per i vincitori ci sarebbero stati tripodi d'oro, vasi di rame, schiave frigie e animali utili al lavoro. E più magnificava i premi, le schiave, gli animali e le gesta dei campioni, più Paride smaniava di partecipare.

«Padre,» esclamò a un certo punto il ragazzo «io vado a iscrivermi alle gare!»

«Alle gare?» ripeté perplesso Agelao.

«Sì, padre, alle gare!» rispose lui entusiasta. «Voglio correre, voglio lottare, voglio tirare di pugilato.»

E già si vedeva sul podio dei vincitori, sul gradino più alto, col capo cinto di lauro e con Priamo che gli porgeva il premio.

Agelao gli raffreddò immediatamente i bollori.

«Ragazzo mio: ascolta uno che più di te conosce le insidie del mondo. Troia è una bestia dai mille inganni, che mal si addice a un pastore, figlio di pastori. Le sue strade sono così numerose e così intricate che prima del tramonto ti saresti irrimediabilmente perso. Qui invece c'è il sole, l'acqua e gli alberi, e nessuno minaccia la tua vita.»

Ovviamente il discorso di Agelao non spaventò Paride. La mattina successiva, alle prime luci dell'alba, il giovanotto era già in cammino per la tanto vagheggiata Troia. Il padre adottivo, poverino, lo seguiva a debita distanza per non farsi scorgere. Paride, per non sbagliare, seguì per un buon tratto il corso del Simoenta, e non lasciò la riva finché non vide ergersi alla sua sinistra gli spalti della metropoli.

Lo stadio era stato costruito poco fuori le mura, a sud della città. Quando Paride, dopo alcuni tentativi andati a vuoto, riuscì finalmente a entrare nell'arena, gli incontri di pugilato erano già iniziati da un pezzo. Priamo, con accanto Ecuba e i figli più anziani, stava seduto su un trono di pelle, al riparo di un baldacchino, e consegnava lui stesso i premi ai vincitori.

Il ragazzo superò senza sforzo gli incontri eliminatori e disputò la finalissima proprio sotto gli occhi del re. Vinse per *knock-out* grazie a un pugno ben assestato alla mascella di un dardano molto più grosso e robusto di lui, ma non andò a ritirare il premio, giacché con la coda dell'occhio si era accorto che all'altro capo dello stadio stava per iniziare la gara di velocità. Rapido come una saetta, raggiunse i concorrenti che erano appena partiti e, dopo averli superati uno dopo l'altro, tagliò per primo il traguardo. Anche in questo caso non ebbe il tempo di ritirare il premio, perché fu attratto dall'annuncio delle gare di lotta. Si tolse la tunica, come era d'uso fra i ginnasti,[10] e, dopo essersi cosparso d'olio il corpo, sfidò i più valenti lottatori della

[10] *Ghymnos* in greco vuol dire «nudo».

Troade. È inutile adesso stare a sottolineare che in ogni gara l'invisibile Afrodite gli fu accanto: fu lei infatti a far abbassare la guardia al dardano gigante nella finale del pugilato; di nuovo lei a provocare una collisione tra due atleti che lo avevano superato nella gara di velocità; e sempre lei a sgambettare Ettore, il più forte dei figli di Priamo, nell'incontro di lotta.

Il successo di Paride venne violentemente contestato dai tifosi locali. Chi si credeva di essere quel bifolco? Come si permetteva di non ritirare i premi dopo aver vinto le gare? Era forse sua intenzione umiliare il re dei Troiani? Alcuni fra i più esagitati scavalcarono il recinto dei giochi e stavano quasi per linciarlo, quando Agelao, intuito il pericolo, si buttò ai piedi di Priamo.

«O mio re,» gridò il brav'uomo «frena il furore dei tuoi sudditi e sappi che quel giovane che ha vinto tutte le gare altri non è che il tuo amato Paride!» E per avvalorare il suo dire, mostrò a Ecuba un ciondolo che lei stessa aveva appeso al collo del bambino il giorno in cui glielo aveva affidato.

A queste parole, da uno scanno posto alle spalle di Priamo, si alzò una figura dagli occhi spiritati: era Cassandra, la solita annunziatrice di sciagure. Malgrado il furore che le deformava il viso, Cassandra era pur sempre una bellissima donna! La poverina avanzò barcollando, quasi avesse ecceduto nel bere, e mentre con una mano indicava lo sconosciuto vincitore, con l'altra si stracciava la tunica nera all'altezza del seno.

«Padre!» urlò disperata. «Uccidi quel giovane o sarà lui a uccidere Troia!»

Ma ancora una volta Priamo non le volle credere.

«Che perisca pure Troia, se così hanno deciso gli Dei,» rispose con orgoglio «ma io a un figlio così valoroso non intendo rinunziare!»

Ed Elena dov'era? Era a Sparta dove faceva la regina e la moglie di Menelao. Prima però di raggiungere questa temporanea tranquillità, aveva avuto anche lei i suoi contrattempi.

Un giorno il patrigno, Tindaro, re di Sparta, volle trovarle marito, e, data la sua bellezza, convocò gli scapoli più ricchi e più coraggiosi dell'epoca. Nell'invito, portato in giro dagli araldi per tutte le corti della Grecia, si chiedeva senza mezzi termini quale somma in denaro o in oggetti preziosi il candidato sarebbe stato disposto a versare, nel caso fosse stato lui il prescelto. Tra gli altri, parteciparono all'asta Aiace Telamonio, Ulisse, Filottete, Menesteo, Teucro, Diomede, Idomeneo, Menelao e Patroclo, e ognuno promise a Tindaro troni, vasti territori e doni favolosi, a eccezione di Ulisse che, in quanto re di un'isoletta ricca solo di sassi e di ortiche, non era in condizione di offrire assolutamente nulla.[11] Il più generoso dei pretendenti fu Agamennone che, per conto del fratello Menelao, accatastò davanti agli occhi interessati della principessa una enorme quantità di vasellame d'oro e d'argento. Tindaro, abbagliato dall'offerta, stava quasi per deliberare, quando Ulisse lo chiamò in disparte.

«O nobile Tindaro,» gli disse «com'è noto, io non ho tesori da offrire, ma a volte un consiglio può essere più utile di un'intera cassa colma di gioielli. Se mi prometti di intercedere presso tuo fratello Icario affinché mi dia in moglie sua figlia, la pudica Penelope, io in cambio ti elargirò uno di questi consigli.»

---

[11] Il fatto che un re potesse essere povero non deve meravigliare più di tanto: innanzitutto perché per diventare re bastava prendere il comando di un qualsiasi villaggio, magari anche minuscolo, o di un'isoletta pietrosa, e poi perché la povertà era la condizione normale di tutti gli esseri umani del XII secolo avanti Cristo. Di tanto in tanto in mitologia s'incontrano re che sono guardiani di pecore (come nel caso di Anchise) o semplici contadini. Erodoto ce ne dà una conferma quando racconta che «negli antichi tempi anche i re mancavano di mezzi, e non solo il popolo». (*Storie*, VIII, 137.)

«Ci sto,» rispose d'istinto Tindaro «e convincerò mio fratello a darti in sposa sua figlia; ma tu adesso dammi uno di quei consigli che sono più utili dell'oro.»

«Prima di designare lo sposo,» gli suggerì Ulisse «fatti promettere da ciascuno dei pretendenti che, il giorno in cui uno straniero mancasse di rispetto ad Elena, lui accorrerebbe in armi a difenderne l'onore.»

E così fu fatto. Tindaro sacrificò un cavallo bianco e lo divise in quattordici pezzi, tanti quanti erano i pretendenti, dopo di che i principi giurarono, ponendo la mano su un pezzo di carne, che avrebbero difeso la reputazione di Elena anche a costo della vita. Il luogo dove fu stipulato il patto è ancora oggi visitabile nella regione di Sparta e viene chiamato «La Tomba del Cavallo».

Il destino di Elena era quello di sostenere il ruolo della rapita: a questo era allenata fin da bambina. Non ancora tredicenne, infatti, fu sequestrata da due fratelli, Teseo e Piritòo, mentre era intenta a sacrificare un capretto nel tempio di Artemide. Successivamente i due rapitori tirarono a sorte per scegliere chi di loro dovesse essere il primo a goderne i favori e, avendo vinto Teseo, questi la rinchiuse nel castello di Afidna, una fortezza dell'Attica che non aveva né porte né finestre, pur essendo piena di mobili preziosi e di cuscini di seta: in pratica una prigione dorata tra le montagne; il suo ingresso era costituito da un passaggio segreto situato a più di un chilometro di distanza.

I fratelli di Elena, Castore e Polluce, batterono in lungo e largo la Grecia, senza mai individuare la prigione, finché un bel giorno, grazie alla soffiata di un oscuro personaggio, tale Academo, seppero del passaggio segreto e la liberarono. Alcuni dicono che durante il sequestro Elena si sia innamorata di Teseo e che gli abbia generato una bambina di nome Ifigenia, la stessa che in seguito sarebbe stata sacrificata da Agamennone per propiziare il viaggio degli

Achei. Con Menelao ebbe una figlia, Ermione, e secondo altri, anche tre maschietti, Eziola, Marafio e Plistene.[12] Ora, se tutte queste voci fossero vere, Paride, portandosi via Elena, non avrebbe rapito una fanciulla nel fiore degli anni, bensì una madre di cinque figli.

Ma torniamo a Troia, un anno prima dello scoppio della guerra. Una volta a corte, Paride aveva cambiato carattere: il pastore di pecore, così modesto e schivo, che avevamo conosciuto sul monte Ida, era diventato all'improvviso un aristocratico ambizioso, arrogante e narcisista, un gaudente che indossava abiti sfarzosi e preferiva le mense imbandite ai doni della natura. Priamo, volendo stringere alleanze con i Misi, aveva pensato di farlo sposare con una principessa di Arginuse, ma lui, forte della promessa avuta da Afrodite, si rifiutava di conoscere qualsiasi probabile sposa. Per contro, come s'imbatteva in qualcuno che era stato a Sparta, subito gli chiedeva se per caso non avesse conosciuto Elena, la moglie di Menelao.

E arrivò finalmente la grande occasione, quella che secondo il proverbio farebbe l'uomo ladro: Troia aveva deciso d'inviare in Grecia un'ambasceria allo scopo di tranquillizzare gli Achei sulla navigazione dell'Ellesponto. Il pedaggio richiesto, sosteneva Priamo, non era un sopruso, bensì una giusta ricompensa per chi, come lui, aveva investito uomini e mezzi nella pulizia di quel braccio di mare, un tempo infestato dai pirati. Di parere completamente opposto gli Achei, per i quali essere rapinati dai pirati o dai Troiani non è che facesse poi molta differenza, motivo per cui erano seriamente intenzionati a rispondere con la violenza alla violenza, da qualsiasi parte venisse.

---

[12] Per Omero (*Odissea*, IV, 12-14) e per Pausania (II, 18, 6), Elena avrebbe avuto solo una figlia, Ermione. Per Graves (159 *d*) ci sarebbero stati altri tre figli maschi.

Enea e Paride furono gli ambasciatori scelti dai Troiani. Priamo li fece scortare fino a Elo da una flotta di navi da guerra (che avevano anche lo scopo d'impressionare gli Achei), e Paride, tanto per rinfrescare la memoria ad Afrodite, si fece montare a prua dell'ammiraglia una bella polena di legno raffigurante la Dea dell'Amore con in braccio il piccolo Eros. Prima tappa del viaggio: Sparta, proprio la città dove vivevano in serena beatitudine i coniugi Elena e Menelao.

I principi troiani furono ricevuti con il massimo degli onori. Al pranzo di gala, oltre al re e alla regina, erano presenti anche i fratelli di Elena, Castore e Polluce. A tavola la conversazione cadde sul seguente tema: è più virile rapire una donna o cercare di conquistarne le grazie con un canto poetico? Due dei commensali, sostenitori della seconda tesi, accusarono i Dioscuri (Castore e Polluce) di aver rapito le loro donne e di averlo fatto, non per amore, bensì per avarizia, dato che dopo il rapimento si erano rifiutati di pagare la dote al suocero Leucippo. I due accusati si offesero per l'insinuazione e risposero per le rime. L'atmosfera divenne incandescente e Paride subito ne approfittò per corteggiare la padrona di casa: le tolse di mano la coppa di vino che stava bevendo e bevve sfrontatamente appoggiando le labbra dove le aveva appoggiate lei. Menelao, distratto com'era (e forse anche un po' bevuto), non se ne accorse e il giorno dopo fece anche di peggio: partì per Creta, dov'era stato invitato a una partita di caccia da Idomeneo, lasciando Elena, fragile e indifesa, in balia del suo seduttore.

Oddio, tanto fragile e indifesa la signora non doveva essere se poi, fuggendo, trovò il tempo di passare dal tempio di Apollo e di fare piazza pulita di tutto quello che c'era di prezioso nei forzieri, quindi di caricare su due mule tutti i gioielli della dote e di farsi scortare da cinque collaboratrici familiari. La tesi, secondo la quale sarebbe stata vittima di un incantesimo di Afrodite, non è che regga molto, anche perché quando si scappa per amore, si scappa, e non ci si porta dietro l'argenteria!

La nave dei due amanti toccò prima Cipro, quindi Cranae, una isoletta dell'Egeo non meglio identificata. Qui, sulla spiaggia e sotto un cielo stellato, reso ancora più stellato dalla Dea Afrodite, Paride ed Elena consumarono la loro prima notte d'amore.

«Orsù donna,» le sussurrò il giovane principe, «non perdiamo altro tempo: sdraiamoci l'uno accanto all'altro e godiamo l'amore!»

«Sì, o mio bel Paride,» rispose lei, senza un minimo di vergogna, «anch'io desidero te, come non ho mai desiderato nessun altro nella vita, e che Afrodite possa far durare questa notte un anno intero!»

Per alcuni giorni, in effetti, la temperatura si mantenne su livelli ideali: il mare restò caldo e immobile, in modo da consentire agli amanti frequenti immersioni nelle acque dell'Egeo, anche di notte. Per evitare che qualcuno potesse vedere Elena nella sua splendida nudità, seppure da lontano, Paride ordinò al suo vice di mantenere la nave molto al largo e fece incatenare tutti gli uomini della ciurma, Troiani compresi, ai banchi dei remi. Enea (che era un uomo serio), scandalizzato dal comportamento a dir poco irresponsabile del cugino, lo abbandonò definitivamente e fece rotta per Troia.

Terminata la luna di miele, anche Paride avrebbe voluto tornare in patria, ma Era, memore delle offese subite, gli scagliò addosso una decina di tempeste, l'una più tremenda dell'altra, che lo sballottarono a lungo per tutto il Mediterraneo. Si dice che sia stato in Egitto, in Siria e in Fenicia; certo è che impiegò moltissimo tempo a trovare le coste della Troade. Una volta giunto a casa, però, l'accoglienza che ebbe dai compaesani fu calorosissima: tutti, ma proprio tutti, da Priamo all'ultimo cittadino, si congratularono con lui e, soprattutto, s'innamorarono di Elena, mai immaginando che un giorno, proprio per colpa di quella femmina, il nome di Troia sarebbe diventato sinonimo di donna di facili costumi.

IV
Tersite

*Laddove, appena sbarcati, apprendiamo che la guerra di
Troia è finita. Avremo modo altresì di conoscere le tristi
storie di Protesilao e di Palamede, e d'imbatterci in Tersite
che, come suo costume, ci dirà tutto il male possibile di
Ulisse, di Achille e di Agamennone.*

La nave di Leonte riuscì a trovare un varco tra due navi e
Filotero, l'irascibile comandante, urlò ordini e contrordini
con quanto fiato aveva in gola, prendendosela come al suo
solito con tutti: con Stenobio perché non lo stava a sentire,
con i marinai perché ascoltavano solo Stenobio, con i vicini
di ormeggio perché non mantenevano le distanze, con
quelli sulla spiaggia perché non riuscivano a prendere le
cime al volo, con i venti contrari, con la corrente che lo
trascinava a babordo, con gli Dei, con gli Inferi, con i
Troiani, con i gabbiani e con chiunque gli capitasse a
tiro.

Appena effettuato l'attracco, un gruppo di curiosi si
affollò intorno alla nave. Erano in gran parte uomini, vestiti
nelle fogge più strane, che parlavano lingue incomprensibili: Etoli dagli elmi bicornuti, guerrieri elei dai capelli lunghi
fino a metà della schiena, Cefalleni, Magneti, Cureti,
guardiani di capre che offrivano ciotole di latte nereggianti
d'insetti, schiavi etiopi legati a due a due, bambine vendi-

trici d'acqua, donne di malaffare in cerca di clienti, storpi, prigionieri traci dai capelli rossi e dagli occhi azzurri, mendicanti, profeti che gridavano al vento orribili profezie, e ancora uomini, donne e bambini, sporchi, laceri e malnutriti.

Oddio, sporchi lo erano tutti, indistintamente: l'acqua da quelle parti era un bene prezioso e quel poco che se ne trovava serviva a malapena a calmare la sete. Le fonti più limpide erano tutte situate nell'entroterra, alla confluenza tra il Simoenta e lo Scamandro: troppo esposte, quindi, alle sortite dei Troiani perché gli Achei non ci andassero con un po' d'apprensione.

Tra gli Achei girava una strana credenza, nota come «la maledizione di Protesilao», secondo la quale il primo a mettere piede a terra sarebbe stato anche il primo a morire. Immaginiamoci quindi cosa successe al momento dello sbarco: guerrieri che pur di non essere i primi a scendere cominciarono a rinculare, marinai che, malgrado le urla di Filotero, fingevano di essere impegnati in operazioni di bordo, eroi, peraltro noti per il loro coraggio, che si spintonavano a vicenda, sempre sperando che ci fosse almeno uno non ancora al corrente della maledizione. Nel nostro caso lo sprovveduto di turno, quello su cui tutti avevano puntato, era il giovane Leonte: il ragazzo, infatti, nulla sapendo di Protesilao, stava quasi per scendere quando venne bloccato da Gemonide.

«Fermati, o Leonte, se non vuoi che la maledizione di Protesilao ti faccia morire prima del tempo.»

«Di quale maledizione parli, o maestro?»

«Nove anni fa un principe tessalo, chiamato Iolao finché rimase vivo e Protesilao dopo che gli si sciolsero le membra, giunse a Troia. Egli arrivò dalla lontana Iolco al comando di quaranta navi zeppe di armati, tutte dipinte di nero e tutte con doppio ordine di remi. Insieme a lui giunsero il fratello

Podarce, uccisore di amazzoni, e l'invincibile Achille dal rapido piede.»

«Alludi forse ad Achille, al mio Achille?» chiese Leonte, che ogni volta che sentiva fare il nome del suo eroe preferito si emozionava.

«Sì, proprio lui: il Pelide. Era stato appena smascherato dall'astuto Ulisse, mentre con vesti femminili si celava tra le figlie del re Licomede, e imbarcato su una nave per Troia.[1]»

«E poi cosa accadde?»

«I Troiani,» continuò Gemonide «messi in allarme dai Frigi piazzati sulle alture di Tenedo,[2] si fecero trovare tutti schierati lungo le rive, e appena la prima delle navi di Protesilao provò ad accostarsi, subito la subissarono di pietre aguzze e di sassi di fiume.»

Questo fatto che gli antichi facessero così largo uso di pietre durante le battaglie non dovrebbe meravigliare più di tanto: all'epoca il ferro[3] era considerato un metallo raro, forse ancora più dell'oro. Basti pensare che, quando ci furono i giochi funebri in onore di Patroclo, uno dei premi

[1] Achille, per non andare a Troia, dove sicuramente sarebbe stato ucciso, venne imboscato dalla madre presso la reggia del re Licomede. Si dice che l'eroe vivesse tra le figlie del re, vestito da donna, e che si facesse chiamare Pirra, Essa, o Cercisera. Si racconta anche che un giorno Ulisse, Nestore e Aiace si recarono alla reggia e che, per smascherare Achille, abbiano deposto davanti agli occhi delle principessine un mucchio di gioielli e di vesti pregiate, pregandole di fare ciascuna la propria scelta. Sotto i doni, però, Ulisse aveva nascosto delle armi. Achille, non appena le vide, si denudò il petto e brandì urlando una lancia e uno scudo.
[2] L'isola di Tenedo era a poche miglia dalla Troade. Prima della guerra veniva usata dai Troiani come avamposto nei confronti degli invasori occidentali, in seguito divenne una base navale degli Achei.
[3] A quell'epoca i metalli noti erano cinque: l'oro, l'argento, il rame, il piombo e lo stagno. Come lega era diffuso anche il bronzo (90 per cento di rame e 10 per cento di stagno). Il ferro invece era rarissimo. Non essendo ancora diffusa l'estrazione del ferro, il poco in circolazione doveva essere di provenienza meteoritica. Tra l'altro i Greci pensavano che tutta la volta celeste fosse fatta di ferro. Non a caso il ferro era chiamato *sideros*, il che spiegherebbe sia l'etimologia di «siderurgia» che quella di «siderale», anche se gli etimologi (quelli bravi) non sono d'accordo su questo accostamento.

messi in palio fu per l'appunto un lingotto di ferro; e che sempre in quella occasione, Achille ebbe a dire ai concorrenti: «E ora eccovi un premio per il quale è conveniente lottare: chi di voi se ne approprierà, per quanto vaste possano essere le sue terre, non sarà più costretto, per almeno cinque anni, a cercare altro ferro in giro».[4] Stando così le cose, solo i ricchi possedevano armi degne di questo nome, tutti gli altri si arrangiavano come potevano: usavano le cosiddette armi improprie, ovvero le pietre, i randelli, i forconi e via dicendo. Le battaglie del XII secolo a.C. altro non erano che gigantesche sassaiole tra due eserciti contrapposti: si cominciava con i lanci dalla distanza e si finiva con i corpo a corpo a base di bastonate e cazzotti. Gli elmi, le lance, le spade, gli scudi istoriati, di cui tanto parla Omero nell'*Iliade* e nell'*Odissea*, erano un privilegio esclusivo degli eroi, tant'è vero che dopo ogni duello il vincitore, come prima cosa, scendeva dal carro e si fregava le armi dell'avversario, magari quando il poverino stava ancora esalando l'ultimo respiro. Chi era così ricco da possedere una lancia interamente di metallo, da una estremità all'altra, si guardava bene da scagliarla contro chicchessia.

«Dopo alcuni tentativi andati a vuoto,» proseguì Gemonide «i Tessali riuscirono alfine, sotto un grandinare di pietre, a toccare l'ilio suolo e qui Achille, voglioso com'era d'immergersi nel sangue nemico, stava quasi per balzare a terra, allorquando la madre, l'invisibile Tetide, lo trattenne per un braccio. Aveva saputo da un oracolo che il primo a scendere sarebbe stato anche il primo a morire, e desiderava salvargli la vita. Si dice anche che mentre con una mano ne frenava l'ardore, con l'altra spingesse Protesilao verso l'inesorabile Fato. Il misero non fece in tempo a toccare

---

[4] *Iliade*, XXIII, 1054-1061 (trad. Monti), 831-835 (trad. Calzecchi Onesti).

terra che venne trafitto dalla lancia di Ettore, figlio di Priamo.»

Povero Protesilao! Basti pensare che si era imbarcato per il fronte il giorno dopo aver sposato Laodamia, la bellissima figlia del re Acasto. Per anni l'aveva sognata, desiderata, concupita, e per anni il re si era opposto ai suoi desideri. Poi, quando finalmente era riuscito nel suo intento, eccolo costretto a partire per Troia. E tutto questo dopo averla avuta per una notte soltanto!

Commosso da tanta sfortuna, Omero gli dedica un paio di versi struggenti: «*La sposa, in Filache derelitta, le belle gote lacerava, e tutta, vedova del suo re, piangea la casa. Primo ei balzossi dalle navi, e primo trafitto cadde dal dardanio ferro*».[5] Balzossi un corno, aggiungo io, perché se non era per Tetide che gli dava la spintarella, lui col cavolo sarebbe sceso!

Quando Laodamia seppe della morte di Protesilao si disperò a lungo, come avrebbe fatto qualsiasi altra moglie al suo posto. Oltretutto lei aveva subito anche la beffa della notte *una tantum*. No, non era giusto quello che le era capitato: prima l'opposizione al matrimonio da parte del padre, poi le nozze consumate in tutta fretta, poi la partenza dello sposo per Troia e infine la sua tragica morte non appena messo piede sul suolo nemico. Dopo averci riflettuto a lungo, la poverina si convinse di essere stata trattata malissimo dal Fato, e in particolare dalla Dea Persefone, motivo per cui decise di chiedere proprio a lei una seconda notte d'amore.

«O Dea dell'Estrema Casa,» le disse «tu che ben sai quanto dolore rechi il distacco dalla persona amata, al punto che ancora oggi dividi il tempo tuo tra il marito affettuoso e la piangente madre, concedi anche a me e al mio sventurato sposo un'altra occasione d'amore. Una sola

---

[5] *Iliade*, II, 941-942 (trad. Monti), 700-703 (trad. Calzecchi Onesti).

notte egli mi ebbe e una sola notte ancora oggi ti chiedo.»

Persefone, comprensiva, le volle dare ascolto e le concesse la tanto sospirata seconda notte; per essere precisi, tre ore supplementari da consumare nel massimo segreto.

L'eroe defunto riapparve alla moglie, durante una notte di tempesta, direttamente in camera da letto: indossava ancora le armi con le quali era partito e perdeva sangue dal petto.

«Amore mio, tu qui!» esclamò Laodamia abbracciandolo con passione.

«Fa' presto, o cara,» la esortò lui, allontanandola quel tanto che bastava per potersi spogliare, «fammi entrare nell'amato talamo! È tanta la voglia che ho di te che più non resisto! Tre ore soltanto ci concessero gli Dei e or non vorrei che le parole tue, seppure pregne d'affetto, rubassero il tempo alle carezze.»

«No, Protesilao, fermati!» urlò lei. «Una notte soltanto...»

«... In verità tre ore, o cara» precisò lui, fin troppo pignolo, per uno nella sua situazione.

«... Tre ore soltanto non potranno di certo calmare la mia sete d'amore, e piuttosto che sciuparle in un banale amplesso, preferirei utilizzarle in modo diverso. Resta immobile davanti ai miei occhi, in modo che io possa modellare una statua che ti somigli in ogni minimo particolare. Solo così riuscirò ad averti fino alla fine della mia triste vita.»

Detto fatto, Laodamia (che era anche un'eccezionale scultrice) si fece portare dagli schiavi un quintale di cera e lo ritrasse nell'atteggiamento di un uomo che sta abbracciando una donna. Una volta terminata l'opera, adagiò la statua sul letto e le si infilò tra le braccia. Il padre, non vedendola più in giro, la fece spiare dai servi, e quando seppe che la figlia viveva, giorno e notte, abbracciata a un uomo, dette ordine affinché sfondassero la porta del suo appartamento. Una volta scoperta la pietosa finzione, ordinò che la statua del defunto venisse buttata nell'olio bollente; sennonché, nel preciso momento in cui la cera cominciò a sciogliersi, anche la povera Laodamia si tuffò nel pentolone.

Si dice che Protesilao, l'uomo che «saltò per primo», sia stato sepolto nel Chersoneso, presso la città di Eleunte[6] e che sulla sua tomba sia stato piantato un olmo i cui rami, per cento anni, restarono sempre verdi, a eccezione di quelli che guardavano in direzione di Troia.

Leonte e Gemonide non erano superstiziosi, ciò nonostante, vera o falsa che fosse la leggenda di Protesilao, ritennero prudente essere gli ultimi a scendere dalla nave. Nel frattempo il problema dello sbarco era stato brillantemente risolto da Filotero; il comandante aveva fatto staccare dai banchi un rematore libico, uno dei più anziani, e lo aveva costretto a fare da battistrada. Con ogni probabilità Filotero lo avrebbe anche ucciso, subito dopo, se Gemonide non fosse intervenuto in sua difesa.

«Lascialo vivere, o Filotero!» gli disse il maestro. «Non t'accorgi che ha tutti i capelli grigi?»

«Ed è appunto per questo che ho deciso di farlo fuori!» rispose, quasi con gusto, il vecchio cinico. «Oramai il libico ha superato i trent'anni e non conviene più tenerlo allo *zugòn*: mangia e beve come quando era giovane, e non regge più il ritmo del capovoga. E poi, alla fin fine, non è colpa mia se muore: è la legge di Protesilao che lo ha condannato!»

«D'accordo,» replicò Leonte «ma tu lascia che a decidere siano le Moire.»

Per Filotero doveva essere il giorno della bontà, giacché, seppure a malincuore, all'ultimo momento rinunziò all'ese-

[6] Pausania, I, 34, 2.

cuzione del libico. Dal canto loro Leonte e Gemonide, lieti di aver contribuito alla salvezza di un essere umano, stavano per avviarsi verso l'accampamento acheo quando furono bloccati da un locrese malvestito.

«Cosa siete venuti a fare a Ilio, o cretesi?» chiese loro il soldato. «La guerra è finita e tutti si apprestano a tornare in patria. Già si consultano gli indovini per conoscere la direzione dei venti.»

«La guerra è finita!» esclamò stupito il maestro. «E come è finita?»

«Questa è l'unica cosa che non ho capito,» ammise il locrese «ieri però il mio capo, l'invincibile Aiace Oileo, il più bravo di tutti gli Achei nel maneggio dell'asta, mi ha detto: "O Listodemo, ti do una buona notizia: domani si torna a casa. Di' ai tuoi compagni di caricare le navi e di tenersi pronti a farle scivolare sulle travi". Ti confesso, o vecchio, che la notizia mi ha riempito di gioia: non vedo l'ora di riabbracciare i figli e con essi anche la sposa, sempre che nel frattempo non mi abbia sostituito con uno più giovane.»

«O Listodemo dalla bocca mendace,» gridò un secondo acheo che, al contrario del locrese, sfoggiava un raffinato *thorax* di cuoio rosso[7] «lo sai cosa sei? Sei un bastardo! È Idomeneo il più bravo a lanciare l'asta e non quel nanerottolo del tuo Aiace Oileo. Buon per lui che siamo alleati e che nessuno lo ha mai costretto a misurarsi con il mio capo: altrimenti già marcirebbe nell'Ade insieme al suo serpente schifoso.»

«Chi sei tu, putrido verme, che osi mettere in dubbio la valentia del mio duce?» ribatté il primo soldato, estraendo

---

[7] *Thorax*: corazza costituita da una casacca di lino o di cuoio, ricoperta di piastre di metallo in numero variabile tra le 250 e le 500. In genere veniva indossata da guerrieri benestanti.

dalla cintura una specie di manganello lungo almeno cinquanta centimetri.

«O miserabile pidocchio della miserabile Locride,» replicò l'altro con protervia «se non credi che il mio capo sia più abile del tuo, convinciti almeno che io, Ariasso, figlio di Gadenore, nativo della murata Gortina, sono più abile di te nell'arte del cesto.[8] E sappi che in questa specialità sono stato per ben due volte campione nella cretosa Licasto.»

«Alto là, o achei!» gridò Leonte, mettendosi tra i due armati e interrompendo un alterco che stava per degenerare. «Ditemi piuttosto: è vero che è finita la guerra?»

«O giovane dagli illustri natali,» rispose prontamente Ariasso che, abile com'era nell'arte dello scrocco, aveva subito fiutato la possibilità di una bevuta a sbafo «oggi la mia gola è secca come la sabbia del deserto e non sarà certo il sole dei Dardani a farmi sciogliere la lingua. Se tu però mi offrissi un bicchiere di vino di Festo, sono sicuro che il sangue di Dioniso mi farebbe ritornare ciarliero. Proprio a pochi passi da noi c'è lo spaccio del licio Telone.»

Leonte e Gemonide si diressero verso il luogo indicato da Ariasso e al gruppo si unì anche Listodemo che, dimentico delle offese ricevute, o forse proprio per queste, ritenne giusto che qualcuno gli offrisse da bere.

Listodemo era un personaggio a metà strada tra il soldato e il pezzente: indossava una tunica rattoppata in più punti e aveva come calzari degli stracci attorcigliati intorno ai piedi. Si mostrava servile con i potenti e nello stesso tempo orgoglioso con gli sbruffoni sul tipo di Ariasso. Questi, invece, si atteggiava a bulletto dei poveri: esibiva il suo *thorax* rossiccio, tutto coperto di lamelle di bronzo e

---

[8] «Cesto»: sport agonistico equivalente al nostro pugilato. Il «cesto», propriamente detto, era il guantone. L'atleta si fasciava le mani con corregge di cuoio irrobustite da borchie di piombo. L'inventore del pugilato sarebbe stato Teseo. I campioni di quei tempi furono Polluce, Amico (il re dei Bebrici) e ovviamente Eracle.

camminava su e giù per il campo, felice di mostrarlo in giro. Gemonide pensò che Listodemo doveva essere un poveraccio e Ariasso uno sciacallo, e che quel *thorax*, con ogni probabilità, doveva esserselo procurato scippandolo a un cadavere nel trambusto di una battaglia. Tra l'altro, sulle lamelle s'intravedevano decorazioni di fattura troiana.

Telone il licio era invece il tipico opportunista che prospera in ogni guerra: si era installato con una baracchetta di legno ai bordi del campo acheo e, in pratica, vendeva tutto a tutti. Per lui Troiani e Achei erano solo clienti potenziali: ringraziava Zeus di avergli mandato una guerra così lunga e sanguinosa, e versava coppe di vino agli uni e agli altri, infischiandosene nel modo più assoluto di chi, alla fine, avrebbe vinto.

Il vino era una bevanda da gente ricca, e Gemonide, per quanto desideroso di notizie, prima di farsi servire s'informò sui prezzi, quindi ordinò due bicchieri di vino mielato per Ariasso e Listodemo e una tazza d'orzo per sé e per Leonte.

«Spiegatemi, o amici,» chiese Gemonide «come gli Achei si siano alfine decisi, dopo tanti lutti, ad abbandonare l'aspra contesa, e come due principi orgogliosi come Menelao e Agamennone abbiano potuto rinunciare alla bella Elena per lasciarla al bellimbusto Paride.»

«Ecco come sono andate le cose...» esordì Listodemo, ma fu subito zittito da Ariasso.

«Taci o locrese e pensa a bere. Oggi, grazie a me, stai seduto anche tu alla taverna di Telone. Per il resto, non riesco a immaginare cosa potresti mai raccontare dal momento che non eri presente all'assemblea e che ripeteresti solo quello che hai sentito dire per le strade, né più né meno di come fanno le serve nei *gynaikonitis*[9] durante le sere d'inverno.»

---

[9] *Gynaikonitis*: sorta di gineceo, ossia stanza riservata alle donne e in genere destinata alla filatura della lana.

«E allora parla tu, stramaledetto cretese, dal momento che non riesci a star zitto nemmeno per un istante,» replicò con livore Listodemo «e che Era si riprenda la tua voce come già fece con la ciarliera Eco!»

Eliminato il rivale, Ariasso cominciò a raccontare. Altri avventori si avvicinarono al tavolo e tra di essi Telone: l'unico, in verità, preoccupato al pensiero che la guerra potesse finire da un momento all'altro.

«Siamo andati tutti sotto la nave del Gerenio,[10] e con noi c'erano Schedio ed Epistrofo e i bellicosi Focesi, Arcesilao e Protenore con i fedeli Beozi, Toante con gli Etoli, e Leonteo e Menesteo...»

«Non vorrai mica fare l'elenco delle navi?[11]» protestò Listodemo. «Non basterebbero altri nove anni di guerra solo per citare i nomi dei capitani! E poi... sai che ti dico: non sarebbe nemmeno corretto nei confronti di chi ci ha offerto da bere!»

Ariasso ignorò l'interruzione, o quanto meno finse di ignorarla, e proseguì imperterrito.

«Come vi stavo dicendo, c'erano tutti quelli che contavano. Ognuno voleva dire la sua opinione, e nessuno era disposto a sentir quella degli altri, finché nove araldi dalla voce tonante si fecero largo tra la folla e un po' urlando, e un po' strapazzando i turbolenti riuscirono a ottenere un minimo di attenzione, quel tanto che bastava ad Agamennone per issarsi sul castello di poppa della nave del Gerenio. Il comandante supremo levò in alto lo scettro e l'assemblea ammutolì di colpo. Lo scettro era quello stesso

[10] Il Gerenio era Nestore, re di Pilo. Veniva indicato con questo appellativo perché, quando Eracle lo cacciò da Pilo, lui trovò scampo a Gerenia, nella Messenia.
[11] Omero nel libro II dell'*Iliade* fa l'elenco completo delle navi che arrivarono a Troia: erano 1172 e i capi imbarcati 47. Ipotizzando una media di 50 guerrieri per nave (a parte i rematori), gli Achei dovevano essere non meno di 60.000; senza contare che ciascuna nave avrebbe potuto effettuare più di un viaggio per il trasporto delle truppe.

63

che Efesto aveva fabbricato con eccelsa maestria, e che da Efesto fu consegnato a Zeus, e da Zeus venne dato a Ermes, e da Ermes a Pelope, e da Pelope ad Atreo, e da Atreo a Tieste, e da Tieste ad Agamennone...»

«O Calliope, salvami tu da questo chiacchierone incontenibile!» implorò Listodemo tappandosi le orecchie e volgendo gli occhi al cielo. «Tu, sai quanto io detesti i ciarlatani, eppure non fai altro che farmeli incontrare!»

«O lurido locrese,» urlò Ariasso «questa volta hai passato il segno!» E dopo aver sguainato una spada di bronzo, gli si fiondò addosso con la ferma intenzione d'infilzarlo.

Leonte e Gemonide si misero in mezzo e fecero di tutto per trattenerlo. Nel trambusto che ne seguì finirono col rovesciare il tavolo, i *thranoi*[12] e i bicchieri di vino che erano stati appena serviti. Ariasso era fuori di sé: sembrava un demone inferocito. Urlava che voleva vedere morto il suo nemico e non c'era verso di farlo ragionare. Una prostituta, seduta accanto a loro, in preda a una crisi isterica, cominciò a strepitare come se la stessero scannando. Poi, se Dio volle, arrivarono gli inservienti di Telone e in qualche modo riuscirono a sedare la rissa: quattro di loro placcarono Ariasso, tenendolo fermo in un angolo della taverna, e altri due provvidero a cacciare Listodemo dopo avergli intimato di non farsi più vedere da quelle parti.

Una volta tornata la calma, Gemonide chiese ad Ariasso di riprendere il racconto. Lo sbruffone lì per lì non rispose: cosciente di avere addosso, in quel momento, gli occhi di tutti i presenti, si alzò in piedi lentamente, e, dopo aver gettato intorno a sé uno sguardo carico d'odio, si portò sotto l'arco della porta d'ingresso, incerto se dare la caccia al suo nemico personale, o se approfittare del numeroso pubblico che s'era andato formando per dare, una volta per

---

[12] *Thranos*: piccolo sgabello di legno non più alto di trenta centimetri.

tutte, una valida dimostrazione della sua abilità oratoria. Alla fine, con grande sollievo generale, prevalse questa seconda scelta.

«Ed ecco cosa disse Agamennone, pastore di popoli: "O Achei, molti anni sono trascorsi nel vano tentativo di abbattere le mura di Troia. Molti di noi sono morti in questa impresa e molti hanno perso l'uso delle gambe o delle braccia. Le travi delle nostre navi ormai cominciano a marcire, le sartie si sfilacciano ogni giorno che passa, e laggiù, nella patria lontana, sempre più spesso le spose scendono a riva, ogni volta sperando di essere loro le prime ad avvistare le vele, quelle stesse che nove anni prima avevano separato i padri dai figli. Abbiamo perso ogni speranza di conquistare Ilio dalle ampie strade e non ci resta che prendere una decisione: o morire tutti per i begli occhi di Elena, o imbarcarci sulle nere navi e tornare alle case che videro i nostri primi vagiti".»

Un lungo mormorio fu il commento dell'uditorio.

«Ebbene, compagni, credetemi,» continuò Ariasso «il discorso di Agamennone non era ancora terminato, che tutta l'assemblea, come un solo uomo, si precipitò verso le navi. A guardarla sembrava l'onda titanica partita da Thera, di cui favoleggiavano i cantori.[13] E tutti gridavano: "Si torna a casa, si torna a casa!". E tutti si abbracciavano piangendo. Anch'io ho gridato e ho pianto. D'altronde, se per nove anni non siamo riusciti a conquistare Troia, non vedo per quale ragione dovremmo conquistarla proprio adesso, nel decimo anno!»

Un urlo coprì quest'ultima frase. Qualcuno che era appena entrato dissentiva da Ariasso, e ora lo stava ingiuriando.

«Cosa vuoi capire tu di guerra, o miserabile vigliacco!»

---

[13] Dall'isola di Thera (Santorino), intorno al XVI secolo, in seguito a un'eruzione gigantesca, partì un'onda abnorme che sommerse tutte le coste del mare Egeo.

urlò la voce. «Tu che per nove anni hai saputo mostrare solo le tue natiche al nemico!»

Ariasso cercò di farsi largo tra la folla, deciso ad affrontare il nuovo provocatore, ma si trovò innanzi nientemeno che Ulisse, il re di Itaca. L'eroe stringeva nella mano destra lo scettro di Agamennone, quasi a significare che era Ulisse, ora, il nuovo comandante dell'esercito acheo. E ove mai lo scettro non fosse stato sufficiente, un gruppo d'Itacensi, tra cui il gigantesco Euribate, era lì pronto a esigere rispetto.

«Ma Agamennone ha detto...» si azzardò a rispondere Ariasso.

«... Agamennone ha voluto solo mettere alla prova gli Achei e i più vigliacchi, quelli come te, tanto per intenderci, hanno abboccato. Se, oltre a te, ci fosse ancora qualcun altro che ha dei dubbi, che si faccia avanti: sarà un piacere per me ucciderlo con le mie stesse mani.»

«Io non ti credo, o Ulisse, e mai ti crederò: qualunque cosa tu possa dire, oggi e sempre!»

Ennesimo colpo di scena: un altro personaggio era salito alla ribalta. Questa volta si trattava di un guerriero bassino, dall'aspetto buffo e dalla testa a forma di pera. Era gobbo e aveva una gamba più corta dell'altra; come se tutto questo non bastasse, possedeva uno sparuto ciuffetto di capelli giusto sulla sommità del cranio. Si chiamava Tersite. Il suo apparire fu salutato da un coro di risate: evidentemente era già noto ai clienti del locale.

«Chi sei?» chiese Ulisse.

«Uno che non ti crede,» rispose Tersite facendogli un inchino che, è inutile precisarlo, suscitò altre risate «e non perché quel ladro del tuo compare Agamennone non sia capace di mentire, ma perché non posso credere a un uomo come te, a uno che pratica la menzogna come metodo di vita, a uno che è stato bugiardo fin da quando si agitava nel ventre della madre. Tu non saresti capace di dire una sola, innocente, elementare verità, per quanto piccola io la possa immaginare!»

«Essere immondo! Come osi dare del ladro al capo dei capi?» tuonò Ulisse, un po' per mettere a posto il mostriciattolo e un po' per sapere di quali colpe si fosse macchiato Agamennone negli ultimi tempi.

«Ho detto ladro e voglio scusarmi con i ladri» replicò prontissimo Tersite. «L'Atride è molto più di un ladro: è il ladro per eccellenza. Ha le baracche stracolme di bronzi, si fa recapitare sotto la tenda più donne di quante non ne riesca a consumare. Ed è anche di gusti difficili, il nostro capo! Non accetta che fanciulle belle e fresche. E chi gliele deve trovare queste fanciulle? Noi, per Zeus, noi Achei! E chi gli procura l'oro? Sempre noi, ovviamente, noi Achei: noi che aggrediamo e sgozziamo degli innocenti solo per razziare l'oro destinato ad Agamennone; lui, poverino, farebbe troppa fatica a procurarselo da solo. E ora noi dovremmo prendere Troia perché solo così il nostro capo potrà ottenere quell'altro oro e quelle altre fanciulle di cui ha assolutamente bisogno!»

«Taci, lurido insetto! Taci se non vuoi morire in questo preciso istante!» gridò Ulisse.

Ma né le minacce, né il prestigio di Ulisse ebbero un qualche effetto su Tersite. Il mostriciattolo, raggiunto il centro della sala, girò lentamente lo sguardo sulle persone che lo stavano ad ascoltare, in modo da attirare al massimo l'attenzione. Poi, abbassando il tono di voce, prese a dire:

«Fratelli, vi scongiuro: non gli credete! Se Ulisse vi dice che siete vivi... non gli credete. Se Ulisse vi dice che avete due braccia e due gambe (anche se la cosa potrà sembrarvi scontata) non gli credete. Se Ulisse vi dice che il sole splende in alto nel cielo... non gli credete: magari proprio in quel momento si sarà messo a piovere. E se per caso, uscendo, vi accorgete che il sole c'è davvero, non gli credete lo stesso. State sicuri che non l'avrebbe detto se non ci fosse stato sotto qualche dannatissimo trucco!»

«O vile tra i vili, o lingua di biscia, o escremento di vacca, o sputo di vecchio ubriaco,» urlò Ulisse «che Telemaco non possa mai più chiamarmi padre, se dopo averti ben bene ammorbidito la gobba, non ti trascino nudo per le orecchie e non ti rimando piangente alle navi!»

Dopo di che agguantò Tersite per la tunica e lo scaraventò per terra, e mentre imperversava su di lui con lo scettro, gli Itacensi gli si schierarono intorno, a semicerchio, in modo da impedire a chiunque d'intromettersi nella lite. Il disgraziato, comunque, malgrado le mazzate che gli arrivavano sulla testa a pera, continuò inesorabile a scagliare ingiurie e maledizioni.

«E questo è Ulisse, o Achei! Guardatelo quant'è forte! Guardatelo quanto è bravo a picchiare uno storpio! E questo è l'uomo che tradì Palamede, il figlio di Nauplio, il suo amico più caro, e ne provocò la morte!»

L'aver nominato Palamede, e in quel modo, poi, portò al colmo l'esasperazione di Ulisse. Fortunatamente per Tersite, il re di Itaca quella mattina aveva ben altri guai a cui badare, motivo per cui, dopo avergli somministrato un'ultima razione di randellate, si avviò di corsa verso la spiaggia nel disperato tentativo di arginare la fuga degli Achei. L'invito di Agamennone aveva fatto nascere tra le schiere alleate un vero e proprio movimento pacifista: i Greci si erano accorti, all'improvviso, di essere stufi di combattere e avevano deciso come un solo uomo di tornare in patria. Solo Ulisse, forse, con la sua abilità oratoria, avrebbe potuto convincerli a restare.

Una volta uscito l'eroe, Telone prestò a Tersite i primi soccorsi: gli disinfettò accuratamente le ferite con un distillato di vite di sua invenzione e gli fasciò il capo con una lunga benda di lino, facendolo diventare ancora più buffo di quanto non lo fosse di suo: il cranio pelato, con il ciuffetto di peli in cima, svettava sopra la fasciatura e sembrava un *chalvàs*,[14] uno di quei dolci che le donne di Pilo sono solite preparare durante le feste in onore di Poseidone.

Quanto allo storpio poi, un po' si lamentava per il bruciore delle medicazioni e un po' era felice di essersi finalmente sfogato contro l'uomo che odiava di più al mondo. Leonte da parte sua era rimasto sconvolto dalla scena, e ardeva dalla voglia di fare domande. Non appena si accorse che Tersite era in grado di rispondere, cominciò a sottoporgli, a uno a uno, i suoi dubbi.

«O Tersite, figlio di Agrio, fin da fanciullo mi sono state raccontate le gesta degli eroi e oggi ho avuto anche il privilegio di vederne uno da vicino, così come vedo te in questo momento. Ho visto nientemeno che Ulisse, il re di Itaca, il più scaltro di quanti vennero su questo suolo a combattere il miserabile Paride. Tu però mi metti in guardia da lui e rischi la vita per farmi sapere che egli non meriterebbe alcunissima stima. Io allora ti chiedo: a chi debbo prestare fiducia, a te o ai maestri?»

«O ragazzo mio, ti scongiuro!» gli rispose Tersite accorato. «Finché avrai uso di ragione, non credere ai maestri, come pure non credere agli aedi e a quanti vanno in giro a cantare le gesta degli eroi solo per procurarsi, senza pagare, un piatto di fichi! Quando avverti il bisogno di conoscere la verità, cercala nella tua testa e mai nel tuo cuore. Quelli che tu chiami eroi sono semplicemente malfattori dai nomi famosi che invadono le terre altrui con l'unico scopo di saccheggiarle e di violentare le donne. Non sanno cosa sia l'amore per il prossimo e il rispetto dei deboli. A loro dell'onore di Elena non importa un bel nulla: è il tesoro di Priamo a cui mirano e faranno di tutto per arraffarselo. Agamennone è un feroce assassino: ammazzerebbe suo

[14] *Chalvàs*: dolce, ancora oggi reperibile in Grecia, fatto di mandorle, sesamo e miele.

fratello se solo se lo trovasse davanti mentre sta per soddisfare uno dei suoi desideri. Achille è un feroce assassino: per lui, la fama è più importante della vita di un intero popolo.»

«Ma è un eroe» protestò Leonte.

«E che vuol dire essere eroe?» chiese di rimando Tersite.

«Vuol dire essere coraggioso» si azzardò a rispondere il ragazzo.

«Coraggioso?» replicò ironico lo storpio. «È forse coraggioso un guerriero che sa di essere invulnerabile quando affronta un altro guerriero che, al contrario di lui, è vulnerabilissimo?»

«Anche Achille, però,» intervenne Gemonide «ha un punto vulnerabile...»

«Sì, ma lo conosce solo lui e quindi, a meno di un caso, nessuno lo potrà mai uccidere. Ammettiamo allora, una volta per tutte, che Achille è un feroce assassino, così come lo è il tanto venerato Ulisse. L'unica differenza tra i due è che Achille, quando uccide, lo fa a viso aperto, mentre Ulisse preferisce farlo nell'ombra, e non con la spada ma con l'inganno. E fu sempre con l'inganno che uccise Palamede.»

«Perché lo uccise?»

«Perché fu lui a smascherarlo, a Itaca, quando si finse pazzo per non andare in guerra.»

«Ulisse si finse pazzo?» chiese Leonte stupito.

«Proprio così: Palamede, Agamennone e Menelao si erano recati a Itaca per ricordargli gli impegni assunti durante le nozze di Elena; tra l'altro era stato proprio lui a proporre il patto d'alleanza tra i principi achei. I tre lo trovarono in riva al mare che cercava di arare la sabbia. Aveva in testa un cappello da contadino a forma di uovo, guidava un aratro trainato da un bue e un asino, e con la

mano destra gettava manciate di sale sulla spiaggia.[15]
"Poveretto," esclamò Menelao "deve essere impazzito!"
Ma l'astuto Palamede afferrò il piccolo Telemaco che stava
in braccio alla nutrice, l'unico figlio che Ulisse aveva avuto
da Penelope, e glielo pose giusto innanzi all'aratro. A quel
punto l'ingannatore non poté fare a meno di fermarsi.»

«E allora?»

«Una volta scoperto l'inganno, il figlio di Laerte fu
costretto a partire per Troia, ma se la legò al dito: prima o
poi a Palamede quello scherzo glielo avrebbe fatto pagare!
E in che modo, poi! Nessuno al mondo è più cattivo di
Ulisse. A vederlo, sembra un uomo tranquillo, uno che si fa
i fatti suoi, e questo perché, contrariamente agli altri, lui
apprezza l'attesa. Lì per lì non reagisce, poi un bel giorno,
quando meno te lo aspetti, quando non sei più sulla
difensiva, ti elimina! Malgrado venga chiamato "Odisseo"[16]
se prende un'iniziativa è solo perché ci ha pensato sopra
cento volte: non agisce mai d'impulso. Oggi, per esempio,
mi ha picchiato, ma se lo ha fatto non è stato perché preso
da improvviso furore, bensì perché attraverso me ha voluto
lanciare un messaggio a tutti gli Achei: è come se avesse
gridato in giro: "Attenti a non parlare di ritorno in patria se
non volete fare la fine di questo disgraziato!". Achille
invece è il suo esatto contrario: di lui bisogna avere paura
solo nel momento in cui è infuriato, poi gli passa.»

«E come punì Palamede?» chiese ancora Leonte.

«Nascose nel terreno, proprio sotto la sua tenda, un sacco
pieno d'oro, e ordinò a un soldato frigio di scrivere una
falsa lettera nella quale Priamo si raccomandava a Palamede: "È giunto il momento di tradire gli Achei e di
guadagnarti l'oro che ti ho mandato". Poi fece uccidere il
messaggero frigio a pochi metri dall'accampamento acheo,

[15] Noi napoletani avremmo detto: «Faceva 'o scemo pe' nun ghì a' guerra».
[16] *Odyssomai* in greco significa «arrabbiarsi».

come se fosse stato sorpreso mentre cercava di entrare nel campo per mettersi in contatto con Palamede, e fece in modo che gli trovassero addosso la lettera del re di Troia.»

«D'accordo, questo fu il tranello,» obiettò Gemonide «ma immagino che anche Palamede abbia avuto la possibilità di difendersi e di ricordare quanto avesse dato alla causa achea fino a quel momento. Era famoso, infatti, in tutto l'Egeo per il coraggio e l'eleganza nella scrittura. I soldati poi lo amavano più di tutti perché, grazie ai dadi, aveva alleviato la noia delle veglie notturne.»

«Certo che si difese, ma Ulisse suggerì di frugare nella sua tenda, e quando venne trovato il sacco d'oro, proprio sotto il giaciglio dove dormiva, lo lapidarono sul posto. Si dice che, mentre gli scagliavano addosso le pietre, il poverino abbia gridato al cielo: "O Verità, io piango la tua morte che di poco ha preceduto la mia!".[17]»

«E tu come fai a sapere tutti questi particolari?» chiese Gemonide, un po' diffidente.

«Il messaggero frigio, quello che aveva scritto la lettera, prima di esalare l'ultimo respiro riuscì a confidarsi con un beota e questi con me. Purtroppo, quando lo venni a sapere, il figlio di Nauplio era già stato lapidato. Comunque, non penso che i giudici mi avrebbero mai creduto, giacché Ulisse, nel frattempo, aveva fatto uccidere anche il beota.»

«O Tersite, io ti credo,» mormorò, molto impressionato, Leonte «e dal momento che conosci tanti segreti e che parli con tanta gente, non sai per caso come morì il nobile Neopulo?»

«Di che Neopulo parli?» chiese Tersite. «Di Neopulo l'Onesto, il re di Gaudos?»

«Sì, proprio lui.»

[17] Filostrato, *Eroiche*, 10 (Graves, 162, n. 23).

«In giro si sa solo che è disperso. Ma tu chi sei, ragazzo? Sei forse suo figlio?»

«Sì, e mi chiamo Leonte.»

«Allora ascoltami bene, o Leonte,» rispose il gobbo, fissandolo dritto negli occhi, «io non ti prometto nulla, ma credo di conoscere un uomo che sa tutta la verità sulla fine di tuo padre.»

«E chi mai è costui?» gridò Leonte scattando in piedi e afferrando le mani di Tersite.

«Calmati figliolo: si tratta di un mercante frigio che oggi non è più al campo. È partito ieri per la lontana Efeso: andava a rifornirsi d'orzo e di frumento, e ritornerà a Ilio non prima che Selene mostri per due volte il viso in tutto il suo splendore.[18] Quando lo vedrò, io stesso te lo porterò davanti, e lui ti racconterà con calma tutto ciò che ha visto e sentito.»

[18] «Non prima che Selene mostri per due volte il viso in tutto il suo splendore» equivale a «non prima di due mesi».

V

Menelao contro Paride

*Laddove assistiamo a una battaglia tra gli Achei e i Troiani,
al duello di Menelao contro Paride, alla fuga di quest'ultimo
e al suo incontro con Elena in camera da letto.*

Gemonide era preoccupato: il giovane Leonte quella mattina aveva deciso di partecipare anche lui alla battaglia che di lì a poco si sarebbe disputata nella piana di Troia. Si era alzato all'alba e aveva indossato nell'ordine: una corazza di lino pesante ricoperta al cento per cento da scaglie di bronzo, due spallacci di rame, due bracciali da difesa con fibbie d'argento (regalo della mamma), un paio di schinieri tessali e un *korys*, ovvero un gigantesco elmo miceneo con annessi guanciali di cuoio che, se per un verso gli proteggeva il capo, per l'altro pesava tanto da costringerlo ogni due minuti a toglierselo per far riposare la testa. E come se tutto ciò non bastasse: una lancia, uno scudo e uno *xiphos*,[1] ovvero uno stilo con l'impugnatura in avorio. Così bardato faceva una certa impressione e, non conoscendolo, qualcuno avrebbe pure potuto scambiarlo per un guerriero.

Mentre Leonte terminava la sua vestizione da ammazzasette, Gemonide organizzò un gruppo di giovanotti di Gaudos perché lo proteggessero durante gli scontri.

---

[1] *Xiphos*: spada sottile o pugnale.

«Voglio una gabbia umana permanente» disse il maestro. «Tre di voi gli dovranno stare sempre davanti, qualsiasi cosa accada, mentre altri quattro gli guarderanno i fianchi e le spalle: lui è il nostro simbolo vivente e come tale va riportato a casa, sano e salvo; cosa diremmo alla madre se ce lo uccidessero?!»

Il gruppetto cretese si accodò agli Achei in marcia. Nessuno fiatava, gli unici rumori erano il cigolio dei carri e lo sferragliare delle armature. Da lontano, più o meno a un paio di miglia di distanza, si cominciò a intravedere un fitto polverone e a sentire le urla portate dal vento: erano i Troiani che avanzavano. Al contrario dei loro nemici, i soldati di Priamo facevano un casino indescrivibile: battevano le spade contro gli scudi, lanciavano grida stridule e agitavano le picche in aria come se volessero trafiggere il cielo: si sarebbero detti gabbiani che hanno appena avvistato un branco di acciughe.

«Perché urlano così?» chiese Leonte.

«Per metterci paura» rispose asciutto Gemonide.

«E noi che dobbiamo fare?»

«Non dobbiamo metterci paura.»

Facile a dirsi: i Troiani saltellavano minacciosi, urlavano frasi incomprensibili ed erano scuri, tarchiati e nerboruti. Dei brutti clienti, insomma, se si fosse giunti al corpo a corpo. Gli uomini di Agamennone, al confronto, sembravano una mandria di vitelli avviati al mattatoio.

Giunti a distanza ravvicinata, gli arcieri lici, alleati dei Troiani, cominciarono a scaricare sugli Achei nugoli di frecce, per poi proseguire con una fitta gragnuola di pietre che impediva ai Greci di raccapezzarsi.

«Tieni lo scudo bene in alto!» ingiunse Gemonide al principe. Poi, accorgendosi che il ragazzo continuava a mantenere l'arnese ad altezza di torace, urlò di nuovo, questa volta direttamente nel suo orecchio: «Più in alto, coglione! Più in alto, ti ho detto! È inutile che tu ti copra il petto: è la testa che devi salvare!».

«Ma io così non vedo niente» protestò a sua volta Leonte.

«E che cosa vuoi vedere?» urlò ancora Gemonide. «Non c'è niente da vedere! C'è solo da beccarsi una pietra in mezzo alla fronte.»

E invece sì che c'era da vedere: davanti alle schiere troiane si scorgeva Paride in persona, il rapitore di Elena, che assumeva pose marziali e gonfiava il petto per esibire la sua nuova armatura. Al di sopra della corazza portava un mantello nero di pelle di pantera, lungo fino alle caviglie; aveva con sé un arco ricurvo, un *phasganon* frigio[2] e ben due lance di frassino con la punta di bronzo.

«Tutti li voglio contro di me gli stramaledetti Achei, tutti!» gridava Paride. «E non uno alla volta, per Zeus, ma tutti insieme, tutti nel medesimo istante!» E mentre urlava, agitava le due lance contro il cielo.

Le grida dello sbruffone furono udite da Menelao che proprio in quel momento arrivava sul suo carro. L'Atride, al solo vedere il rivale, fu preso da un impeto omicida: gli salì tutto il sangue alla testa e gli si gonfiarono le vene del collo. Eccolo lì il suo mortale nemico: l'uomo che gli aveva rubato la moglie con l'inganno, l'essere immondo che aveva profanato il sacro principio dell'ospitalità! Chi osservava il viso di Menelao stravolto dall'ira, e nello stesso tempo raggiante, non capiva se in lui fosse maggiore la rabbia per l'offesa patita o la soddisfazione per aver finalmente trovato l'odiato rivale. Con un balzo scese dal carro e, dopo aver sfoderato una spada enorme, gli si avventò contro come una furia.

«Seduttore di mogli, verme schifoso, scellerato ladro di affetti, insetto putrido, indegno persino di morire in un

[2] *Phasganon*: spada corta.

76

duello tra veri soldati, vediamo se con gli uomini te la cavi bene come con le donne!»

E gli si avventò contro con una tale carica di odio che Paride, prudentemente, si riparò dietro le schiere troiane.

«Dove sei infame?» urlava intanto Menelao, non riuscendo più a individuarlo nel folto dei nemici. «Fuggi, eh, carogna? Hai forse paura ad affrontarmi a viso aperto? Sei capace di combattere solo nei talami?»

Mentre tutto questo accadeva, in altri punti del campo avevano luogo duri scontri tra le opposte fanterie. Gemonide per difendere Leonte fu obbligato a tramortire un guerriero troiano che, chissà come, era riuscito a penetrare nella gabbia di protezione. Il maestro, nonostante l'età avanzata, lo colpì con molta energia e lo stese al suolo. Quando il principe di Gaudos vide il terreno colorarsi di rosso per il sangue del troiano, si sentì male e cominciò a vomitare; Gemonide subito ne approfittò per ordinare ai suoi fidi di trasportarlo in un luogo più riparato.

Malgrado l'infuriare della battaglia, a Ettore non era sfuggito il comportamento vergognoso di Paride e, non appena se lo vide davanti, bello ed elegante, nella sua pelle di pantera, perse ogni controllo e lo investì con una raffica di male parole.

«O Paride maledetto, o bellimbusto da strapazzo, o puttaniere incallito, che sciagura la tua venuta al mondo! Meglio morire nel corpo della madre che diventare la vergogna della propria gente! Guarda come ridono di noi gli Achei dai lunghi capelli! Affronta da uomo il prode Menelao e chissà che prima di esalare l'ultimo respiro non ti riesca di capire a chi hai rapito la sposa!»

Le parole di Ettore ebbero su Paride un effetto devastante: l'amante più desiderato del mondo si sentì, tutto un tratto, profondamente umiliato. Non era mai stato offeso così nella vita e doveva essere proprio suo fratello il primo a fargli un simile torto! Qualcosa in lui si ribellò: per un attimo ritornò a essere quel giovane che era sceso pieno di ardore dal monte Ida per vincere i giochi dardanici. Si avvicinò a Ettore e con tono amareggiato gli disse:

«Sei sempre lo stesso, fratello mio: sei un uomo senza cuore. Il tuo animo è inflessibile come la scure del boscaiolo che ad arte taglia gli alberi per costruire le travi delle navi. Tu parli della mia bellezza e dei miei amori, come se ne fossi l'unico artefice. Questi sono doni degli Dei: non sono stato io a chiederli, ma loro a volermeli dare, così come a te hanno dato la forza e il coraggio. E adesso cosa pretendi? Che affronti Menelao? Che muoia oggi stesso? Desideri questo? E allora sappi che lo desidero anch'io: di' ai Troiani e agli Achei di sospendere la battaglia e di sedersi tutti intorno a uno spiazzo. Io e il figlio di Atreo, tanto caro ad Ares, vi combatteremo in mezzo, l'uno contro l'altro armati e fino all'ultimo respiro. Chi di noi resterà in piedi otterrà Elena e chi verrà trafitto avrà degna sepoltura dalla propria gente; tutti gli altri, dopo aver stretto duraturi patti di pace, potranno tornare alle case avite e riabbracciare i figli e le spose.»

Lo so: è improbabile che nel bel mezzo di una battaglia, con frecce, pietre e mazzate che arrivano da tutte le parti, un guerriero, seppure mitico, possa aver fatto un discorso così articolato. Eppure questo è quello che racconta Omero nell'*Iliade*: io, parola più parola meno, non ho fatto altro che copiare.

Ettore e Agamennone si dettero subito un gran da fare per interrompere i combattimenti. Dopo un tramestio durato circa mezz'ora, fatto di ordini e di contrordini, di scaramucce da sedare e di avamposti d'avvertire, gli Achei e i Troiani deposero le armi e lasciarono libero uno spazio per consentire ai due mariti di Elena di disputarsi la moglie a colpi di lancia.

«Che sta accadendo?» chiese Leonte.

«Il re di Sparta e il troiano Paride si affronteranno ad armi pari in un duello all'ultimo sangue,» rispose Gemonide «e chi dei due risulterà vincitore avrà la donna e i beni.»

«E noi?»

«A sentire quanto dicono i capi, noi torneremo a Gaudos, chiunque vinca la sfida.»

«Peccato!» esclamò Leonte in perfetta buona fede. «Proprio ora che avevo voglia di battermi!»

Gemonide non commentò la dichiarazione dell'allievo: avrebbe voluto ricordargli la conclusione non proprio eroica del suo primo scontro, ma lasciò perdere per non ferirlo nell'amor proprio.

«E dimmi, o Gemonide,» chiese ancora Leonte «chi pensi che vincerà, il figlio di Atreo o l'infido Paride?»

«Sul piano fisico» rispose Gemonide «non ci sono dubbi: Menelao è di gran lunga più forte: non è alto come Agamennone, ma sovrasta il suo avversario di almeno un palmo. Il problema piuttosto è un altro: nel caso di una sua vittoria, i Troiani, poi, starebbero ai patti? Molte volte li ho sentiti giurare sugli Dei e altrettante volte li ho visti venir meno ai giuramenti.»

La scarsa affidabilità dei Troiani nelle questioni d'onore era proverbiale, e naturalmente anche Menelao se ne preoccupava. L'Atride, prima di scendere in campo, pretese che i patti fossero avallati da qualcuno più autorevole del giovane Paride.

«O Troiani,» dichiarò il re di Sparta dall'alto del suo carro «anch'io penso che sia giunta l'ora di far cessare l'inutile carneficina. Portate or dunque due agnelli, un maschio bianco e una femmina nera, in onore del Sole e della Terra; noi ne porteremo un terzo in onore di Zeus. Fate poi venire il vostro potente re ad avallare gli accordi, giacché per mia dolorosa esperienza non posso dar credito alla sua progenie arrogante e sleale. Il cuore dei giovani ondeggia a seconda degli umori, mentre quello degli anziani è più stabile delle rocce: sa guardare il prima e il dopo e non infrange i patti stipulati al cospetto degli Dei.»

Priamo fu avvisato e dopo un po' lo si vide apparire su una delle torri delle porte Scee con accanto il consiglio degli anziani.[3] Il vecchio re pretese che anche la nuora, Elena, assistesse allo scontro e la fece convocare. Il suo arrivo fu salutato da un chiacchericcio fitto e controverso: c'era chi ne commentava estasiato l'incedere maestoso (simile a quello delle Dee, esclamò qualcuno) e chi la riteneva prima e unica responsabile di tutte le sciagure che si erano abbattute su Troia.

«Vieni qui, figlia mia, siediti accanto a me» le disse Priamo, facendole posto sulla panca dov'era seduto. «Or vedrai combattere il tuo primo marito e il tuo sposo attuale, in una sfida senza tregua alcuna, lancia contro lancia, spada contro spada, scudo contro scudo, e avrai timore, credo, sia per l'uno che per l'altro.»

«O me cagna malefica!» esclamò Elena, scoppiando a piangere all'improvviso. «Fossi morta stecchita il giorno in cui seguii il figlio tuo amabile, abbandonando il talamo sicuro, la figlioletta tenera e le dolci compagne! O me sventurata, o me infelice: non mi resta che struggermi nel pianto!»

Le parole di Elena sollevarono commenti di diverso tenore tra la gente di corte: quelli che l'amavano si commossero fino alle lacrime, quelli che non la potevano sopportare l'accusarono vieppiù d'ipocrisia.

«Non badare agli invidiosi che parlano alle tue spalle, o mia dolce Elena» le sussurrò con affetto Priamo, mettendo-

---

[3] Per gli amanti della precisione ecco l'elenco degli anziani che accompagnarono Priamo sulla torre: Pantoo, Icetione, Antenore, Timete, Lampo, Clitio e Ucalegonte.

le un braccio intorno al collo e carezzandole i capelli. «Tu per me non hai alcuna colpa di ciò che accade. Sono gli Dei i soli responsabili dei nostri affanni: sono stati loro a scatenarci addosso gli Achei, loro a scegliere te come pretesto per una guerra.»

Dal terzo libro dell'*Iliade* emerge un dato che non è mai stato messo sufficientemente in risalto dagli storici, e cioè che Priamo aveva perso la testa per Elena! Da vecchio donnaiolo qual era, abituato da sempre ad avere centinaia di concubine a sua disposizione, doveva aver invidiato da morire suo figlio Paride fin dal primo giorno in cui lo vide tornare in compagnia di un così bel pezzo di figliola. Tra i responsabili della guerra quindi (e non tra gli ultimi) io metterei anche lui giacché quando Menelao venne a Troia insieme a Ulisse per riavere la moglie con le buone, un altro re, un po' meno rincoglionito, lo avrebbe subito accontentato.

Menelao e Paride intanto si preparavano alla grande sfida.

L'Atride, per sentirsi più libero nei movimenti, al posto del *thorax* di bronzo del peso di quattro o cinque chili, preferì indossare un leggero corpetto di cuoio, opportunamente irrobustito da lamelle di rame. In compenso però imbracciò uno scudo rotondo di notevole spessore, istoriato da scene e figure che inneggiavano ad Ares.

Paride, che doveva tener fede alla sua immagine di divo, non se la sentì di rinunziare a un'entrata spettacolare e mise in testa un elmo maestoso dotato di una lunga coda nera di crine di cavallo che gli arrivava fino alla vita. Si fece inoltre prestare dal fratello Licaone un *thorax* doppio che lo copriva dall'inguine al collo: si trattava di una corazza di bronzo, spessa almeno un dito, praticamente a prova di spada, che si diceva essere appartenuta al padre di Priamo, il mitico Laomedonte. Pazienza se pesava troppo: in cambio Paride non avrebbe più dovuto temere i fendenti di Menelao. E già che c'era, si fece prestare anche due schinieri di bronzo, ingentiliti da fibbie d'argento.

«Che Zeus faccia trionfare l'onesto e soccombere il lussurioso» esclamò Leonte.

«Sono d'accordo con te,» gli fece eco Tersite «ma subito dopo ti chiedo: chi di questi due malfattori è il più onesto, e chi il più lussurioso? Forse ti converrebbe dire più semplicemente "Che Zeus faccia morire Paride!", altrimenti corri il rischio di confondere le idee al Divino Padre.»

«Con questo cosa vorresti farmi intendere, o malvagio Tersite,» replicò duro Leonte «che i due sfidanti sono pari nel vizio?»

«Certo che lo sono! E dove credi che fosse Menelao quella sera in cui Paride gli rapì la baldracca?»

«Era a Creta... a caccia... con l'amico Idomeneo...»

«Era a Creta, sì, ma non con Idomeneo: era a letto con un'altra baldracca, una certa Cnossia, una che gli si concedeva solo per denaro.»

«O Tersite, quanto ti odio!» esclamò Leonte al colmo dell'indignazione. «Io da oggi in poi non voglio più ascoltare le tue ingiurie: sei capace solo di dire cattiverie!»

«Non vuoi nemmeno che t'aiuti a conoscere quale fine abbia fatto tuo padre?»

«Questo sì. Però ti prego,» lo supplicò il ragazzo quasi piangendo «astieniti dal parlarmene male. Almeno per mio padre fa' un'eccezione.»

«Non sarò io a parlartene bene o male, ragazzo, ma il mio amico mercante, non appena tornerà da Efeso.»

Ettore e Ulisse misurarono il terreno a lunghi passi, con la punta delle spade tracciarono il campo entro il quale i campioni si sarebbero dovuti battere, quindi presero i dadi di legno opportunamente segnati, l'uno con l'ascia bipenne e l'altro con la doppia torre di Ilio, e li misero in un elmo per sorteggiare chi dei due avrebbe dovuto essere il primo a scagliare la lancia. Venne fuori la torre e toccò a Paride fare la prima mossa.

Il figlio di Priamo impugnò la lunga asta di frassino giusto nel mezzo: la sollevò in orizzontale e finse di volerne verificare il bilanciamento, quindi, all'improvviso, senza nemmeno alzare lo sguardo su Menelao, gliela scagliò contro, cercando di coglierlo di sorpresa. La lancia, pur centrando in pieno il bersaglio, non riuscì a forare lo scudo: la punta si deformò e l'arma divenne inservibile.

Adesso toccava all'acheo rispondere. Il re di Sparta, prima di brandire l'asta, pregò ad alta voce gli Dei in modo che tutti lo potessero sentire.

«O Zeus, signore dell'Olimpo, o Temi, dispensatrice di giustizia, lasciate che io per mano vostra punisca chi per primo mi fece del male, in modo che anche in futuro si sappia quale castigo attende colui che profana l'ospitalità e tradisce la fiducia del prossimo!»

La lancia, scagliata da Menelao, forò con estrema facilità il bellissimo scudo del troiano, ma non riuscì a scalfire il suo proprietario, che la schivò, per pochi centimetri, eseguendo un guizzo laterale degno di un grande torero dei nostri giorni. A quel punto, visto l'esito poco fortunato del lancio, il greco estrasse la spada e si fiondò sull'odiato nemico. La sua intenzione sarebbe stata quella di massacrarlo, ma l'arma, a contatto con la famosa corazza di Laomedonte, gli si frantumò tra le mani dopo il primo fendente.

«O Zeus padre,» si lamentò allora l'acheo (che anche in un duello come quello, all'ultimo sangue, non esitava a prodursi in tirate lunghissime) «non c'è nessuno degli Dei che oggi mi sia più funesto di te! Io pensavo che fosse giunta l'ora in cui mi sarei vendicato dell'eterno nemico, e invece eccomi qui a imprecare contro il Fato, avvilito più di prima. E ora, per colmo di sventura, non ho nemmeno un'arma con la quale uccidere chi con l'inganno mi ha rapito la sposa.»

Una volta lanciato il suo urlo di risentimento verso l'Olimpo, Menelao afferrò Paride per la coda di cavallo che fuoriusciva dall'elmo e cominciò a trascinarlo con tutta la rabbia che aveva in corpo verso il campo acheo. A forza di tirare e di torcergli il capo, stava quasi per strozzarlo, quando il sottogola gli si ruppe all'improvviso e lui finì a gambe all'aria. A quel punto tutti e due gli eroi erano per terra: Menelao da una parte, con l'elmo ancora stretto fra le mani, e Paride dall'altra che cercava di riprendere fiato, dopo il tentato strangolamento. Il primo a rimettersi in piedi fu l'acheo, il quale, raccolta una delle lance, la diresse verso il petto del mortale nemico, ma, proprio in quel momento, una fitta nebbia scese sul campo e glielo sottrasse alla vista.

La nebbia (inutile precisarlo) era opera di Afrodite che l'aveva fatta scendere sul campo giusto in tempo per salvare la vita al pupillo Paride. Secondo Omero questi sarebbe ricomparso, un attimo dopo, nella camera da letto di Elena, già in tenuta da amante. Secondo altri, invece, il figlio di Priamo, visto come si mettevano le cose, se l'era solo squagliata. Noi romantici non possiamo che optare per la prima versione.

Qualcuno avvisò Elena che Paride la stava aspettando in camera da letto, e questo qualcuno altri non era che Afrodite truccata da vecchia filatrice. Elena comunque aveva appena assistito al duello dall'alto della torre e, diciamo la verità, non era tanto orgogliosa di come si era comportato il suo secondo marito (o il terzo, se teniamo conto anche di Teseo).

«O figlia di Zeus,» la invitò, ammiccando, la filatrice «il tuo Paride ti attende nel letto dorato: è tutto raggiante di vesti e odoroso di profumi. Bello com'è, nessuno direbbe che ha or ora disputato un duello estenuante con un eroe fortissimo; sembra anzi che stia per recarsi a una danza o che abbia appena finito di danzare.»

Elena, osservando con maggiore attenzione la vecchia, si accorse che aveva il collo liscio come la seta e capì con chi aveva a che fare.

«Vuoi sedurmi ancora, o Dea sciagurata!» protestò la poverina. «Non ti bastano i lutti che per colpa tua piangono i Troiani? Oramai l'Atride ha vinto la contesa e mi menerà a Sparta, benché io gli sia odiosa. Non voglio più giacere con Paride. Vacci tu piuttosto, se a te piace tanto!»

«Come osi parlarmi in questo modo!» urlò la vecchia filatrice, raddrizzandosi di colpo. «Vuoi forse che io da questo momento smetta di proteggerti? Vuoi che tramuti il mio amore per te in odio mortale? Sei proprio sicura che questo ti convenga? No? E allora seguimi e non fiatare!»

Paride era lì che attendeva e, grazie alle arti magiche di Afrodite, sembrava che non rammentasse più nulla dello scontro che aveva appena disputato.

«Cosa fai qui, nel letto nuziale?» lo aggredì Elena, non dissimulando il suo disprezzo. «Non dovresti essere sul campo di battaglia a difendere la terra dei tuoi padri e con essa il mio onore, visto che questo onore tu stesso l'hai macchiato facendomi abbandonare figli e marito?»

«Cosa vai dicendo, o Elena?» replicò Paride stupito, come se si fosse appena svegliato da un lungo sonno. «Mi parli di battaglie, di onore e di terra dei padri. Io proprio non ti capisco: sdraiati accanto a me e godiamoci l'amore.»

«Meglio sarebbe stato per te morire ucciso per mano del tuo avversario!» singhiozzò la poverina disperata. «E pensare che ti sei sempre vantato di essere il migliore di tutti! Sappi che in questo momento il prode Menelao ti sta cercando per tutto il campo: va' e uccidilo, se davvero pensi di essere il più forte.»

«Taci, o donna: non è affar tuo parlare di guerra. Limitati

85

a recitare la parte che ti ha assegnato la natura, che poi è quella di giacere al mio fianco! Menelao ha vinto il primo scontro solo perché è stato aiutato da Atena. Anch'io però ho una Dea capace di proteggermi e la prossima volta sarò io il vincitore. Adesso però basta con questo inutile vaneggiare: amami, com'è tuo dovere, e non farmi domande!»

«O Paride, come sei ingiusto quando mi aggredisci in questo modo!» rispose Elena. «Cerca, amore mio, di capirmi: mi sento in contraddizione con me stessa, giacché ti amo, ma nel contempo avverto il disprezzo che le Troiane hanno per il nostro amore e, quel che è peggio, lo condivido.»

«Elena, amore mio» replicò lui, cambiando tono di voce e diventando improvvisamente tenero. «Ti confesso che anch'io mi sento strano: ho l'impressione di non averti mai tanto desiderata, nemmeno quella notte a Cranae, quando ti unisti a me per la prima volta.»

«Ma mi ami davvero?» chiese Elena, ormai in completa balia della Dea.

«Sì, Elena, amore mio, ti amo!» urlò Paride. «E brucio dal desiderio di possederti: non posso più vivere un attimo lontano dal tuo respiro!»

E si buttarono l'uno nelle braccia dell'altro. Afrodite aveva vinto ancora!

VI
Il tifo degli Dei

Laddove Zeus prima si arrabbia con Afrodite, Atena ed Era, per le loro ingerenze nella guerra di Troia e poi finisce col dare ascolto alle suppliche di sua moglie. Con l'occasione verremo a conoscere anche le ragioni che indussero Achille a ritirarsi dai combattimenti.

Quel giorno Zeus stava fuori dalla grazia di Dio (ammesso che così si possa dire). Fin dalla mattina una tempesta spaventosa con tuoni, fulmini e nubifragi si era abbattuta su tutto il mondo greco, dal «regno delle sette isole»[1] fino alle ultime anse dell'Ellesponto, seminando ovunque terrore e sgomento. Raffiche di vento a 150 chilometri l'ora avevano imperversato in lungo e in largo sulla Grecia, estirpando la quasi totalità degli alberi. Poco prima dell'alba Ermes era corso trafelato su e giù per l'Olimpo e aveva strappato gli Dei dai loro letti dorati: Zeus li voleva vedere tutti e subito.

«Ma che è successo?» chiese Dioniso mezzo intontito dal

---

[1] Premesso che moltissimi luoghi greci rivendicano l'onore d'aver dato i natali a Ulisse, qui, con la denominazione «regno delle sette isole» si allude al gruppo di isole della costa occidentale della Grecia, e precisamente a Itaca, Zacinto, Same e Dulichio nominate da Ulisse nell'*Odissea* (IX, 21-24), a Tafo, ricordata da Telemaco, sempre nell'*Odissea* (I, 419), e ad altri due isolotti che potrebbero essere Atokos e Arkoudi.

sonno (era uno di quelli che andavano a coricarsi tardi la sera).

«Non ne ho la minima idea,» rispose il messaggero divino «so solo che ha il viso corrucciato come quella volta che Prometeo gli mollò la metà del bue con le ossa.[2] Comunque tu non ti preoccupare: ho buone ragioni per credere che non ce l'ha con i maschi, ma solo con le femmine.»

«E come fai a dirlo?»

«Perché proprio mentre mi stavo allontanando, l'ho sentito borbottare qualcosa come: "Gliela faccio vedere io a quella lì!".»

«A "quella lì" chi?» chiese ancora Dioniso.

«Questo non l'ho afferrato: ma "quella lì" non può essere che una Dea o una femmina mortale!» rispose a rigore di logica Ermes. «Adesso lasciami andare perché ho ancora da convocare Atena, Ares e Demetra e non vorrei che alla fine toccasse a me scontare la sua collera!»

Non è che Zeus fosse un despota, era solo un egoista gaudente, uno che cercava di vivere il più comodamente possibile. Per essere il Padre degli Dei, diciamolo pure, aveva un potere alquanto limitato: anche lui era sottoposto, come tutti del resto, al Fato, unica autorità assoluta che imperasse sul mondo. Il suo hobby preferito erano le donne: nubili, sposate, mortali o immortali, andavano tutte bene a patto che fossero belle e formose, e non esitava a ricorrere ai trucchi più ignobili pur di raggiungere il suo scopo. Non a caso era soprannominato *Teleios*, l'Onnipotente, ovvero «donatore del concepimento», nel senso che dove passava lui dopo nove mesi nasceva un bambino. A elencare tutti gli stupri commessi dal «nostro» non baste-

[2] Durante i sacrifici era prassi normale dividere l'animale in due parti uguali, una da bruciare in onore degli Dei e una da distribuire al popolo perché se la mangiasse. Prometeo, invece, pensò bene di nascondere tutta la carne nella parte destinata al popolo e tutte le ossa in quella di Zeus.

rebbe l'intero libro che state leggendo. L'unica copula regolare che gli si riconosce è quella che consumò con Era durante il viaggio di nozze: ebbe luogo a Samo e durò trecento anni (si dice senza interruzioni).

Leggendo i miti, ci si rende subito conto che i Greci concepirono gli Dei a loro immagine e somiglianza: li fecero invidiosi, pettegoli, prevaricatori, egoisti e vendicativi. Le Dee le immaginarono (se possibile) anche peggiori: in altre parole, più simili a *vaiasse* napoletane,[3] che non a simboli di umane virtù. Zeus in genere le sopportava, salvo poi arrabbiarsi come una bestia il giorno in cui una di loro passava i limiti.

La prima a presentarsi al raduno fu Afrodite: la Dea dell'Amore si era appena alzata e aveva indossato un leggerissimo peplo di lino, lungo fino ai piedi, questa volta però aperto sul davanti, in modo che, oltre l'ombelico, le si potesse intravvedere anche la cintura.

«Copriti!» le intimò Zeus, e Afrodite capì immediatamente che quella lì non era la giornata giusta.

Subito dopo arrivarono gli altri: chi di corsa, chi semivestito, chi non ancora in grado d'intendere e di volere. La voce che Lui ce l'avesse con una delle Dee aveva già fatto il giro dell'Olimpo. Tutti, e in particolare le ninfe, si andarono a sedere sui gradini dell'anfiteatro a testa bassa. Perfino l'entrata di Efesto, che di solito provocava un'onda di ilarità per il suo modo buffo di camminare, quella mattina passò inosservata. Ognuno prese posto nella valle delle Assemblee (una specie di sella di cavallo tra le due cime dell'Olimpo) e attese in silenzio che il Padre degli Dei manifestasse i motivi della sua collera.

«O progenie della Grande Madre,» iniziò a dire Zeus «vi ho fatto convocare in assemblea generale, per ricordarvi

---

[3] Il termine *vaiassa* viene da «*vascio*» e vuol dire «donna abitante del basso».

una volta per tutte chi è che comanda quassù sull'Olimpo. Tanto per essere chiari, voglio che sappiate che io sono l'unico in grado di stabilire se un mortale è colpevole o no di un misfatto, e quindi anche l'unico a fissare la pena che questo mortale dovrà subire. Tutti gli altri, ove mai fossero stati offesi da qualcuno, al massimo potranno venirmelo a riferire, e in quel caso sarò sempre io, e io solo, a decidere il castigo. Ogni altra iniziativa, presa senza consultarmi, da oggi in poi verrà considerata un'offesa fatta alla mia persona e come tale punita col massimo rigore.»

Un mormorio seguì le parole di Zeus. Gli Dei si guardarono l'un l'altro: chi di loro si era fatto giustizia da sé? E chi aveva scompigliato i disegni del *Nepheleregetes*, dell'Addensatore di Nubi?

«Ieri, nella piana di Troia,» continuò Zeus «Afrodite si è intromessa in modo indegno nella tenzone tra i Greci e i Troiani: ha interrotto un duello da me voluto per porre fine a una guerra insensata e ha fatto di tutto per far morire il prode Menelao. Gli ha spuntato la lancia, gli ha rotto la spada in mille pezzi e, alla fine, quando il poveretto stava per prevalere, malgrado le angherie, gli ha sottratto il nemico dalle mani con il vecchio trucco della nebbia.»

«Io non avrei mai osato fare queste cose,» lo interruppe Afrodite, alzandosi in piedi, «se non avessi visto con i miei occhi Era ed Atena scendere in campo e schierarsi l'una alla destra e l'altra alla sinistra del figlio di Atreo. Chiedi tu stesso ad Atena se non è stata lei la prima a rallentare la lancia di Paride!»

«Se la lancia fosse stata scagliata dal troiano, non l'avrei toccata» rintuzzò prontissima Atena «ma dal momento che eri stata tu a dirigerne il corso, mi è sembrato giusto intervenire, se non altro per ristabilire l'equilibrio!»

«Zeus ha appena detto che giudica questa guerra insensata,» puntualizzò Afrodite «ma tu e quell'altra, che adesso finge di non sentire, volete per forza che continui. Se ieri

90

non vi foste intromesse, a quest'ora la guerra sarebbe già finita: Menelao avrebbe perso ed Elena sarebbe rimasta a Troia felice e contenta!»

«Io ti sento benissimo, o spudorata tra tutte le Dee» tuonò Era, al massimo dello sdegno. «Anche se non mi sembra che tu abbia detto cose che valesse la pena ascoltare!»

«Non basta avere le orecchie per sentire,» gridò di rimando Afrodite «altrimenti anche le vacche potrebbero vantarsi di aver sentito!»

Il paragone con le vacche fece perdere a Era ogni residuo *self-control*. La regina dell'Olimpo si avventò contro la rivale come una furia e ci volle tutta la forza di Eracle per bloccarla.

«Lo sai cosa sei?» urlava Era. «Sei la peggiore di tutte le *pornai*![4] Sei una di quelle baldracche che girano intorno agli accampamenti e si danno ai soldati per una focaccia di farro! Ma cosa dico?! O me sventata! Le *pornai* adesso mi odieranno solo per averle paragonate a te: loro, poverine, si vendono per fame, mentre tu, invece, ti dài via per niente, o per meglio dire, ti dài via per il solo gusto di sottrarre i mariti alle altre donne!»

«O nobile Era, perdonami se ti ho offesa!» la supplicava Afrodite, fingendosi pentita. «Ma non posso fare a meno di ricordarti che, se un Dio cerca l'amore fuori del proprio talamo, è segno che la moglie non è più in grado di dargli alcuna emozione, e se non mi credi chiedilo a Zeus!»

Un fulmine accecante sovrastò l'alterco fra le Dee.

«Tacete, o femmine!» tuonò Zeus, a cui l'esempio del Dio che cercava l'amore fuori delle mura della propria casa non piaceva affatto. «E tu Efesto, non ti vergogni di non riuscire a tenere a bada tua moglie?»

---

[4] Le *pornai*, da non confondere con le *etere*, erano le prostitute di strada, quelle d'infimo ordine.

Efesto ebbe un sussulto: chiamato in causa quando meno se l'aspettava, colse subito l'occasione per elevare una garbata protesta.

«O Cronide,[5] più volte ho cercato di farlo, ma tu per primo non hai voluto darmi una mano. Una notte, se ben ricordi, la imprigionai in una rete di bronzo, mentre era a letto con Ares! E quale fu il castigo che in quell'occasione tu, o mio Signore, le infliggesti? Nessuno. E come difesero il mio onore gli Dei, quando mostrai loro gli amanti nudi, stretti nella stessa rete? Risero. Eppure li avevo sorpresi entrambi nel mio letto nuziale! Ora, dati i precedenti, non posso che rispondere: "Questa, o Dei, è Afrodite. Lei è così come a voi piace che sia!".»

Una risata, è il caso di dire, olimpica coprì le ultime parole di Efesto: l'episodio della rete di bronzo, infatti, veniva considerato da tutti l'evento più comico mai capitato da quelle parti. Ecco come lo raccontavano le malelingue dell'Olimpo.

Un giorno Momo disse ad Efesto: «Mi hanno riferito che tua moglie ti tradisce con Ares».

«Non è possibile,» obiettò Efesto «Afrodite odia la guerra, e Ares è addirittura il Dio della Guerra.»

«Odia la guerra, ma ama il guerriero.»

«Le tue sono solo maldicenze, o Momo: d'altra parte tutti sanno quante bugie vai dicendo in giro.»

«Se non mi credi, fai finta di partire e sorveglia il tuo letto nuziale.»

«Potrei anche crederti,» acconsentì Efesto «ma dimmi: come fai a sapere che giacciono insieme quando non ci sono?»

«Me lo ha detto Elio: lui ogni mattina attraversa il cielo con il carro del Sole e dall'alto scorge ogni cosa.»

Il sospetto, si sa, è come un tarlo: una volta entrato nella

[5] Il Cronide, per chi se lo fosse dimenticato, era Zeus, figlio di Crono.

mente di un uomo non ce la fa più a uscire, ed Efesto, pur essendo un immortale, non era poi tanto diverso dai mortali. Dopo le parole di Momo non era più riuscito a prendere sonno: Afrodite era molto bella e per colmo di sventura quell'energumeno di Ares era soprannominato «il Dio dal membro eretto». Un bel giorno, stanco di vivere nel dubbio, con l'aiuto delle sue assistenti meccaniche[6] costruì una rete di bronzo sottilissima, e nello stesso tempo indistruttibile, che infilò sotto le lenzuola del suo letto.

«Afrodite, amore mio,» disse alla moglie «io vado a Lemno a terminare un carro meccanico per Zeus: non tornerò prima di domani sera.»

Naturalmente tornò nel pieno della notte e trovò Afrodite a letto con il Dio della Guerra, tutti e due nudi e tutti e due impigliati nella tremenda rete di bronzo: lei in preda a una crisi isterica e lui che minacciava sfracelli se non fosse stato liberato immediatamente. Il povero Efesto, prima di lasciarli andare, convocò nella stanza da letto l'assemblea generale degli Dei, in modo che tutti potessero constatare *de visu* fino a che punto gli fosse infedele la moglie.

Accettarono con entusiasmo l'invito solo i maschi, essendosi le Dee rifiutate di vedere le nudità di Ares.

Chiaramente si trattò di una riunione quanto mai rumorosa: Apollo, ad esempio, non si fece sfuggire l'occasione per prendere un po' in giro il giovane Ermes:

«Scommetto che pur di giacere con Afrodite, accetteresti di buon grado di finire in quella rete.»

«Certo che accetterei!» rispose arrossendo Ermes. «E se il buon Efesto non si opponesse, sarei disposto, fin da adesso, a prendere il posto dell'adirato Ares.»

«Anch'io sarei lieto d'infilarmi nella trappola» confessò

---

[6] Le assistenti di Efesto erano delle fanciulle d'oro meccaniche, da lui stesso costruite, che lo aiutavano nei lavori di officina.

Poseidone. «Anzi, non riesco proprio a capire perché Ares ci tenga tanto a essere liberato.»

«Silenzio!» urlò Efesto che in quel momento non aveva alcuna voglia di scherzare. «Io non libererò Ares, finché lui non mi avrà dato tutto l'oro che a suo tempo versai a Zeus per sposare Afrodite. E Zeus, che è qui presente, faccia rispettare il patto.»

«Te lo dò io l'oro!» gridò Ermes eccitatissimo. «Te lo dò io!»

«No, te lo dò io!» urlò Poseidone, ma per prudenza aggiunse: «Sempre che Zeus sia d'accordo».

Zeus invece non si volle impicciare. Per lui Efesto era troppo brutto per meritarsi una donna bella come Afrodite: era giusto quindi che la poverina di tanto in tanto si prendesse qualche libertà. Tra l'altro, poco era mancato che lui stesso non fosse finito in quella stramaledetta rete.

Insomma la sceneggiata si chiuse senza conseguenze per gli amanti e con una rassegnata accettazione da parte di Efesto. In seguito Afrodite si concesse anche a Ermes e a Poseidone, per ringraziarli degli apprezzamenti fatti quel giorno: con il primo ebbe un figlio, metà uomo e metà donna, chiamato Ermafrodito, e con il secondo Erofilo ed Erodo, entrambi con un nome che, guarda caso, iniziava con «ero».

Ma ritorniamo alla riunione degli Dei: il secondo a protestare fu Apollo.

«O Cronide, Addensatore di Nubi,» esclamò «io proprio non riesco a capirti! Questa notte il solerte Ermes mi ha svegliato di soprassalto e mi ha detto: "Orsù, alzati, o Apollo, c'è Zeus che vuole parlarti" e io mi sono precipitato per vedere in che modo avrei potuto esserti utile. Sennonché, giunto in assemblea, ho scoperto che non di me avevi bisogno, bensì di Era, di Atena e di Afrodite, e per ragioni che non mi riguardavano affatto. Allora ti chiedo: perché mi hai fatto chiamare così di buon'ora? Perché mi hai distolto dalle mansioni del mattino? Lo sai che per colpa tua oggi il carro del Sole è partito con un'ora di ritardo?»

«Non sono io a intralciare Apollo,» ribatté Zeus più adirato che mai «ma è Apollo, con i suoi continui interventi, a intralciare me e il regolare svolgimento della guerra di Troia. Ti sei forse dimenticato di quello che hai fatto contro gli Achei? E della pestilenza con la quale hai falcidiato per giorni e giorni le loro truppe?»

E qui, pur non avendo al mio fianco una Musa ispiratrice, come quella che proteggeva Omero nel primo libro dell'*Iliade*, non posso tacere del Pelide Achille e «dell'ira funesta che infiniti addusse lutti agli Achei».[7] Pazienza se dovrò interrompere per la seconda volta il resoconto dell'assemblea generale.

Durante i primi nove anni dell'assedio di Troia, gli Achei avevano incendiato e saccheggiato quasi tutti i villaggi dei dintorni. In due di questi paesini, e precisamente a Tebe e a Lirnesso, furono catturate due bellissime fanciulle, Criseide e Briseide, rispettivamente figlie di Crise e di Brise. Nella spartizione del bottino la prima, che era bellissima, fu assegnata ad Agamennone e la seconda (seconda anche per bellezza) ad Achille. Il povero Brise si suicidò per il dispiacere; quanto al padre di Criseide, un sacerdote di Apollo molto caparbio, si presentò alla tenda di Agamennone, carico di doni e seriamente intenzionato a farsi restituire la figlia. Purtroppo per lui quella mattina Agamennone era di pessimo umore.

«Vattene, o vecchio,» lo minacciò il figlio di Atreo «e non farti più vedere accanto alle navi! La prossima volta che

---

[7] Primi versi dell'*Iliade* nella traduzione di Vincenzo Monti.

ti vedrò gironzolare qui intorno a nulla ti gioverà la benda sacerdotale.[8] Io la tua Criseide non la lascerò mai andare; o forse la caccerò via solo quando sarà vecchia e non mi potrà più essere utile né per il telaio, né per il letto.»

Crise se ne andò impaurito e furibondo e, non appena riuscì a trovare un angolino riparato, si buttò in ginocchio per rivolgere ad Apollo questa preghiera:

«O Dio dall'Arco d'argento: tu che ami proteggere le città di Crisa, di Cilla e di Tenedo, se è vero che ti ho sempre bruciato grasse cosce di tori e di capre, fai scontare le mie lacrime agli Achei!»

Apollo non se lo fece dire due volte: imbracciò il tanto citato Arco d'argento e per nove giorni e nove notti lanciò dardi sul campo acheo: colpì prima i muli, poi i cani, poi le donne e infine gli uomini. Fuor di metafora, non di frecce si trattava ma di una pestilenza che decimava le truppe e le mandrie.

Giunti al decimo giorno, Achille, su consiglio di Era, convocò l'assemblea dei capi e chiese ad Agamennone di assumere un indovino.

«O Atride,» gli disse «guerra e peste uccidono gli Achei! Conviene interrogare qualcuno che sappia leggere nelle viscere degli animali e dirci il motivo per cui gli Dei sono adirati con noi.»

Fu convocato Calcante, l'indovino ufficiale della spedizione, lo stesso che nove anni prima aveva imposto il sacrificio d'Ifigenia. Agamennone lo guardò subito storto.

«Non te la prenderai di nuovo con me, o Calcante, profeta di sciagure?!»

«Non è mia la colpa se sei sempre tu a sbagliare!» replicò l'indovino, puntandogli contro l'indice accusatore. «Tu hai offeso il Dio dall'Arco d'argento. Tu hai scacciato in malo modo il suo servo. Tu hai rifiutato i suoi doni e le sue

[8] I sacerdoti di Apollo portavano una benda bianca intorno alla fronte.

suppliche. Tu non hai voluto restituire la figlia al padre e il padre alla figlia. Sappi allora che Apollo non smetterà di infierire sugli eserciti achei fino a quando Criseide dai lunghi capelli non sarà di nuovo tra le braccia del genitore, e fino a quando non verranno fatti pingui sacrifici nella città di Crisa!»

«O maledetto traditore![9]» protestò Agamennone, imbestialito. «Mai una volta che dalla tua bocca esca una parola a me gradita! Ora vai cianciando di offese che io avrei recato al Dio e mi chiedi di restituire la schiava dal candido seno. Non ho difficoltà ad ammettere che Criseide a me piace più della stessa Clitennestra, sposa legittima che mi aspetta in Argo. Mi piace sia per il suo corpo liscio, sia per come sbriga i lavori di casa. Tuttavia sono disposto a rinunciare alla fanciulla, purché gli Achei mi risarciscano con un premio di uguale valore; altrimenti finirei con l'essere l'unico degli Argivi a non aver avuto una parte di bottino a Tebe, la città dove più di tutti io rischiai la vita.»

«Ma di quale vita stai parlando, o uomo senza pudore?!» lo sbugiardò Achille. «Non certo di quella che hai rischiato a Tebe, dal momento che io stesso ti vidi quel giorno assistere da lontano all'assalto dei tuoi! Come puoi pretendere adesso che gli Achei ti diano una parte del loro bottino? Perché dovrebbero? Perché tu li hai guardati mentre loro combattevano? E chi di noi, secondo te, dovrebbe rinunciare al suo giusto guadagno? Restituisci dunque la figlia al padre e il giorno in cui prenderemo Troia dalle grandi strade verrai largamente ricompensato. Quel giorno, sul mio onore, riceverai tre e anche quattro volte il valore della schiava contesa.»

«No, figlio di Peleo,» reagì impermalito Agamennone

---

[9] Calcante, figlio di Testore, era nato a Troia, quindi per Agamennone era un traditore.

«non credere di persuadermi con vaghe promesse; se proprio desideri che io ceda la bella Criseide a suo padre, sappi che mi ripagherò del danno, e verrò nella tua tenda a prendermi Briseide dalle belle guance.»

Quello che rispose Achille lo si può facilmente immaginare; se non lo trascriviamo, è solo per non abbassare troppo il livello epico del racconto: basti pensare che gli epiteti più affettuosi furono: «sacco di escrementi», «figlio di meretrice» e «faccia di cane».

L'eroe si ritirò sdegnato nei suoi acquartieramenti e non volle più combattere. Inutilmente Atena scese giù dall'Olimpo per farlo recedere dalle sue decisioni.

La notizia del ritiro scatenò le reazioni più diverse: di gioia presso i Troiani e di panico tra gli Achei. Il solo Tersite restò indifferente alla presa di posizione del Pelide. Qualcuno sostiene di averlo sentito interrogare Atena nel cuore della notte.

«O Dea della Sapienza,» avrebbe detto «o "luminosa dagli occhi azzurri", dimmi secondo te chi è il peggiore degli Achei: Achille l'assassino, Ulisse il ladro o Agamennone il prevaricatore? Non rispondi? E allora è segno che ognuno di loro è all'altezza degli altri due!»

Zeus aveva torto a prendersela solo con Afrodite e con Apollo: la verità era che tutti gli Dei, chi più, chi meno, avevano fatto il tifo per l'uno o per l'altro dei due eserciti. I capi delle opposte fazioni erano: Afrodite e Apollo per i Troiani, Era e Atena per gli Achei. Poi c'erano quelli che stavano un po' con gli uni e un po' con gli altri, come Poseidone che proteggeva Idomeneo e gli Aiaci, salvo poi a cambiare campo non appena Achille gli ammazzava uno dei figli, o come Efesto che un giorno sosteneva Troia (quando era in pace con Afrodite) e il giorno dopo i Greci (se ci aveva appena litigato). Altro esempio di incostanza: Tetide, che aiutò gli Achei finché tra loro militò Achille, e subito dopo i Troiani, quando il figlio si ritirò sdegnato nei suoi accampamenti.

L'assemblea generale ebbe finalmente termine e tutti andarono via, tranne Era ed Atena che restarono ferme al loro posto.

«Che cosa vi trattiene ancora,» chiese loro Zeus «io non ho più nulla da dirvi.»

«Sposo e fratello,» esordì Era «sono io invece che ho qualcosa da comunicarti: tu sei un prepotente. È mai possibile che vuoi rendere vana la fatica mia e quella di Atena, dopo tutti i sacrifizi che abbiamo fatto?! Vuoi forse che il vile Paride continui a godere di Elena argiva calpestando i sacri principi dell'ospitalità?»

«E basta con questa storia dell'ospitalità!» sbottò Zeus. «Dite piuttosto che vi brucia ancora il ricordo di quando non vi diede il pomo della più bella.»

«Quale esempio intendi dare tu ai mortali,» lo incalzò Atena, ignorando la provocazione, «perché nessuno, in avvenire, osi più insidiare le donne altrui?»

«O sciagurata Era, o implacabile Atena,» protestò di nuovo Zeus, che ormai non ne poteva più del loro moralismo, «ma cosa mai vi ha fatto di male Troia che la vorresti vedere incenerita? Io credo che, se poteste intrufolarvi, tutte e due, attraverso le grandi mura e mangiare vivi Priamo e i suoi figli, così come sono, non vi asterreste dal farlo. Ebbene, sappiate che invece a me i Troiani sono molto cari. Mai una volta che da parte loro mi siano mancati i sacrifici, mai una volta che mi abbiano lesinato le libagioni o il fumo della carne arrostita. Cosa direste se io adesso distruggessi una delle città che a voi sono devote?»

«Argo, Sparta e Micene sono per me le più care,» rispose impassibile Era «distruggile se vuoi, ma distruggi anche Troia!»

Due contro uno, e soprattutto due donne incattivite contro un unico uomo che alla fin fine non aveva nemmeno tanta voglia di litigare. Era e Atena finirono col prevalere e Zeus accettò l'idea che Troia andava distrutta.

Il problema era come far riprendere i combattimenti in modo che fossero più spietati di prima. Atena ebbe un'idea: prese le sembianze di Laodoco, un guerriero troiano, e andò a trovare Pandaro, il capo dei Lici.

«O grande Pandaro,» disse la Dea travestita, con voce suadente, «tu che godi fama di essere il più bravo degli arcieri viventi, perché, dopo aver promesso ad Apollo due agnelli primogeniti, non scocchi uno dei tuoi infallibili dardi e colpisci al cuore il vanaglorioso Menelao? Grande sarà la riconoscenza di Paride, il figlio di Priamo, quando avrai colpito il bersaglio!»

Pandaro, lusingato per gli elogi, non ci stette molto a pensare: scelse dalla faretra una freccia che non era mai stata scoccata, tese l'arco, accostò il nervo di bue al viso, mirò la figura del figlio di Atreo che ancora si aggirava per il campo in cerca di Paride, e lasciò partire un dardo. Più rapida della freccia, però, Atena fece in modo che Menelao non fosse colpito al cuore, ma che riportasse solo una leggera ferita al fianco: «*L'armipotente figlia di Zeus si parò davanti al mortifero telo e dal suo corpo lo deviò sollecita, siccome tenera madre che dal caro volto del bambino dormiente scaccia l'insetto che gli ronza intorno*».[10]

---

[10] *Iliade*, IV, 151-157, trad. Monti.

VII
L'oracolo

Laddove assistiamo a una seconda battaglia tra i Greci e i Troiani e alle prime indagini sulla morte di Neopulo. Seguiremo altresì Leonte e Gemonide fino all'oracolo di Apollo Timbreo e durante il viaggio verremo a conoscere la drammatica vicenda di Troilo.

Le raccomandazioni di Zeus caddero nel vuoto. Anzi, mai come in quel periodo si videro tanti Dei andare su e giù per il campo di battaglia. Perfino un addetto ai lavori come Ares, che in quanto professionista avrebbe dovuto mantenersi imparziale, finì col farsi coinvolgere dagli avvenimenti: si travestì da troiano e si mise a combattere come un qualsiasi mercenario a favore di Priamo. Questa notizia, insieme alla perdurante assenza di Achille, gettò nel più nero sconforto le truppe achee: avere un Achille in meno tra le loro schiere e un Ares in più tra quelle avversarie, non era cosa da nulla.

Il ferimento di Menelao a opera di Pandaro inasprì ulteriormente i rapporti tra le due fazioni: i Greci accusarono i Troiani di aver violato i patti e questi risposero che quando si va per terre straniere a saccheggiare non si può pretendere che i saccheggiati si comportino pure in modo corretto.

Sparito Achille, il leader degli Achei divenne Diomede,

figlio di Tideo, re di Argo (da non confondere con l'altro Diomede, quello che aveva i cavalli carnivori). Se i Greci riuscirono a resistere all'offensiva troiana, il merito fu tutto suo. In pratica era dovunque: come s'accorgeva che un gruppo di Troiani stava per avere la meglio, subito interveniva a ristabilire l'equilibrio. «*Andava impetuoso per la pianura, simile a un fiume in piena ingrossato dalle piogge, il quale correndo in furia travolge le dighe.*»[1] I maligni sostenevano che tutto questo furore fosse dovuto al fatto che era innamorato di Elena fin da quando l'aveva vista per la prima volta, e che aveva preso il suo rapimento come un affronto personale.

Con Atena al fianco, Diomede attaccò contemporaneamente sia Pandaro che Enea. Uccise il primo in modo grandguignolesco, conficcandogli una lancia in bocca e spingendo l'arma fino a quando non la vide uscire dall'altra parte, quindi ferì il secondo con un macigno che aveva raccolto sul terreno. Stava quasi per finirlo a colpi di spada, quando Afrodite glielo sottrasse alla vista coprendolo con una *pezza* magica.[2] Nel trambusto la Dea restò ferita e mentre il sangue le sgorgava a fiotti (con immenso piacere di Atena) Diomede colse l'occasione per ingiuriarla.

«Pure qui vieni a far danni, o figlia di Zeus: non t'accontenti di sedurre i cuori delle donne!»

Afrodite aveva più di un motivo per schierarsi a favore dei Troiani: oltre che amorosa protettrice di Paride, era anche madre di Enea. Si racconta che una trentina d'anni prima dei fatti che stiamo raccontando fosse stata condannata da Zeus (per averne rifiutato le *avances*) a innamorarsi di un mortale e che il beneficiato di turno fosse stato per

---

[1] Omero, *Iliade*, V, 87-88, trad. Calzecchi Onesti.
[2] La *pezza* di cui si parla era un peplo confezionato dalle Grazie e dotato di poteri miracolosi.

l'appunto un troiano: tale Anchise, re dei Dardani, nonché bovaro di professione. I due si conobbero, diciamo così, in un misero capanno sperduto tra le montagne della Troade: Afrodite indossava un mantello rosso e Anchise niente, anche perché quando la Dea entrò nel suo rifugio lui stava dormendo, nudo e inconsapevole, sotto una pelle di capra. Alla fine del rapido incontro la bella sgusciò via in silenzio, così com'era entrata, e prima di sparire gli disse:

«Ciao amore: è stato bellissimo. Però, mi raccomando: non dire niente a nessuno.»

Anchise giurò sul suo onore di mantenere il segreto, ma il giorno dopo, mentre era in una taverna, sentì un ubriaco magnificare i pregi di una ragazza del luogo.

«Ippasa è la più bella del mondo» sentenziò l'uomo «e a letto è più esperta della stessa Afrodite!»

«Non dire sciocchezze,» lo zittì Anchise «ho fatto l'amore con tutte e due e ti assicuro che il paragone non è nemmeno proponibile!»

Non l'avesse mai detto: a sentire quella vanteria, Zeus non ci vide più dalla rabbia (e dall'invidia) e scagliò contro di lui uno dei suoi fulmini punitivi. Non lo uccise solo perché Afrodite, protettrice dei suoi amanti, riuscì come sempre a deviare la saetta. Malgrado l'intervento della Dea, il poveretto si prese un tale spavento che restò piegato in due, come un compasso, per tutto il resto della vita. Dalla loro unione nacque Enea.

Ma torniamo alla guerra: Dei e mortali quel giorno se le dettero di santa ragione e perfino Zeus non poté evitare di scendere un attimo nella mischia, quando vide in pericolo uno dei suoi tanti figli mortali, il licio Sarpedonte.

In soccorso di Enea, che stava per essere ucciso da Diomede, nel frattempo erano intervenuti anche Apollo e Ares. Il primo, attirato dalle urla di Afrodite, per prima cosa sostituì il corpo dell'eroe con una sagoma fatta di fumo, quindi prese sulle spalle l'originale e lo portò fuori dalla mischia. Ares invece arrivò con tutta la famiglia al completo, e precisamente con la sorella Eris, detta la Discordia, e con i figli Dimo il Terrore, Fobo lo Spavento, ed Enio la Strage, quest'ultima avvolta in un mantello lordo di sangue. Lui, Ares, il Dio «vestito di bronzo», era una specie di mister Muscolo dell'epoca, tutto vigore e brutalità. Per Ares il sangue era una specie di droga: quando lo vedeva ne restava affascinato. A volte, pur di continuare a combattere, era capace di dare una mano al nemico: lo rianimava, lo rimetteva in sesto, lo invogliava a riprendere le armi e lo stendeva di nuovo.

Sul fronte opposto Atena ed Era, una più eccitata dell'altra, irruppero con foga in difesa delle truppe achee. Era, in particolare, fece un'entrata degna di un'eroina wagneriana: giunse al galoppo su un carro d'argento trainato da una coppia di cavalli neri. Urlava come un'invasata, incitava i cavalli con una frusta d'oro e agitava una lancia d'argento che aveva un'enorme punta costellata di diamanti. Atena, più pratica, si era fatta prestare da Ade il famoso elmo dell'invisibilità e seminava morte e distruzione senza farsi scorgere dal nemico.

Nel frattempo Diomede, non contento di aver già incrociato le armi con Afrodite e con Apollo, ci provò anche con Ares, e con grande meraviglia dello stesso, dopo una breve schermaglia, riuscì pure a ferirlo all'altezza dell'inguine. Riferisce Omero che Ares gettò un urlo di dolore così forte, ma così forte, che solo novemila o diecimila guerrieri avrebbero potuto gridare altrettanto se si fossero messi a urlare tutti nel medesimo istante.[3]

Quello che mi piace degli Dei greci è... se mi è concesso il termine... questa loro «terrestrità»: non solo non sono

[3] Omero, *Iliade*, V, 859-861, trad. Calzecchi Onesti.

onnipotenti e onniscienti come le divinità delle altre religioni, ma soffrono, godono, urlano e si arrabbiano come partecipassero a una riunione di condominio. In un certo senso gli Dei della mitologia classica non sono molto diversi dai santi della mia infanzia, quelli ai quali ero solito rivolgermi quando vivevo a Napoli. Il San Gennaro riluttante nel giorno del miracolo, e come tale ingiuriato dai fedeli, oppure il Sant'Antonio che frusta San Gennaro solo perché ha fatto il miracolo nel giorno sbagliato,[4] sono in un certo senso i diretti discendenti degli Dei di Omero, collerici ma anche affabili, potenti ma anche umani; persino il cristianesimo canonico, con il suo inferno, il suo purgatorio e il suo paradiso, ha in gran parte ereditato l'ingenuità e l'antropomorfismo del mito greco. A Napoli i santi più importanti sono ancora oggi divisi per settori di competenza, e quando c'è da chiedere una grazia, si prega il santo che più degli altri si è distinto in quel settore: Santa Lucia per gli occhi, Sant'Antonio per gli animali, San Cristoforo per i viaggi, San Pasquale Bailon per i fidanzamenti in pericolo e via di questo passo, fino ad arrivare a San Ciro per la medicina interna e i malori in genere.

Il secondo giorno di battaglia fu per Leonte più gratificante del primo: non aveva ucciso nessuno, ma in compenso non era stato nemmeno ferito, e soprattutto non aveva vomitato vedendo gli altri feriti. La sera, intorno al fuoco, ebbe modo di raccontare per almeno dieci volte com'era riuscito a contenere l'assalto di un gigante troiano alto quasi un metro e ottanta.[5]

---

[4] Qui si allude a un episodio accaduto a Napoli durante i moti rivoluzionari del '99. Croce racconta che, avendo San Gennaro fatto il miracolo dello scioglimento del sangue in presenza del generale francese MacDonald, i napoletani esposero in rua Catalana un quadro in cui si vedeva Sant'Antonio prendere a frustate San Gennaro.
[5] All'epoca la statura media degli uomini era molto bassa. Un individuo alto un metro e settanta veniva considerato un gigante. Qualche anno fa è stato ritrovato, pressoché intatto, lo scheletro di Filippo il Macedone, padre di Alessandro Magno (IV sec. a.C.) e si è scoperto che non era più alto di Fanfani.

«Stavo lì lì per trafiggerlo con la spada, facendogliela passare sotto lo scudo, quando una freccia, scoccata non so da chi, me lo ha ammazzato sotto gli occhi, un attimo prima che lo potessi uccidere io! Che peccato: ancora un istante e avrei fatto fuori il mio primo troiano!»

«È stato bravissimo!» confermò Gemonide, responsabile peraltro di quella freccia misteriosa.

«Agamennone ha comunicato» aggiunse Leonte «che, di comune accordo col nemico, per due giorni e due notti non ci saranno più scontri e si potrà dare degna sepoltura ai morti. Noi ne potremmo approfittare per recarci all'oracolo di Apollo Timbreo.»

La decisione di consultare un oracolo l'avevano presa in seguito a una conversazione avuta con un certo Artineo, loro vicino di tenda. Costui, tra l'altro, aveva dato l'impressione di sapere molte più cose di quante non ne volesse dire.

«L'ultima volta che vidi tuo padre» disse Artineo «fu quando uscì in perlustrazione con Evanio, il re di Matala. Partirono soli e senza scorta, e si avviarono in cima al promontorio Reteo con il proposito di studiare un nuovo modo per attaccare Ilio. La cosa in sé non avrebbe destato alcuna attenzione se un mercante cario, di cui adesso non ricordo il nome, non mi avesse parlato della fraterna amicizia che lega Evanio a tuo zio Antifinio.»

«Cosa intendi dire con queste parole?» chiese subito Gemonide, alquanto preoccupato.

«Nulla di più di quanto ho detto: che Evanio è amico di Antifinio.»

«Orsù parla, o Artineo!» lo incalzò Gemonide. «Chiarisci il tuo pensiero! Vuoi forse farci intendere che l'onesto Neopulo non morì per mano troiana, bensì fu ucciso da una persona che lui credeva amica?»

«Tutto è possibile, o nobile Gemonide, ma t'assicuro che nulla so di preciso!» rispose Artineo, battendo rapidamente in ritirata. «Sai com'è quando si sta di guardia: non si sa mai come far passare il tempo, e allora succede che si parla, si parla, e sempre parlando si finisce col dire e sentire cose che non sempre sono vere... ma tu che sei un uomo saggio non puoi credere a quello che si dice quando cala la sera e si è costretti a stare di guardia.»

Per sapere i «si dice», e anche di più, non c'era che chiedere a Tersite, la malalingua ufficiale dell'esercito acheo. Leonte e Gemonide si recarono allo spaccio di Telone e lo trovarono, come al solito, che stava litigando con alcuni Arcadi che lo prendevano in giro.

«O amico Tersite,» gli disse Gemonide «tu che non sai cosa sia la menzogna e che hai sulle labbra tutto quello che hai nel cuore, conosci per caso Evanio?»

«Di quale Evanio parli, o amico? Qui a Troia di Evanio ce ne sono due,» rispose Tersite, come sempre informatissimo, «uno, nato a Ftia, ladro di cavalli, e un altro, nato a Matala, che per diventare re uccise suo fratello Evasto.»

«Temo che sia quest'ultimo il nostro uomo» commentò Gemonide. «E dimmi, o Tersite: in qual modo Evanio uccise suo fratello?»

«Col veleno: gli fece bere l'acqua di un fiume.»

«L'acqua di un fiume!» esclamò Leonte al colmo dello stupore. «E come fece ad avvelenare un intero fiume?»

«Il veleno non era nel fiume,» precisò Tersite, godendo come un pazzo per la meraviglia del ragazzo, «ma nella ciotola che l'amico Antifinio porse a Evasto.»

«Fu allora Antifinio l'avvelenatore e non Evanio?» chiese ancora Leonte.

«Sì, ma fu Evanio a goderne i benefici.»

Da quel giorno i sospetti sulla coppia Antifinio-Evanio finirono col far perdere il sonno a Leonte. Urgeva condurre un'indagine più approfondita nell'ambito delle comunità cretesi. Ma come fare? Da chi iniziare per arrivare a qualcosa di concreto? A chi chiedere? Qualcuno suggerì a Gemonide di consultare un oracolo.

«Compra un agnello primogenito e sacrificalo ad Apollo: chissà che il Dio, per bocca di Calcante, non ti metta sulla buona strada?»

Il mondo omerico senza oracoli non sarebbe mai esistito: nascite, viaggi, guerre, emigrazioni, matrimoni, ubicazioni di colonie, fondazioni di nuove città, sono tutti eventi che hanno avuto come primo passo della loro storia la consultazione di un oracolo. In alcune zone, come la Beozia, il mestiere d'indovino (*mantis*, come si diceva a quei tempi) era la professione più diffusa dopo quella dell'agricoltore.

La parola «mantica», dal greco *mainesthai*, sta a indicare tutto ciò che è «fuori di noi», perché deve ancora accadere; come il suo opposto, la «memoria», comprende tutto ciò che è «dentro di noi» e che è già accaduto. Se la memoria è la conoscenza del passato, la mantica è la conoscenza del futuro, intendendo per futuro qualcosa che è stato già deciso dal Fato e che nemmeno Zeus è in grado di modificare. L'oracolo può solo darne notizia.

L'interprete dell'oracolo in genere è un uomo, o in casi eccezionali una donna, come la Pizia a Delfi o le sacerdotesse Pleiadi a Dodona. Il sacerdote è un individuo al di sopra delle parti: non ha patria, non ha famiglia, non ha emozioni e, non potendo influire sul Fato, si limita a far conoscere i decreti con un certo anticipo. Calcante, pur essendo un troiano, lavorava al servizio degli Achei, ma non era considerato un traditore. Gli si chiedeva solo d'imbroccare le profezie, e nient'altro. A tale proposito si racconta che sarebbe morto il giorno in cui un altro indovino si fosse dimostrato più bravo di lui. Come difatti accadde il giorno in cui perse una sfida divinatoria contro Mopso. A entrambi fu chiesto di predire quanti figli avrebbe avuto una scrofa e quanti frutti avrebbe dato un albero di fichi, Mopso di Colofone azzeccò la risposta esatta e Calcante sbagliò di un'unità in più il numero dei porcellini, e di un'unità in meno quello dei fichi. Conclusione: si uccise per la vergogna.

L'oracolo prescelto fu quello di Thymbra, un paesino dell'entroterra situato in cima a una collina, poco più a sud di Troia. Per arrivare al tempio di Apollo bisognava risalire lo Scamandro per almeno una decina di miglia.

«Già ci sono stato una volta,» disse Tersite «e poi conosco molto bene Calcante. Se volete vi ci accompagno.»

I tre uomini, data la distanza, preferirono noleggiare dal licio Telone un carro trainato da asini.

«Meglio gli asini che i cavalli!» disse Tersite. «Gli asini sono più lenti ma si stancano meno e alla fine sono sempre i primi ad arrivare. L'importante con gli asini è frustarli fin dall'inizio, così capiscono subito con chi hanno a che fare.»

In effetti i cavalli micenei non valevano un granché: erano poco più grandi dei ponies e per tirare un carro dovevano essere almeno in due, anche quando il carro era un cocchio da combattimento, e quindi del tipo leggero.

Leonte e i suoi amici si avviarono di buon mattino in modo da essere di ritorno prima di sera, o al massimo il giorno dopo. Avevano con sé l'agnello primogenito, una buona scorta di fichi, di olive, di miele e una focaccia di grano a testa.

«Ma è vero che dovremo passare a meno di due stadi dalle mura di Troia?» chiese Leonte, giustamente preoccupato.

«No,» rispose Tersite «prenderemo la strada a sud di Kalifatti: è un po' più lunga, ma molto più sicura.»

«Ed è vero che sulle colline di Thymbra sono accampati i

ferocissimi Misi?»[6] chiese ancora Leonte che, detto tra noi, non doveva essere un cuor di leone.

«Sì, ma noi siamo diretti all'oracolo e quindi non dovremmo avere fastidi.»

«E tu pensi che basti dire ai Misi "andiamo da Apollo" perché loro ci portino rispetto?» chiese Gemonide, alquanto perplesso. «In verità non mi sembra che questa gente, finora, abbia osservato molto le regole!»

«Certo, non stanno ai patti, e per noi sarebbe meglio non incontrarli» rispose Tersite «ma anche per loro sarebbe una grande disgrazia avere come nemico Apollo, e questo i Misi lo sanno.»

«Sarà come tu dici» assentì Gemonide, in verità poco convinto. «Noi, a ogni buon conto, cercheremo i sentieri meno battuti.»

Quanto diceva Tersite era vero: recarsi al tempio era di per sé un salvacondotto: Apollo aveva fama di essere in assoluto il più vendicativo degli Dei. Basti pensare che a soli quattro giorni dalla nascita chiese a Efesto arco e frecce per poter uccidere il serpente Pitone, reo di aver offeso sua madre.

«Ma tu sai, o Gemonide, perché il Dio dall'Arco d'argento si è schierato contro gli Achei?» riprese a dire Tersite.

«Immagino per l'affronto che Agamennone fece a Crise, il suo sacerdote prediletto.»

«No di certo: lo era già prima.»

«E perché mai?»

«Per colpa di quell'assassino di Achille!»

«O Tersite,» lo scongiurò Leonte «adesso non vorrai sparlare con la tua lingua velenosa anche del Pelide, il migliore degli Achei?»

«Migliore in che cosa?» chiese sarcastico Tersite. «Nell'o-

[6] Popolo dell'Asia Minore, alleato dei Troiani, avente come capo l'augure Ennomo.

micidio, nella rapina, o nello stupro? Sii più preciso, o ragazzo, quando poni le domande, altrimenti non potrò mai risponderti a tono.»

Leonte ammutolì: con Tersite non era possibile fare un discorso serio. Pretendeva sempre di sapere tutto e non c'era modo di zittirlo.

«D'accordo, o Tersite,» intervenne Gemonide per evitare che litigassero «se proprio lo desideri, raccontaci pure come il Pelide offese il Dio. D'altra parte il viaggio è lungo e il narrare potrebbe farcelo sembrare più breve. Cerca, però, di non colorire troppo il racconto.»

«Erano i primi anni di guerra,» cominciò Tersite «un giorno il Pelide incrociò le armi con un giovane troiano di rara bellezza: si chiamava Troilo ed era l'ultimo nato dei figli di Priamo. Chi ebbe la fortuna di vederlo dice che fosse ancora più bello di Adone. Ebbene, mentre Troilo lo attaccava secondo le regole, lui, Achille, lubricamente, anziché rispondere colpo su colpo, gli girava intorno come una cutrettola in calore: "Accetta le mie carezze, o mio bel moretto," gli diceva "se non vuoi che oggi stesso io ti uccida sotto le mura di Troia: pensa a come si ridurrebbe il tuo grazioso visino se v'infierissi sopra con la spada". Il giovane però non volle cedere alle lusinghe amorose del mirmidone ed Ettore gli dette una mano perché potesse resistere alla sua furia omicida.»

A questo punto Tersite fermò il carro.

«E allora?» chiese Leonte un po' contrariato dal fatto che lo storpio si fosse interrotto.

«Allora, ragazzo mio, adesso si beve» rispose Tersite scendendo dal carro. «Se ben ricordo, dietro questi pioppi ci dovrebbe essere una fonte limpida e fresca. Potremo bere e fare provviste anche per il ritorno.»

«Sì, ma facciamo presto» lo incalzò Leonte.

Dopo aver bevuto e riempito gli otri, Tersite riprese a parlare.

«Troilo amava una fanciulla di nome Briseide,[7] e ogni notte di luna piena le dava un appuntamento in un boschetto nei pressi di Thymbra, proprio accanto al tempio di Apollo. Sennonché l'inesorabile Fato mise sul cammino del giovane amante il figlio di Peleo. Ahimè, questa volta per il povero Troilo non c'era più scampo: solo, e senza l'aiuto di Ettore, non aveva alcuna possibilità di cavarsela contro un campione del calibro di Achille.»

«E allora?» lo incalzò ancora Leonte, accorgendosi che stava per interrompere il racconto una seconda volta.

«Calma ragazzo, ho sete.»

«Ma se hai appena bevuto!»

«Sì, ma ho anche parlato.»

«E va bene, bevi: ma sbrigati per favore!»

Tersite con calma sollevò il piccolo otre e, mentre Leonte fremeva dall'impazienza, lui lasciò che l'acqua gli inondasse il viso, finendogli parte in gola e parte sul corpo, poi si asciugò le labbra con il braccio e disse:

«L'acqua dell'interno ha tutto un altro sapore: a volte ho il sospetto che i Troiani la inquinino prima che arrivi a noi.»

«Che Zeus ti fulmini, o Tersite» protestò di nuovo Leonte. «Vuoi deciderti, sì o no, a concludere la storia?»

«Ma che fretta hai, ragazzo? Pensa a quanto cammino abbiamo ancora davanti a noi, e per numerosi che siano i delitti commessi dal tuo eroe, arriverà un momento in cui non ne avrò più nessuno da raccontare.»

«Tu provvedi a terminare quello di Troilo,» rispose acido Leonte «che poi penserò io a tapparti la bocca!»

Tersite rise a quest'ultima battuta del giovane principe, dopo di che riprese il racconto.

«Achille cercò di adescarlo in vari modi: gli sussurrò parole d'amore, gli offrì una coppia di bianche colombe.

[7] Si tratta della medesima fanciulla che poi venne fatta schiava da Achille.

112

Poi visto che il ragazzo non s'arrendeva ai suoi desideri, gli balzò addosso come un falco. Troilo con uno scarto improvviso riuscì a evitarlo: per tre volte fece il giro del tempio e per tre volte sentì il fiato del Pelide arrivargli quasi sul collo. Stava per essere raggiunto quando con un ultimo guizzo s'introdusse nel tempio... A proposito... a me qualcuno ha detto che Troilo potrebbe essere un figlio illegittimo di Apollo... L'avrebbe avuto da Ecuba... voi ne sapete qualcosa?»

«Ti odio, o Tersite, ti odio!» proruppe Leonte, questa volta paonazzo in viso dalla rabbia. «Tu non sai raccontare le storie: non appena la vicenda mi prende, ecco che la interrompi e cambi discorso! Vuoi dirmi, di grazia, cosa fece Achille nel tempio? Riuscì a raggiungere Troilo?»

«Certo che lo raggiunse, altrimenti non sarebbe noto come il più veloce dei mortali! Lo afferrò proprio sotto la statua di Apollo e qui, incurante del luogo sacro, lo strinse a sé con ardore, ma tanto bestiale fu l'amplesso che gli stritolò il torace. La mattina dopo il ragazzo fu trovato morto da Calcante e da quel giorno il Dio si schierò dalla parte dei Troiani.»

«Ho sentito dire» intervenne Gemonide «che, secondo l'oracolo di Delfi, Troia non potrà mai essere espugnata fino a quando non avranno avuto luogo tre eventi: la morte di Troilo, l'abbeveramento dei cavalli di Reso nello Scamandro e il furto del Palladio.[8] Risulta anche a te che esista questa profezia?»

«Sì, è vero: esiste! E due di questi eventi sono già avvenuti. Non ci resta che trafugare il Palladio.»

I tre uomini giunsero ai piedi della collina: l'oracolo spuntava solitario come un giglio tra un degradare di

[8] Il Palladio: statua lignea con le sembianze di Pallade Atena. Si dice che fosse caduta dal cielo durante la costruzione di Troia e che da sola si fosse collocata nel tempio. Aveva un congegno interno grazie al quale la Dea riusciva a scuotere la lancia.

vigneti. Seduto sugli ultimi gradini del tempio scorsero un vecchio immobile, ancora più bianco dei marmi che gli stavano intorno: bianca era la tunica, bianca la barba e bianchi i capelli che gli cadevano sulle spalle.

«Salve, o venerabile Calcante,» lo salutò Tersite «ho qui due amici che vorrebbero conoscere il passato.»

«Cosa se ne fanno del passato, visto che non lo possono più modificare?» commentò il vecchio. «Meglio rivolgersi al futuro, che è altrettanto immutabile, ma dà l'illusione di non esserlo.»

«Ma è davvero immutabile il futuro?» chiese Gemonide.

«Certo che è immutabile, o cretese, se non altro perché è già avvenuto nella mente della Necessità, anche se noi abbiamo l'impressione che debba ancora avvenire.»

Leonte, malgrado non avesse capito una parola di ciò che aveva appena detto il sacerdote, fece un passo avanti e gli comunicò il motivo della visita.

«Eccoti, o divino Calcante, un agnello primogenito da sacrificare al Dio dall'Arco d'argento. Io mi chiamo Leonte e vengo da Gaudos: sono qui per sapere quale fine abbia fatto mio padre, l'onesto Neopulo. Molti mi dicono che è morto, eppure il suo corpo non fu mai trovato. Ma anche se è morto, io ti chiedo: chi lo uccise? È stato forse un nemico in un leale scontro d'armi, o un amico, alle spalle, in un vilissimo attentato?»

«Hai con te un oggetto appartenuto a Neopulo e che non ti dispiace perdere?»

Leonte gettò uno sguardo disperato a Gemonide, poi, improvvisamente si ricordò che aveva con sé due teste di Dioniso appese a un collare. Erano due piccoli medaglioni d'argento che il padre gli aveva regalato quando lui era ancora un bambino. Rappresentavano entrambi il Dio dell'eccesso, una delle facce rideva a crepapelle e l'altra piangeva a dirotto.

«Possono andar bene queste?» chiese Leonte porgendole al sacerdote.

«Sei sicuro che sono state toccate da tuo padre?»

«Ne sono sicuro.»

«Allora me ne basta una: scegli tu quale delle due mi vuoi dare e ricordati che non te la potrò più restituire.»

Il ragazzo restò interdetto: ebbe la sensazione che la scelta sarebbe stata determinante ai fini del responso.

«È importante che io ti dia un medaglione piuttosto che un altro?» chiese Leonte.

«No, e per due motivi:» rispose il sacerdote «primo, perché la scelta non modifica il passato; secondo, perché non sei tu a scegliere, ma è il Fato a guidare la tua mano.»

Leonte continuò a non capire, ma sentì che doveva consegnargli il medaglione con la faccia ridente.

«Seguitemi» disse Calcante e tutti si avviarono all'interno del tempio.

Giusto al centro dell'edificio una lastra di marmo copriva una specie di pozzo. Rimossa la lastra, Calcante cominciò a scendere in un cunicolo poco più largo della sua persona. Una corda fissata alle pareti consentiva di reggersi durante la discesa. Il sacerdote procedeva spedito, al contrario degli altri, che dopo una decina di scalini si erano trovati nell'oscurità più assoluta. Calcante non aveva con sé una torcia e la debole luce dell'ingresso oramai li aveva abbandonati del tutto. Giunsero in un antro molto ampio e soprattutto molto umido. Che fosse ampio lo intuirono dal prolungamento eccessivo dell'eco. Calcante disse a tutti di fermarsi, poi gettò nel vuoto il medaglione che aveva avuto da Leonte. Un rumore d'acqua informò il gruppetto che si trovavano sulla riva di un laghetto sotterraneo. Ancora un passo e vi sarebbero caduti dentro. Il sacerdote mormorò alcune parole incomprensibili e nelle acque del lago apparve un leggero chiarore, come di qualcosa che, sommerso, venisse lentamente a galla. Era una medusa? No, era un viso. Era Neopulo? A tutti venne questo sospetto, anche se l'immagine era troppo debole per poterla decifrare. Poi, sempre nel buio più fitto, udirono la voce di Calcante risuonare sotto la presumibile volta della caverna: era una voce cupa, lontana, come se il vecchio si fosse improvvisamente allontanato.

«Bevve l'acqua e fu colpito al cuore!»

VIII
Evanio l'avvelenatore

Laddove ci viene raccontata la leggenda degli Argonauti, con particolare riferimento alle donne di Lemno. Nel frattempo, sul fronte delle indagini, si aggraveranno gli indizi a carico di Evanio. Una delegazione di Achei, infine, andrà da Achille per convincerlo a riprendere le armi.

Brutte notizie dal fronte: da assedianti che erano, gli Achei diventarono assediati. Avevano le navi alle spalle e poco più di due chilometri di spiaggia per potersi difendere. I Troiani con attacchi ripetuti li avevano costretti a ripiegare nei loro accampamenti ed erano sul punto di ricacciarli in mare. Se non ce l'avevano fatta, il merito era stato tutto di Nestore che, notte dopo notte, aveva fatto costruire un muro lungo l'intero fronte.

Il bello delle guerre omeriche è che erano viste anche come avvenimenti sportivi: bastava che uno dei due schieramenti lanciasse l'idea di una sfida che subito l'altro si dava da fare per trasformare il campo di battaglia in un ring. Avendo bisogno di un po' di tempo per portare a termine il muro, Ulisse pensò bene di proporre il solito duello tra campioni. Ettore accettò di buon grado e si autoproclamò difensore dei colori troiani. Nel campo acheo, invece, vennero messi in un elmo i nomi dei guerrieri più forti[1] e con grande rammarico di Diomede (e altrettanto sollievo di Ulisse) la sorte volle favorire Aiace Telamonio, anche detto «il Grande» per distinguerlo da Aiace Oileo che era più piccolo di statura.

Il «ballo feroce di Ares»[2] (tanto per usare un'espressione dell'*Iliade*) durò, tra sacrifici agli Dei, preparativi, misurazione del campo, lettura del regolamento e scontro vero e proprio, l'intera giornata (ventiquattro ore guadagnate per il muro) senza che nessuno dei campioni riuscisse a prendere il sopravvento sull'altro. Si fece buio e tutti tornarono a casa a commentare il pareggio.

Nel frattempo Leonte pensava e ripensava a quanto aveva detto l'oracolo: «Bevve l'acqua e fu colpito al cuore».

«Allora,» concluse il ragazzo «non fu un dardo scagliato da mano nemica a uccidere mio padre, bensì una ciotola d'acqua avvelenata!»

«Così sembrerebbe» fu la prudente risposta di Gemonide.

«O maestro, perché mi deludi?» lo aggredì Leonte. «A volte sei più sgusciante dello stesso oracolo: dici e non dici, affermi e non affermi! Laddove io non ho più dubbio alcuno: mio padre è stato avvelenato e il suo assassino ha un nome che noi tutti conosciamo, si chiama Evanio!»

«A voler essere giusti, noi sappiamo solo che Neopulo sarebbe morto per aver bevuto dell'acqua avvelenata,» precisò Gemonide «ma nessuno ci ha ancora detto se sia stato Evanio il suo avvelenatore. Si dovrà indagare.»

«Indagare, indagare,» urlò Leonte quasi in lacrime «e su

---

[1] Per dovere di cronaca i nove furono: Agamennone, Diomede, Idomeneo, Merione, Euripilo, Toante, Ulisse e i due Aiace, quello grande e quello piccolo.
[2] *Iliade*, VII, 241.

che cosa vorresti indagare? Tutti sanno che il re di Matala è un assassino. Non è stato forse lui a sopprimere suo fratello? Il sangue del suo stesso sangue! Anche Tersite lo ha confermato!»

«Sì, ma non è l'unico avvelenatore presente a Troia, ed è per questo motivo che bisognerà indagare.»

«Allora andiamo da lui!»

«E cosa gli diciamo?» ironizzò Gemonide. «"Scusaci, o Evanio, se te lo chiediamo direttamente: sei stato tu ad avvelenare Neopulo?"»

Leonte non rispose: si rabbuiò in volto e immaginò terribili vendette ai danni del cretese. Francamente, se fosse dipeso da lui, lo avrebbe ammazzato subito, quel giorno stesso, senza star a cercare altre prove di colpevolezza. Tanto, era pur sempre uno che aveva ucciso suo fratello.

«Nossignore,» lo raffreddò Gemonide «noi non possiamo correre il rischio di sbagliare. Abbiamo bisogno di prove, e per averle dobbiamo seguire Evanio come un'ombra, parlare con gli altri Cretesi, cercare qualcuno che lo odi e farci raccontare le sue nefandezze. Solo così potremo trascinarlo davanti agli anziani.»

«E come faremo a contattare i Cretesi?»

«Frequenteremo le loro taverne, ascolteremo i cantori, e poi interrogheremo gli schiavi, i marinai, i giocatori di dadi e le etere. Questa sera, ad esempio, ho saputo che molti di essi andranno alla riunione degli Argonauti.»

La spedizione degli Argonauti[3] era avvenuta una, o forse due generazioni prima della guerra di Troia. Vi parteciparono molti padri di eroi: Peleo, Nauplio, Oileo, Telamone, Tideo e Laerte, tanto per fare dei nomi, rispettivamente

---

[3] Per i singoli nomi vedi, nel Dizionarietto in fondo al volume, alla voce Argonauti.

padri di Achille, Palamede, Aiace il Piccolo, Aiace il Grande, Diomede e Ulisse. A Troia, tra gli Achei, si contavano ancora quattro superstiti della leggendaria impresa, e precisamente Ascalafo, Ialmeno, Eurialo e Peneleo, tutti avanti negli anni, e proprio per questo molto rispettati. Una volta al mese, quando c'era la luna piena, i quattro si riunivano in uno spiazzo e raccontavano le gesta di Giasone.

La nave *Argo*, carica di cinquanta eroi, era partita da Iolco verso la Colchide[4] con un unico obiettivo: recuperare il Vello d'Oro, un manto d'ariete appeso a un albero in un bosco dedicato ad Ares. Forse non si trattava di una pelliccia di animale, ma solo di un migliaio di pepite d'oro, sepolte nelle miniere del Caucaso, o sparpagliate sul greto del fiume Fasi.[5]

Racconta la leggenda che quando morì Creteo, il re di Iolco, il trono sarebbe spettato al suo unico figlio legittimo, Esone; sennonché un fratellastro di costui, di nome Pelia, come spesso accade nelle famiglie reali, chiuse in una cella l'erede e gli scippò il potere. Passarono gli anni, il prigioniero morì e un oracolo consigliò Pelia di guardarsi da tutti quelli che portavano un solo sandalo. Ora, se c'è qualcosa di sicuro nei miti greci, è che gli oracoli non sbagliano mai. Infatti dopo una decina d'anni ecco apparire un giovanotto con un unico sandalo: è Giasone, figlio del defunto Esone, che vuole indietro il suo regno. Pelia l'incontra per caso sulla spiaggia, si accorge del sandalo e cerca di prenderlo con le buone.

«Caro Giasone, nipotino mio, tu lo sai quanto ti voglio bene! Io, a suo tempo, presi il trono di tuo padre solo

---

[4] Colchide: corrisponde pressappoco all'attuale Georgia.
[5] L'accostamento tra il vello e l'oro potrebbe scaturire dal fatto che gli indigeni della Colchide erano soliti raccogliere l'oro alluvionale del fiume Fasi (oggi Rion) con pelli di animali stese sul greto. Forse erano questi i «velli» cercati dagli Argonauti.

perché lui non era in salute. Adesso che sei tornato, non ho difficoltà a restituirtelo. Vorrei solo un piccolo favore da te: noi, qui a Iolco, siamo afflitti dal fantasma di un certo Frisso. A sentire i sacerdoti, questo poveretto vorrebbe recuperare una pelliccetta d'ariete che dimenticò, tanti anni fa, appesa a un albero in un bosco della Colchide. Tu vammela a prendere e io sarò ben lieto di restituirti il regno.»

Il vecchio marpione sapeva molto bene che quella «pelliccetta», come la chiamava lui, era il famoso Vello d'Oro, un cimelio difficilissimo da recuperare, anche perché custodito giorno e notte da un drago che non dormiva mai. Ma Giasone non era uomo da spaventarsi per così poco: riunì il meglio che gli riuscì di trovare in fatto d'eroi e partì per il Mar Nero.[6]

Come nel mito di Teseo anche in quello degli Argonauti c'è una donna in loco che aiuta l'eroe: è Medea, la figlia di Eeta, il re del paese dove veniva custodito il Vello d'Oro. Medea era una maga tremenda, protetta da Era e per giunta immortale. Si dà il fatto che la strega s'innamora di Giasone e, dietro regolare promessa di matrimonio, addormenta il drago con un sonnifero ancora più potente dell'insonnia del mostro. Ma, proprio come era accaduto ad Arianna, anche la maga, alla fine, viene bidonata dall'eroe, con la differenza che Medea se lo meritava. Basti pensare che, dopo il furto del Vello d'Oro, per rallentare la corsa del padre che li stava inseguendo con una nave, a Giasone che le aveva proposto di uccidere il fratellino Absirto e di buttarlo in mare, lei rispose:

«Sì, ma tagliamolo a pezzi, così papà sarà costretto a fermarsi più di una volta.»

Qualcuno potrebbe obiettare: «La colpa in quel caso non

---

[6] Secondo alcuni il Vello d'Oro non si trovava sul Mar Nero, bensì in Italia, sull'Adriatico, alle foci del Po.

era sua, ma di Eros che l'aveva fatta innamorare». Sì, va bene, ma a tutto c'è un limite, anche all'innamoramento!

Una volta riavuto il Vello d'Oro, Pelia si rifiuta di restituire il regno e Medea lo elimina con un gioco di prestigio: dichiara di essere in grado di ringiovanire qualsiasi corpo vivente e per dimostrarlo immerge un caprone in una pentola d'olio bollente, da cui tira fuori, di lì a poco, un agnellino appena nato. Convinte, le figlie di Pelia, malgrado le urla del disgraziato che giustamente si divincola, buttano anche il papà nella pentola e, fiduciose, aspettano che riemerga più vispo e arzillo di prima.

Giasone, però, una volta riavuto il trono, dimentica Medea e sposa una bella ragazza di Corinto di nome Glauce (o Creusa). La maga a questo punto s'arrabbia come una bestia e manda, come regali di nozze, a lei un bel vestitino da sposa autoinfiammabile[7] e a lui i cadaveri dei figlioletti che avevano avuto insieme.[8]

La riunione degli Argonauti ebbe luogo nei pressi del capanno di Ascalafo. I reduci furono fatti sedere su quattro troni di legno, al centro di uno spiazzo, in modo che tutti li potessero vedere. Intorno a loro si accalcava un pubblico formato pressoché da giovani, tutta gente arrivata a Troia negli ultimi tre anni: le prime due file accucciate a terra, e tutti gli altri in piedi, a fare da corona. Tra questi ultimi anche Leonte e Gemonide, entrambi con una pelle di montone addosso per difendersi dall'umidità. In prima fila,

[7] Pausania racconta che nei pressi dell'agorà di Corinto c'è ancora oggi una fonte, detta di Glauce, dentro la quale la poverina fu costretta a buttarsi nel tentativo (inutile) di spegnere il vestito autoinfiammabile regalatole da Medea. (Pausania, *Guida della Grecia*, II, 3, 6.)
[8] Quanti fossero i figli di Medea e Giasone non si è mai capito: c'è chi parla di quattordici bambini (sette maschi e sette femmine) e chi solo di due, Mermero e Ferete. In alcuni testi si legge che essi furono uccisi dai Corinzi, desiderosi di vendicare la morte del loro re, Creonte, ucciso da Medea; in altri, invece, i maschi furono massacrati dalla stessa Medea per far dispetto a Giasone (a eccezione di un certo Tessalo che se la filò via e fondò la Tessaglia).

invece, a destra degli Argonauti, un folto gruppo di Cretesi con Merione, Idomeneo ed Evanio avanti a tutti.

«È vero» chiese un beota a Ialmeno «che uno dei vostri camminava sull'acqua?»

«Sì, e si chiamava Eufemo» rispose l'Argonauta. «A dotarlo di questo potere fu suo padre Poseidone. Eufemo fu quello di noi che generò più figli nell'isola di Lemno.»

«O venerando Ialmeno, tu che sei altrettanto abile nel maneggio della lancia quanto nel narrare, raccontaci l'episodio delle donne di Lemno, e attento a te a non celare per pudore anche il minimo dettaglio, giacché verresti sbugiardato da chi già lo conosce.»

«Preferisco che il narratore sia mio fratello Ascalafo» rispose Ialmeno. «Fu lui il primo, insieme a Echione, figlio di Ermes, a firmare il patto con Ipsipile, ed è a lui che spetta il piacere e la fatica del narrare.»

Ascalafo si alzò in piedi, e dopo aver tentato un paio di volte di schiarirsi la voce, cominciò a parlare con studiata lentezza, facendo lunghe pause e strascicando le parole. La voce cavernosa, i capelli bianchi, il viso pieghettato da innumerevoli rughe e il riverbero del braciere gli conferivano un'aria sepolcrale. Con un po' d'immaginazione lo si sarebbe potuto scambiare per un'anima appena evasa dall'Ade.

«Eravamo in mare da molto tempo e avevamo esaurito le scorte di acqua e di cibo. Zefiro quel giorno non ce la faceva a spingere l'intera nave, perciò fummo costretti ad alternarci ai banchi.[9] Eracle incitava i meno robusti di noi a spingere il remo fino a toccare con la testa le ginocchia di chi ci stava alle spalle. Nauplio, il grande Nauplio, figlio di Nauplio, dava il tempo con voce tonante e la vergine Atalanta, che da Artemide aveva avuto in dono la vista dell'aquila, scrutava il vasto orizzonte dal castello di prua. A un certo

[9] In parole povere: a remare.

123

punto la sentimmo gridare "Terra!", e sulla nostra dritta apparve la sagoma azzurrina di un'isola lontana. Era Lemno, l'isola dove Efesto si ruppe ambedue le gambe quando l'ira di Zeus lo scaraventò dall'Olimpo.»

«Ed era bella Lemno?» chiese qualcuno.

Ascalafo non rispose subito: chiuse gli occhi, come se così facendo la potesse rivedere all'interno delle palpebre.

«Era più verde dei prati di Cnosso e aveva più alberi di mele[10] del giardino delle Esperidi. Eppure, un anno prima, in quello stesso luogo, era accaduto un fatto increscioso: gli uomini avevano rapito centinaia di fanciulle tracie, tutte bionde e tutte con gli occhi azzurri, per metterle al posto delle legittime spose. Accusando queste ultime di puzzare in modo insopportabile.»

«Ed era vero?»

«In coscienza, per puzzare puzzavano... e molto!» rispose Ascalafo senza esitare. Poi, rivolgendosi a uno dei suoi compagni: «Esagero forse, o Peneleo?».

Peneleo, un altro dei reduci, annuì gravemente. Dalla sua espressione di disgusto i presenti arguirono che il cattivo odore delle donne di Lemno doveva essere stato insopportabile.

«C'è chi ne dava la colpa al *guado*,[11]» proseguì Ascalafo «una pianta dal lezzo nauseabondo con la quale le Lemnie erano solite truccarsi, e chi a una vendetta di Afrodite. Si dice che in epoca precedente al nostro arrivo, alcune donne di Lemno si fossero dichiarate contrarie all'amore fisico e che Afrodite, offesa, le avesse punite tutte, conferendo loro un odore non proprio "afrodisiaco".»

---

[10] A volte mi chiedo perché mai, tra tanti frutti esistenti al mondo, le leggende tirino sempre in ballo le mele! Adamo ed Eva, la strega di Biancaneve, il giudizio di Paride, il giardino delle Esperidi: tutti questi miti parlano di mele; come spiegare l'assenza di pesche, pere, ciliegie?
[11] Guado: pianta dalle cui foglie viene estratto un colorante azzurrino dall'odore nauseabondo.

«Poi cosa accadde?»

«Gli uomini di Lemno confinarono le donne in un recinto sottovento e proibirono loro di entrare nella città di Mirina,[12] ma una notte le mogli respinte, prese da furore amazzonico, uccisero le concubine tracie e tutti i maschi dell'isola, compresi i padri, i figli e i mariti.»

«E nessuno si salvò?»

«Nessuno, tranne Toante, il padre della regina. Si dice che, mossasi a pietà, Ipsipile lo abbia salvato, facendolo fuggire in una barca senza remi il giorno prima del massacro.»

«E come vi accolsero?»

«Ci accostammo con prudenza all'isola. Eravamo quasi a dieci stadi di distanza, quando vedemmo la spiaggia coprirsi di armati. Spuntavano dalla boscaglia a centinaia, come formiche: erano le Lemnie che, per non farci sbarcare, avevano indossato le armi dei loro mariti. Ma, come ho già detto, troppo a secco erano le stive e troppo raggrinziti gli otri, per rinunziare ai rifornimenti. Scendemmo solo in due: io ed Echione, un figlio di Ermes astuto e ottimo parlatore. Nel mettere piede a terra tenemmo bene in vista i segni di pace.[13]»

«A rischio di essere fatti a pezzi» esclamò con ammirazione un giovane.

«All'inizio la regina ci disse che ci avrebbe dato tutto il cibo e l'acqua di cui avevamo bisogno a patto che nessun altro fosse sceso dalla nave. Poi prese la parola una donna. Doveva essere una vecchia nutrice o qualcosa del genere. "O mia regina," le disse "che futuro pensi possa avere la nostra gente adesso che non abbiamo più uomini in grado di generare? Ben presto diventeremo vecchie e grinzose e,

---

[12] Mirina, capitale di Lemno.
[13] Un bastone tenuto bene in alto sopra la testa era all'epoca l'equivalente della nostra bandiera bianca.

una volta estinta la razza, Lemno resterà alla mercé dei pirati carii. Saggia cosa faresti se comandassi a ciascuna di noi, nessuna esclusa, di offrirsi all'amore di questi stranieri: dal loro seme nascerebbe una stirpe nuova, più robusta e coraggiosa della precedente." La proposta fu accolta. Le donne più belle e più giovani giacquero con noi mentre le anziane accatastavano sulla spiaggia frumento, farro, miele, olive, orzo, farina, vino e otri colmi d'acqua di sorgente.»

Un brusio eccitato salì dalla platea. Le domande giungevano da ogni parte: «Erano belle?», «E come riusciste a sopportare il puzzo del *guado*?», «E quante erano?».

«Erano circa mille» rispose Ascalafo «e noi appena quarantotto, visto che non potevamo contare né sulla vergine Atalanta, né su Eracle che si rifiutò di scendere dalla nave. Tolte le vecchie, incapaci di generare, a ognuno toccarono quattordici femmine. Per venirne a capo, infatti, furono necessari sette giorni e sette notti d'incontri amorosi.»

«E il puzzo del *guado*?» chiese ancora uno dei presenti.

«Ben presto ci abituammo» ammise Ascalafo «e nessuno ci fece più caso. La regina s'invaghì di Giasone e non voleva che lui lasciasse l'isola. Anche noi, a dire il vero, saremmo rimasti volentieri in una terra così ospitale, se non fosse stato per Eracle che, stanco di aspettare, una notte scese a terra, scuoté a lungo le porte di Mirina, e ci ricondusse tutti a bordo, ora strappando un eroe dalle braccia di una donna, ora pescandone un altro mentre era ancora impegnato in liete libagioni. Da Ipsipile e Giasone nacquero due gemelli, Euneo e Nebrofono, il primo dei quali è ancora oggi il re dell'isola.»

«O Achei!» echeggiò una voce nel buio.

Tutti si voltarono. Un certo Taltibio con le insegne di Ermes si portò al centro dello spiazzo e chiese la parola.

«O Achei, il grande Agamennone, reggitore di popoli, ha bisogno del vostro appoggio: dovete recarvi tutti in massa alla capanna di Achille!»

Alla capanna di Achille? Di notte? E perché mai?

«Il Pelide» continuò Taltibio «da lungo tempo diserta la battaglia; è giunto il momento di ricordargli i suoi doveri e le sue promesse. Che il nostro eroe accantoni i rancori personali e affronti la tracotanza dei figli di Priamo. Ambasciatori del messaggio saranno il grande Aiace, re di Salamina, il venerando Fenice, re di Eleone, e l'ingegnoso Ulisse, signore d'Itaca e figlio di Laerte. E anche voi, o nobili amici di Creta, di Tebe, di Pilo e di Corinto e delle altre cento belle città della Tessaglia, dell'Elide, dell'Arcadia e dell'Etolia, seguite questi messaggeri, giacché è bene che l'eroe dal rapido piede sappia quanto il suo ritorno sia gradito agli Achei.»

Tutti si alzarono e si diressero in massa verso la capanna di Achille. Lungo la spiaggia, ad attenderli, c'era anche Tersite.

Quando gli Achei giunsero alla capanna di Achille l'eroe stava cantando poemi epici: era semidisteso su un lettino e aveva tra le mani una cetra d'argento. Di fronte a lui, il fido Patroclo lo ascoltava in silenzio.

Nel vedere Ulisse e Aiace Telamonio, e soprattutto il vecchio Fenice, verso il quale si dice che nutrisse un particolare affetto, Achille si alzò di scatto e andò loro incontro.

«O mio buon Fenice, o illustri compagni, sono davvero grato agli Dei che hanno indirizzato i vostri passi fin qui! Accomodatevi accanto al braciere e deliziatemi col vostro conversare.» Poi, rivolgendosi a Patroclo: «E tu, figlio di Menezio, mescola nel cratere più vino che acqua e offri ai miei amici una coppa di quel vino che ci portarono da Festo».

L'incontro all'inizio sembrò una rimpatriata tra vecchi amici: abbracci, pacche sulle spalle, brindisi e via dicendo. Patroclo mesceva il vino e Achille metteva sul fuoco spiedini di carne.

Gli altri, Tersite compreso, si mantenevano tutti a debita distanza, con le orecchie ben tese in modo da non perdere una sola battuta dell'incontro. Per nascita alcuni di loro avrebbero potuto sedersi accanto al fuoco insieme ai messaggeri (Idomeneo ad esempio o lo stesso Evanio, entrambi re, il primo di Cnosso e l'altro di Matala), nessuno però se la sentì d'interferire nel lavoro della commissione. Troppo determinante era il contributo di Achille ai fini della vittoria finale, per metterlo in pericolo, magari con una frase poco felice. L'eroe, questo lo sapevano tutti, era estremamente suscettibile, facile all'ira e alla indignazione. Non a caso erano stati scelti come messaggeri tre personaggi particolarmente abili nelle trattative, Ulisse, Aiace il Grande e Fenice: un ingegno sottile, un soldato valoroso e una persona amata dal Pelide più dello stesso padre.

Il primo a prendere la parola fu Ulisse.

«Grazie, o Achille, di ciò che ci offri, ma non è per il tuo vino che siamo giunti fino alle foci dello Scamandro. Le sorti della guerra ci sono sfavorevoli e nessuno di noi questa notte può abbandonarsi a Morfeo[14] sicuro di vedere ancora una volta Elio tuffarsi in mare con il suo cocchio di fuoco.[15] I Dardani incombono e sono ormai a ridosso delle nere navi: già hanno in mano i tizzoni ardenti per appiccare il fuoco al fasciame. Ettore galoppa su e giù per il campo e si autoproclama il più forte dei mortali. È così grande la sua boria che nemmeno tu, in questo momento, riusciresti a contenerlo!»

«O figlio di Laerte,» lo interruppe Achille, tappandogli la

---

[14] Abbandonarsi a Morfeo equivale ancora oggi ad andare a dormire.
[15] Modo epico per indicare «il tramonto».

bocca, «sospendi il tuo parlare: non a me devi riferire l'andamento della guerra, bensì al tuo capo, il possente Agamennone, pastore di popoli, giacché è lui che ha il comando degli eserciti.»

«Ma è proprio Agamennone che mi manda a te, o figlio di Peleo» replicò Ulisse sorridendo. «L'Atride ti fa sapere che se rinunzi ai giusti risentimenti e ti schieri nuovamente al suo fianco, egli t'offre sette tripodi non toccati da fiamma, dieci talenti d'oro, venti bacili di rame e dodici cavalli veloci che già vinsero numerosi premi. Ti darebbe inoltre sette donne, tutte di rara bellezza e tutte brave nei lavori di casa. E per finire il dono che più di tutti, penso, potrà allietare il tuo cuore...»

E qui Ulisse con consumata professionalità fece una lunga pausa.

«... Briseide dalle belle caviglie, la schiava a lungo contesa, tornerà da te intatta, giacché Agamennone giura di non essersi mai infilato nel suo letto, né di averla goduta in altro luogo, come è normale che accada tra una donna bella e il suo sovrano.»

Achille non fece alcun commento: guardò fisso nel vuoto e restò immobile, con quell'espressione di duro che lo caratterizzava. Gli spettatori si chiedevano: avrà gradito i doni? Si riprenderà Briseide? Tornerà a combattere?

Ulisse, vedendolo ancora indeciso, passò subito al secondo elenco di regali.

«E non basta: il giorno in cui distruggeremo Troia dalle ampie strade, tu potrai caricare la tua nave di oro e di argento finché le murate resteranno all'asciutto,[16] potrai scegliere venti delle più belle donne di Ilio subito dopo Elena argiva, e infine lo stesso Agamennone ti darà in sposa una delle sue tre figlie, aggiungendovi come dote sette città popolose della Messenia, ovvero Cardamyle, Enope, Ire,

---

[16] Finché la linea di galleggiamento della nave non supera un dato livello.

Fere, Epea, Antea e Pedaso, tutte ricche di armenti e di gravidi vigneti.»

Achille a questo punto si rese conto che non poteva più esimersi dal rispondere. Tra l'altro i presenti, un domani, avrebbero tutti testimoniato sulla generosità di Agamennone e sulla sua ingratitudine.

«O figlio di Laerte, o discendente di Zeus, o Ulisse scaltro e versatile, giacché odio come le porte di Ade coloro che hanno una cosa in petto e un'altra sulle labbra, sarò chiaro e preciso: non c'è gusto a combattere per gli Achei, giacché uguale è il premio di chi rischia la vita in primissima fila e di chi invece guarda gli altri battagliare dall'alto di una collina. Dodici città ho saccheggiato qui nella Troade e dodici volte ho consegnato l'intero bottino all'Atride; lui, che era rimasto nelle retrovie, ha distribuito il poco e trattenuto il molto. Eppure, era la mia spada a intimorire i Troiani. Fin quando fui presente sul campo di battaglia, Ettore non osò spingersi così lontano dalle mura di Ilio.»

Un mormorio di consenso sottolineò quest'ultima frase.

«Ciò che afferma il Pelide corrisponde al vero,» dissero i veterani «mai vedemmo Ettore così vicino alle navi!»

«E allora, mio abile messaggero» continuò Achille «ritorna dal tuo Agamennone ed esortalo a scendere in campo. Che sia lui questa volta a impugnare le armi: che affronti lui l'impetuoso figlio di Priamo e che uno dei due muoia combattendo, giacché quando la sfida è leale, è pari anche la gloria, sia di chi vince, sia di chi muore pugnando. Agamennone, mi chiedo, è o non è un capo? Oppure crede di essere capo solo quando c'è da spartire il bottino? E adesso, per congedarti, sai che ti dico?... Semplicemente questo: che il figlio di Atreo vada in malora! Anche se mi offrisse dieci o venti volte quanto mi ha offerto oggi, io gli direi sempre di andare in malora!»

Fenice, a sentire queste parole così aspre, prese le mani dell'eroe e gli disse: «O Achille dall'animo generoso e dai gesti rudi, quando partisti per Troia, essendo tu ancora un fanciullo,[17] tuo padre mi disse: "Fenice, stagli vicino: aiutalo con la parola", e Zeus sa quanto io sia ancora debitore nei confronti di Peleo. Ti conobbi bambino: tu non volevi mangiare e io, con pazienza, t'imboccavo un poco alla volta. Ora però ti scongiuro: domina il tuo cuore impetuoso e non scacciare gli ambasciatori senza dar loro un minimo ascolto. Verrà un giorno in cui gli Achei solo per questo ti onoreranno al pari di un Dio».

Achille mutò allora tono di voce, pur non cambiando la sua decisione di fondo.

«O mio buon Fenice, o carissimo pa',[18] non chiedermi di aiutare Agamennone: troppo mi offese davanti a tutti gli Argivi! Tu però adesso, se davvero mi vuoi bene, devi farmi un regalo: trattieniti questa notte e dormi accanto a me come ai tempi in cui mi raccontavi le gesta degli eroi. Domani studieremo insieme il da farsi: se sia più conveniente assistere alla disfatta degli Achei o abbandonare questa terra infausta e ritornare a Ftia, che da qui dista solo tre giorni di mare.»

Dal gruppo degli ascoltatori si staccò allora Tersite. Fino a quel momento era sempre stato sul punto d'intervenire, poi, un po' per prudenza, un po' per dar modo ai messaggeri di svolgere fino alla fine il loro compito, se n'era astenuto. Le ultime parole del Pelide, però, evidentemente lo avevano indignato: non era possibile che un greco potesse essere così indifferente alla sorte dei suoi compatrioti!

«O potente figlio di Peleo,» esordì lo storpio, buttandosi ai suoi piedi, «perdona il tuo servo Tersite che fa un ultimo tentativo per convincerti a riprendere le armi: oltre ai doni già promessi da Agamennone vorrei aggiungere un mio

---

[17] Pare che quando Achille partì per Troia avesse solo quindici anni.
[18] «Pa'» vuole essere un modo affettuoso di Achille per chiamare il proprio tutore.

modesto contributo: un obolo di rame. A volte, mi sono detto, un solo obolo può bastare a far pendere una bilancia da una certa parte. Lo so, potrei spenderlo alla taverna di Telone e trasformarlo in vino, ma preferisco darlo a te pur di vedere trionfare le schiere achee! E non basta: sono disposto a prestarmi anche come amante, nel caso che Agamennone si rifiutasse di darti Briseide.»

Una risata fragorosa sottolineò la battutaccia di Tersite, ma già lo storpio si era alzato in piedi e con il dito puntato verso il Pelide aveva cominciato a coprirlo d'ingiurie.

«O assassino di fanciulli nei templi,[19] o stupratore di vergini inermi, come osi parlare tu di sfide leali, tu che la lealtà non sai nemmeno che cosa sia! Il tuo braccio è forte, ma la tua vista è corta: non va oltre i confini del tuo egoismo. Sai parlare solo di premi, di spartizioni di bottino, di città saccheggiate, di giovani donne da pretendere, come se la guerra fosse un affare tra mercanti avidi e non già la difesa della patria e la riparazione dei torti subiti. O mostro dal volto umano...»

Il gobbo a questo punto fu costretto a interrompersi giacché Achille era balzato in piedi come una belva e con un unico pensiero nella mente: massacrare il provocatore. Fortunatamente per Tersite, quasi tutti i presenti s'intromisero e lo storpio ebbe la possibilità di scappare prima che Achille potesse agguantarlo. Nel trambusto che ne seguì a Evanio si aprì il mantello che lo riparava dal freddo e Leonte ebbe modo di scorgere il collare con le zanne di cinghiale che era appartenuto a suo padre.

[19] È evidente qui l'allusione all'assassinio di Troilo.

IX
Le zanne del cinghiale

*Laddove Evanio viene interrogato da Nestore e laddove ci
viene raccontata l'impresa del cinghiale Calidonio. Nel corso
della riunione, a seguito di un improvviso attacco troiano,
vedremo Nestore chiedere a Patroclo d'indossare le armi di
Achille.*

Leonte avrebbe voluto vendicarsi quella sera stessa. Il
possesso della collana appartenuta a suo padre era per lui
una prova più che evidente per condannare a morte Evanio.
A questo punto non restava che prendere il cretese e
costringerlo, con le buone o con le cattive, a confessare il
suo delitto. Il sempre prudente Gemonide, invece, lo invitò
a riflettere e a non commettere passi falsi.

«Non è la vendetta che c'interessa, o Leonte, ma la
verità. Io ho ancora molti dubbi sul presunto avvelenamen-
to di Neopulo. Mi chiedo, ad esempio: è tuo zio Antifinio il
mandante? E come mai Evanio porta con sé, e senza alcun timore, oggetti che tanto palesemente lo accusano?
Per quale ragione non si è più trovato il corpo di tuo
padre?»

«Anch'io desidero sapere queste cose, o Gemonide,»
ribatté il ragazzo «ma non vedo altra via per arrivare alla
verità se non quella di costringere a dirmela chi la conosce,
usando qualsiasi mezzo. Tu invece sei convinto che si possa

133

ottenere dall'assassino un'ampia confessione, solo chieden-dogliela con cortesia.»

«Sì, se a interrogarlo sarà un'autorità riconosciuta. Un'autorità innanzi alla quale non potrà mentire.»

«E quale?»

«Quella di Nestore, ad esempio, o di Agamennone, o di Fenice, o di tutti e tre insieme. Una confessione pubblica, resa alla presenza di un re venerato da molti, o di un collegio di re, condannerebbe moralmente tuo zio Antifi-nio, e tu otterresti maggiori vantaggi politici di quelli che oggi ti porterebbe una vendetta precipitosa e comunque fine a se stessa.»

«Tu mi parli di vantaggi politici,» replicò Leonte al colmo dell'indignazione «e io ti parlo di mio padre. Tu mi parli di lotte di potere, e io ti parlo di un bambino che, ogni volta che suo padre lo prendeva in braccio, si aggrappava a due ciondoli d'avorio come se fossero gli unici appigli per non cadere. Tu continui a credere che l'assassino possa farsi influenzare dai capelli bianchi di un re, e io ti rispondo che solo una spada molto aguzza, e ben piazzata sotto la gola, riuscirà a farlo parlare!»

Quella di Nestore era la dimora più grande e più ricca dell'accampamento acheo, una delle pochissime realizzate in pietra. Il Gerenio se l'era fatta costruire dai suoi sul modello delle abitazioni micenee. Sei piccole stanze intorno a un *megaron* rettangolare con un focolare al centro. Per copertura un soffitto spiovente fatto di canne, di paglia e di fango, con al centro un'apertura quadrata per la fuoriuscita del fumo.

Il vecchio re ascoltò Leonte e Gemonide con molta attenzione. Durante l'esposizione dei fatti non fece alcun commento, nemmeno quando Gemonide gli comunicò il responso dell'oracolo. Alla fine si limitò a mandare un araldo presso l'accampamento cretese perché invitasse

Evanio nella sua abitazione e gli chiedesse di portare con sé il collare con le zanne di cinghiale. Nel frattempo una fanciulla tracia posò su un tavolo una grande coppa di rame, decorata con due coppie di colombe d'oro che si beccavano a vicenda. La giovane versò nella coppa del vino di Pramno, quindi del miele dorato, e infine un pugno di farina bianca e del formaggio caprino grattugiato.[1] Nestore stesso versò agli ospiti il beveraggio perché ne apprezzassero il sapore.

«Quindi tu saresti l'unico figlio maschio dell'onesto Neopulo?» commentò il Gerenio, quando Leonte terminò il suo sfogo.

«Sì, e ho una sorella, Lanizia, maggiore di un anno soltanto.»

«Io conobbi tuo padre molti anni fa, prima ancora che tu venissi al mondo. Neopulo a quell'epoca aveva gli anni che tu hai in questo momento, o forse anche meno, e ti rassomigliava a tal punto che, quando mi sei apparso sotto il portico, per un attimo ho creduto di vedere il suo simulacro appena evaso dall'Ade.»

«O nobile Gerenio,» esclamò Leonte, incoraggiato dalle parole affettuose del re, «essendo ancora un bambino quando mio padre partì da Gaudos, non posso certo dire di ricordarmelo bene. Ti sarei grato, pertanto, se tu adesso volessi parlarmi di lui. Qual era il suo aspetto? E quale il suo carattere? Era davvero così saggio come si dice in giro? Io penso che se ancora oggi tutti lo ricordano come "l'onesto", un motivo dovesse pur esserci.»

«E hai ragione di crederlo, figliolo» confermò Nestore, carezzandogli il capo. «Mai, che io sappia, tuo padre tradì la fiducia di qualcuno e mai nessuno ebbe a lamentarsi di

[1] Il cocktail omerico non è di mia invenzione, ma l'ho ripreso pari pari dall'XI libro dell'*Iliade*, versi 638-641. Resta dubbia la presenza del miele che alcuni traduttori escludono, mentre per altri è implicita nella parola *kukesis* (rimescolamento).

lui. Io lo conobbi durante la caccia al cinghiale Calidonio: era il più giovane degli eroi convenuti, ma non per questo il meno coraggioso.»

«Non da mio padre, ma da altri seppi di questa caccia. Purtroppo ogni volta, mutando il narratore, mutavano anche le vicende e gli eroi. Ma tu, o nobile Signore, che avesti la fortuna di viverla in prima persona, potresti raccontarcela nei particolari e, soprattutto, dirci quale ruolo in essa ebbe Neopulo.»

«Dal momento che Zeus mi concesse l'onore di cacciare al fianco di eroi così nobili e coraggiosi, alcuni dei quali addirittura figli di Dei, e in attesa che arrivi il cretese, proverò a ricordare l'impresa, sempre sperando che la memoria non mi voglia tradire nel bel mezzo del racconto.»

Come sempre quando Nestore cominciava uno dei suoi racconti, intorno a lui si formò un uditorio attentissimo. Dalle stanze laterali sbucarono nugoli di familiari, quindi concubine, anziani servitori e guerrieri. Tutti si sedettero in silenzio ai piedi del narratore. La storia del cinghiale Calidonio era tra le più ascoltate nei simposi; sentirne, però, la versione originale, dalla viva voce di uno dei partecipanti, non era cosa di ogni giorno.

«Tutto cominciò per colpa di un mancato sacrificio ad Artemide. Eneo, re di Calidone e mio carissimo amico, si era dimenticato d'includere la Dea nei sacrifici annuali e la suscettibile figlia di Latona, come al solito, decise di vendicarsi inviando nelle campagne etoliche un cinghiale dalle proporzioni abnormi, alto come un cavallo e pesante come un bue. I contadini di Calidone andavano di continuo dal loro re a lamentarsi: ora perché avevano trovato un figlio privo di vita e con la gola squarciata, ora perché un intero gregge era stato sventrato dalla belva. Dovunque passasse, il mostro si lasciava dietro un sentiero lordo di

136

sangue: arbusti divelti, campi devastati e animali sgozzati. Meleagro, figlio di Eneo, pensò allora d'indire una caccia e mandò araldi in ogni corte achea perché gli eroi più abili nel maneggio della lancia venissero a Calidone in suo soccorso. Da Sparta giunsero i Dioscuri, da Messene i gemelli Ida e Linceo, e poi ancora Teseo, Giasone, Admeto, Telamone, Piritoo, Peleo e tanti altri che ora non sto a nominare.»

«E mio padre?»

«Tuo padre giunse da Argo, al seguito di Anfiarao. Era un ragazzetto vispo e intraprendente, ma non per questo avventato. Anzi, a pensarci bene, fin d'allora era dotato di una certa assennatezza, la stessa che in seguito gli valse la fama di uomo saggio e onesto. Arrivò vestito di una corta tunichetta e non aveva con sé né spada, né arco, né lancia, ma partecipò alla caccia armato di un semplice spiedo.»

«Di uno spiedo?»

«Sì, ragazzo mio, di uno spiedo: erano tempi quelli in cui di armi vere se ne vedevano poche in giro e ci si vestiva più di coraggio che di scaglie di bronzo.»

«E poi cosa accadde?»

«Molte cose e non tutte propizie: avevamo Artemide contro e vari impedimenti ritardarono l'inizio dell'impresa. Il primo di questi intoppi ce lo creò la vergine Atalanta con la sua pretesa di partecipare alla caccia con pari diritti, come se fosse un uomo. Atalanta, a essere sinceri, era una donna atipica, ammesso che sia lecito chiamarla donna. Non perché non fosse bella, anzi: molti s'innamorarono di lei e molti pagarono con la vita questo amore. Ma i suoi gesti erano a tal punto virili e i suoi interessi così simili a quelli di un eroe assetato di sangue, che era più facile accostarla ad Ares che non ad Afrodite. Si dice che, quando nacque, suo padre Iaso, che da sempre desiderava un maschio, l'abbia esposta sulla collina Partenia, dove un'orsa provvide ad allattarla.»

«Ma quale impedimento vi creò Atalanta?»

«Innanzitutto, secondo alcuni, tra cui Ceneo, Anceo e Cefeo, non era dignitoso andare a caccia avendo accanto una donna.»

«Ma Ceneo non era anche lui una donna?» obiettò Gemonide, che sapeva sempre qualcosa più degli altri.

«Sì che lo era e da piccolo infatti si chiamava Cenide,» confermò Nestore «ma da adulto, grazie a un intervento amoroso di Poseidone, si trasformò in un guerriero invincibile e come tale partecipò alla caccia al cinghiale Calidonio. I Lapiti raccontano che, quando morì, il suo cadavere riacquistò di colpo le sembianze femminili.»

«Come poteva, proprio lui, essere così intransigente per quanto riguardava Atalanta?» insisté Gemonide.

«Succede spesso che a strepitare di più siano proprio quelli che dovrebbero star zitti! Comunque, nel nostro caso, non fu Ceneo, ma Anceo e Cefeo a pretendere che la donna cacciasse per conto suo, senza mai unirsi al gruppo, e che le fosse negato qualsiasi aiuto, anche in caso di bisogno. Poi avvenne un increscioso incidente: Ileo e Reco, due centauri di passaggio, avendola trovata sola, in un angolo del bosco, cercarono di usarle violenza, e lei fu costretta a ucciderli. Dapprima li evirò con un'ascia, quindi...»

«Com'era il cinghiale?» lo interruppe Leonte che non amava i particolari cruenti.

«Il cinghiale era orribile a vedersi» precisò Nestore. «Dalla bocca gli colava una bava giallastra e i suoi occhi erano sempre venati di sangue. Quando, dopo una lunga battuta, riuscimmo a snidarlo da un bosco di salici, si avventò su di noi con una tale furia che il primo a rimetterci la vita fu Anceo, il figlio di Attore: la bestia lo sollevò in aria con una sola testata, castrandolo di colpo, quindi infierì su di lui a colpi di zanne. Io a stento riuscii a salvarmi, arrampicandomi su un albero, aiutato proprio da tuo padre. A un certo punto, però, decidemmo di affrontarlo tutti contemporaneamente, a semicerchio, e tanta fu la concitazione che alcuni, senza volere, finirono per colpire i loro compagni. Peleo scagliò una lancia e uccise Eurizione, e nel medesimo istante in cui Piritoo ferì Linceo, anche Linceo ferì Piritoo.»

«E mio padre?»

«Tuo padre, dall'albero dove si era posto in salvo, lanciò per primo lo spiedo e colpì il cinghiale a una spalla. Subito dopo Ificle e Atalanta lo ferirono dalla parte opposta. Successivamente Anfiarao riuscì ad accecarlo con due frecce ben dirette e Meleagro lo finì a colpi di lancia. A questo punto iniziarono le liti per chi dovesse appropriarsi delle spoglie: a chi il vello, a chi gli zoccoli, a chi le zanne? Meleagro, essendo segretamente innamorato di Atalanta, propose che fosse lei l'unica a beneficiare dei trofei. "È stata Atalanta la prima a colpirlo" andava dicendo a tutti "e se noi non fossimo intervenuti, di certo l'avrebbe ucciso da sola."»

«Ed era vero?» chiese Leonte.

«No, che non era vero: innanzitutto perché il primo a colpire la belva fu tuo padre, e in secondo luogo perché è tradizione che il vello spetti al suo uccisore e non ai feritori. A complicare maggiormente le cose, intervennero gli zii di Meleagro, il maggiore dei quali, Plessippo, strappò dalle mani di Atalanta il vello appena scuoiato e se ne impadronì, sostenendo di essere lui il più anziano dei presenti. Al che Meleagro, senza starci troppo a pensare, lo trafisse con la spada. Insomma accadde di tutto quel giorno e adesso sarebbe troppo lungo elencare i lutti collegati all'uccisione del mostro.[2] Certo è che la maledizione di Artemide si fece sentire!»

«Come mai alla fine,» chiese Leonte «con tanti preten-

---

[2] Dopo la caccia, Meleagro, sobillato da sua moglie Cleopatra, uccise anche gli altri zii, provocando in tal modo le ire di sua madre Altea.

denti illustri, vuoi per censo, vuoi per valore, le zanne vennero date proprio a mio padre?»

«Perché tutti, pur di non favorire un rivale, preferirono assegnare il trofeo a un ragazzo pressoché sconosciuto. L'unico a opporsi fu...»

Leonte però non riuscì mai a sapere il nome dell'unico oppositore giacché, proprio in quel momento, fece il suo ingresso Evanio, seguito a pochi metri di distanza da un gruppo d'isolani. Il cretese avanzò con aria offesa verso il centro del *megaron*: sul suo petto tintinnava il collare con le zanne di cinghiale.

«O Evanio, figlio di Cosinide, o valoroso guidatore di cocchi,» lo apostrofò Nestore «tu di certo conoscevi l'onesto Neopulo, re di Gaudos e mio carissimo amico. Orbene, di lui non esiste più traccia: né il suo cadavere fu trovato sul campo di battaglia, né le sue armi furono mai impugnate da nessun troiano. Alcuni dicono che, partito in ricognizione lungo le mura di Troia, sia stato colpito da una freccia dei Dardani, altri invece giurano che fu soppresso da un ladro che aveva messo gli occhi sulla sua armatura. Ora qui c'è un ragazzo, Leonte, unico figlio suo, che sostiene di aver riconosciuto addosso a te un collare appartenuto a suo padre. Del resto, anch'io posso testimoniare che le zanne di cinghiale che in questo momento adornano il tuo petto sono le stesse che per volontà unanime furono date all'onesto Neopulo il giorno in cui abbattemmo il cinghiale Caledonio.»

«O nobile Gerenio,» rispose Evanio, quasi interrompendolo, «io non sono abile come Ulisse nei sottintesi e nelle allusioni, e amerei che mi si accusasse apertamente. Perché se l'accusa è quella di aver ucciso Neopulo per cupidigia delle sue armi, allora la risposta non può essere che la spada.»

«Troppo impetuoso ti mostri, o Evanio, per una semplice

domanda» ribatté Nestore, per nulla impressionato dalla reazione del cretese. «Faresti meglio a conservare il tuo furore per i Troiani. Per il momento limitati a rispondere a un quesito: come mai possiedi il collare di Neopulo?»

«Tu sai, o Nestore, che potrei non risponderti, tanto palese è l'offesa che si nasconde nelle tue parole,» replicò furibondo Evanio «ma giacché non posso ignorare i tuoi capelli innevati dal tempo, risponderò, come quando parlo al padre di mio padre, senza risparmiare pazienza e rassegnazione: comprai il collare barattandolo con due schinieri di bronzo e uno scudo istoriato alle Due Fontane, un lavatoio non molto distante da Troia, situato alla confluenza dei fiumi. A procurarmelo fu una donna di rara bellezza: aveva i capelli lunghi e biondi, e forse gli occhi azzurri. Dico forse perché, a seconda del momento, i suoi occhi cambiavano di colore: a volte mi apparivano verdi, a volte celesti. La carnagione di questa donna era così bianca e vellutata che avrei giurato che fosse di origine argiva. Se adesso però il figlio di Neopulo, per motivi d'affezione, rivuole indietro il collare, avendolo io acquistato regolarmente e non rubato a un cadavere, dovrà darmi il giusto, e cioè il compenso da me dato alla straniera dagli occhi cangianti: lo scudo istoriato e gli schinieri di bronzo.»

All'epoca, evidentemente, non esisteva il reato d'incauto acquisto; nessuno pertanto avrebbe potuto incolpare Evanio più di quanto non avesse fatto Nestore con le sue insinuazioni. Gemonide, comunque, e un po' meno Leonte, presero per buone le giustificazioni del cretese e si fecero precisare meglio il luogo dove sarebbe stato possibile incontrare la donna misteriosa. Pare che a sud della città di Troia esistesse effettivamente un luogo denominato Due Fontane, e che queste sorgenti fossero una di acqua gelida e una di acqua bollente.[3] Pare inoltre che la zona fosse frequentata esclusivamente da donne troiane che ogni giorno, e sotto scorta armata, vi si recavano in gruppo a lavare i panni dei loro mariti.

Evanio consigliò Leonte e Gemonide di usare la massima prudenza nel recarsi alle Due Fontane, e comunque di farlo solo dopo essersi travestiti da mercanti lici. Stavano ancora parlando della donna dagli occhi cangianti, quando un clamore proveniente dalla strada interruppe i loro discorsi. Un giovane araldo entrò di corsa nel *megaron*.

«O Nestore, domatore di cavalli,» urlò il messaggero, ansimando, «gli Achei hanno bisogno del tuo sollecito aiuto: Ettore ha sfondato il muro all'estrema sinistra del campo e molti Troiani muniti di aste hanno già superato il fosso di guardia. Diomede è stato ferito al tallone. Agamennone, pastore di popoli, ha un braccio trafitto e Ulisse sanguina per una ferita infertagli dal truce Soco. Non ultimo anche lo splendido Euripilo, figlio prediletto di Evemone, giace ora a terra soccorso dai Tessali. A te, o Gerenio, mi manda il tuo amico Macaone, figlio di Asclepio. Egli ti fa sapere che è stato gravemente ferito a una spalla da Paride dalle lunghe chiome, e che nessuno finora è riuscito a estrargli la freccia, che è del tipo a tre punte. Macaone ti prega di venirlo a prelevare con un carro e nel contempo di convocare un guaritore esperto in dardi tripuntuti, dato che suo fratello Podalirio, anch'egli figlio di Asclepio, è impegnato a combattere i Dardani. Corri, figlio di Neleo, corri, giacché il tempo è un bene prezioso.»

Se fosse davvero prezioso, avrebbe voluto dirgli Nestore,

---

[3] Il luogo delle Due Fontane, fredda e calda, è citato da Omero nel libro XXV dell'*Iliade* (versi 146-153):

In una scorre acqua calda e fumo all'intorno
sale da essa, come di fuoco avvampante.
L'altra anche d'estate scorre pari alla grandine
o al ghiaccio, o anche alla gelida neve.

tu non avresti parlato tanto, ma per evitare altre lungaggini dette semplicemente l'ordine di convocare un medico all'altezza della situazione: Macaone era effettivamente il suo amico più caro e, oltretutto, era lui stesso un medico, e dei più esperti. Sia lui, infatti, che il fratello Podalirio avevano appreso l'arte della medicina dal padre Asclepio che a sua volta l'aveva appresa dal centauro Chirone. Il primo si era specializzato in chirurgia e il secondo in medicina interna.

Giunto in zona di operazioni, Nestore si rese subito conto che la situazione era grave: il nemico premeva da ogni parte e sembrava che da un momento all'altro dovesse far saltare la prima linea achea. In alcuni punti i carri troiani, nonostante il muro e il fossato, erano riusciti a entrare nell'accampamento, e ora, attraverso i varchi, un nugolo di fantaccini urlanti e seminudi, muniti di canne puntute, si riversava come un torrente in piena verso le tende. Aiace Telamonio e Ulisse si battevano con furore in mezzo a decine di Troiani scatenati; per dirla con Omero, sembravano due cervi dalle ramose corna attaccati da sciacalli famelici.[4] Malgrado, però, il loro valore, il nemico guadagnava sempre più terreno.

Tra le file troiane, intanto, Paride, al massimo dell'esaltazione per aver colpito Diomede, cercava di provocarlo in tutti i modi.

«O Tidide borioso,» urlava «finalmente ti ho ferito! Non ho sprecato la freccia quando ti ho preso di mira. Ah, se ti avessi colto al basso ventre: ora saresti già in cammino per l'Ade con tutta la tua arroganza!»

«O figlio di Priamo,» ribatteva Diomede «sei solo un arciere, ecco che cosa sei. Vai fiero della tua acconciatura e ami fare l'occhiolino alle fanciulle, ma se avessi un po' di coraggio in quel tuo corpo molliccio da bellimbusto, butte-

---

[4] Omero, *Iliade*, XI, 474.

resti via l'arco, l'arma dei vili, e mi affronteresti da uomo a uomo, con la spada in pugno. Ti vanti di avermi colpito e invece mi hai appena scalfito il tallone! Per quanto mi riguarda è come se a colpirmi fosse stata una donna gelosa o una serva sbadata.»

Intanto Nestore non perdeva tempo: aiutato dall'auriga Eurimedonte, raccolse l'amico ferito e se lo portò di gran carriera a casa. Qui Macaone, malgrado il dolore, riuscì a dare al giovane chirurgo in attesa le istruzioni necessarie per la estrazione della freccia. Il figlio di Asclepio non emise un gemito: con una mano strinse il braccio di Nestore e con l'altra si portò alla bocca un'erba magica dal potere analgesico.

Dopo una decina di minuti arrivò anche Patroclo, il fraterno amico di Achille. Nestore, appena lo vide, lo invitò a unirsi agli altri ospiti nel *megaron*.

«Siediti, o figlio di Menezio,» gli disse «e bevi anche tu una coppa di Pramno.»

«Ti ringrazio, o discendente di Zeus,» rispose Patroclo «ma non posso trattenermi. Chi mi ha mandato, come ben sai, è facile all'ira: a volte è capace di prendersela anche con chi, come me, è senza colpa alcuna. Io sono qui solo per riportargli il nome dell'eroe ferito che poco fa tu hai trasportato nel cocchio. Ora, però, grazie alla tua cortesia, posso vederlo con i miei occhi: si tratta di Macaone, il migliore dei nostri guaritori. Da lontano, ti confesso, lo avevamo già riconosciuto, ma Achille desiderava una conferma ai suoi timori. Vado di corsa a riferirgli la notizia.»

«Come mai Achille si preoccupa soltanto adesso della sorte degli Achei?» borbottò Nestore in tono polemico. «Non si accorge che gli eroi più valorosi sono già malconci e che ben presto noi tutti finiremo i nostri giorni, qui, sulla costa troiana? Troppo vicini sono i nemici alle nere navi per non temere, da un momento all'altro, un infausto epilogo di questa guerra. Purtroppo lo devo ammettere: la mia forza non è più quella di una volta. Ah, se fossi ancora giovane, come quando affrontai gli Elei per una banale questione di vacche![5] Adesso l'unica speranza, o figlio di Menezio, è che tu prenda il comando dei Mirmidoni e ci venga in aiuto. Se Achille dal rapido piede si rifiuta di scendere in campo, indossa almeno tu le sue armi, in modo che il nemico possa credere che il figlio di Peleo è tornato a combattere.»

[5] Qui Nestore allude a una guerra combattuta tra Messeni ed Elei per il possesso di un centinaio di bovini.

X
Alle Due Fontane

Laddove Era, per aiutare gli Achei, seduce Zeus e lo fa addormentare, e laddove Leonte va alle Due Fontane e, grazie a una lavandaia, entra in contatto con la donna dagli occhi cangianti.

«Travestitevi da mercanti lici» aveva detto Evanio, come se per diventare lici fosse sufficiente annerirsi la faccia e indossare un chitone sudicio. Gemonide, grazie al barbone nero, avrebbe forse potuto ingannare un troiano disattento. Leonte no, Leonte come anatolico era un vero e proprio disastro: aveva i capelli rossi, gli occhi verdi e il viso pieno di lentiggini. A parte l'aspetto, poi, c'era il problema della lingua: il ragazzo non spiccicava una parola di licio.

Tutto venne risolto da Telone il taverniere. Il buonuomo, dietro adeguato compenso, si offrì come interprete, come guida e come truccatore; procurò, infatti, gli abiti per i travestimenti e con un grasso di sua invenzione (probabilmente lo stesso con il quale oliava le ruote del suo frantoio) coprì tutte le lentiggini di Leonte a una a una.

La guerra intanto aveva visto un riequilibrio delle sorti grazie a due eventi, uno di origine divina e uno di carattere strategico. A rimescolare le carte erano intervenuti Era e

Patroclo, la prima inviando Poseidone a rincuorare gli Achei e il secondo accettando d'indossare le armi dell'amico Achille.

Zeus, com'è noto, non voleva che gli Dei s'intromettessero nei combattimenti, e questo per una ragione molto semplice: desiderava che la guerra avesse il suo decorso naturale, senza interventi divini che ne potessero alterare gli equilibri. Per lui, Grecia-Troia era un derby tutto da godere. La sera, quando andava a dormire, si chiedeva sempre: «Chissà se domani i Troiani riusciranno a sbaragliare gli Achei?» oppure «Chissà se alla fine Agamennone ce la farà a saccheggiare Troia?». Ebbene, malgrado i tanti oracoli che aveva a disposizione, Zeus si rifiutava, per principio, di conoscere in anticipo il risultato ultimo del conflitto. Ogni mattina, di buon'ora, andava sul belvedere del monte Ida e da lì controllava che nessun Dio o Semidio intervenisse in favore dell'uno o dell'altro contendente.

«Qui bisogna che qualcuno addormenti Zeus,» pensò giustamente Era «altrimenti non potrò mai scendere a dare una mano agli Achei.»

La situazione infatti era diventata pesante per i Greci: altre ventiquattro ore e i Troiani li avrebbero ributtati a mare. La signora dell'Olimpo, a questo punto, si rese conto che se voleva salvare i suoi pupilli doveva assolutamente allontanare Zeus dal belvedere.

«È indispensabile che Afrodite mi presti la cintura» esclamò la Dea dalle bianche braccia e andò a far visita alla rivale.

Ora, convincere Afrodite a rinunziare, seppure per una mezzoretta, alla sua arma migliore, non doveva essere un'impresa facile, ma Era ci provò lo stesso.

«O Afrodite, nata dalla spuma, lo so che tu mi odi, giacché io aiuto gli Achei mentre tu proteggi i Troiani, ma ci sono cose che stanno al di sopra delle nostre beghe e che

147

proprio tu, o Dea dei sensi, non mi puoi rifiutare: mio padre Crono e mia madre Rea da molto tempo non conoscono più la gioia di un amplesso. Vivono in un lontano paese, oltre l'oceano, lì dove un giorno Zeus li volle confinare, e sono molto tristi. Ora se tu mi prestassi, anche solo per una notte, la magica cintura, io potrei farla indossare a mia madre, e sperare che, così equipaggiata, riesca a ridestare in Crono l'antico ardore.»

Ebbene, malgrado le malignità che si dicevano sul suo conto, Afrodite era una Dea molto sensibile a un discorso del genere: il suo unico scopo nella vita era rendere felici, sessualmente parlando, gli uomini e le donne. Quando veniva a sapere che in qualche parte del mondo c'era una coppia che aveva fatto bene l'amore, subito si esaltava e lo andava raccontando in giro, anche a chi se ne infischiava. La richiesta di Era non poteva che trovarla consenziente.

Una volta in possesso della cintura, Era la usò per se stessa: si precipitò da Zeus sul monte Ida e cominciò ad ancheggiare su e giù per il belvedere finché il Padre degli Dei non cominciò a correrle dietro. Zeus, lo sappiamo, a certe provocazioni non sapeva dire di no: afferrò la moglie per un braccio e fece un goffo tentativo per stenderla a terra, lì, davanti a tutti. La Dea, naturalmente, finse di scandalizzarsi.

«Ma che fai, o divino amatore? Vuoi forse giacere al cospetto degli altri Dei? Se il tuo desiderio è davvero così urgente da non poter attendere la complicità della notte, chiudiamoci allora nella nostra camera da letto, quella con gli usci segreti che ci donò Efesto, e amiamoci di continuo finché, esausti, il sonno non ci prenda entrambi.»

«Non so cosa mi abbia preso oggi,» ammise Zeus, eccitatissimo, «ma ti confesso, o mia adorata, che mai provai tanta voglia di fare l'amore, nemmeno quella volta in cui mi unii alla moglie di Issione.[1] Comunque, non temere: farò in modo che nessuno ci veda.»

A un suo cenno, una nuvola d'oro scese giù dal cielo e li coprì entrambi, mentre sotto i loro corpi spuntava un tappeto di tenera erba, fatto di croco, trifoglio fresco e fiori di giacinto.

La Dea però, in precedenza, aveva preso un accordo segreto con Morfeo, il Dio del Sonno.[2]

«Oggi mi accoppierò con il divino Zeus» gli aveva detto. «Se tu dopo l'amplesso me lo farai addormentare, io, per ringraziarti, ti darò in sposa Pasitea, la donna che hai sempre desiderato.»

Tutto andò come previsto: Zeus a un certo punto cominciò a ronfare e lei subito ne approfittò per inviare Poseidone sul campo di battaglia.

L'intervento del Dio ribaltò l'andamento della guerra: gli Achei scatenarono una poderosa controffensiva. Aiace Telamonio scagliò un macigno addosso a Ettore, ferendolo al petto. Diomede, Ulisse e Aiace Oileo sterminarono nemici a decine, e Patroclo, con indosso le armi del Pelide, mise definitivamente in fuga le schiere dei Teucri. A parte le armi, ebbero il loro peso anche i terribili Mirmidoni, le truppe scelte di Achille, provenienti da Ftia. Omero, nell'*Iliade*, li paragona a un nugolo di vespe che un viandante sbadato, senza volere, abbia infastidito con un piede.[3]

Quando Zeus si svegliò, non credette ai propri occhi: aveva lasciato i Troiani all'attacco, con le torce in mano, già pronti ad appiccare il fuoco alle navi nemiche, e ora se li

---

[1] Uno dei tanti adulterii commessi da Zeus.
[2] Non sempre Morfeo addormentava Zeus per conto di Era, anzi, di solito si comportava in senso opposto. Basti dire che una volta addormentò tutta l'umanità per tre giorni e tre notti solo per consentire a Zeus di giacere, senza alcuna fretta, con la moglie di Anfitrione.
[3] Omero, *Iliade*, XVI, 259-265.

ritrovava in ritirata, incalzati dagli Achei. Non solo, ma tra i caduti dell'ultima ora c'era anche uno dei suoi figli prediletti, il licio Sarpedonte. Il Padre degli Dei capì subito che doveva essere successo qualcosa d'irregolare e che questo qualcosa aveva a che fare con sua moglie.

«Ah, femmina sciagurata,» urlò allora con voce tonante «mi hai sedotto solo per potermi ingannare! Meriti che io ti punisca nel peggiore dei modi! Non avrò alcuna pietà di te, né consentirò ad altri, mortale o immortale che sia, di venirti in aiuto; come quella volta che ti appesi al cielo!»[4]

Alludeva a un fatto accaduto molti anni prima. La signora dell'Olimpo, stanca dei continui tradimenti di Zeus, un giorno ordì una congiura ai suoi danni, e, insieme a un gruppetto di Dei, legò il fedifrago sul letto matrimoniale con cento corde di cuoio e cento nodi magici inventati da Efesto; erano nodi concepiti in modo tale che ogni volta che si cercava di scioglierne uno tutti gli altri si riannodavano automaticamente. Zeus, poverino, imprecò e maledisse a lungo i suoi persecutori, ma senza ottenere un minimo di attenzione: erano troppo impegnati a discutere su chi dovesse sostituirlo sul trono dell'Olimpo per starlo a sentire. Fu la Dea Teti a correre in suo aiuto: temendo che la lotta per la successione potesse degenerare in una baraonda cosmica, pregò il gigante Briareo di sciogliere, con le sue cento mani, tutti i nodi contemporaneamente.

Una volta libero, Zeus acchiappò Era e l'appese al cielo per le braccia, legandole alle caviglie due pesantissime incudini d'oro. La disgraziata strillava, piangeva, implorava pietà, ma nessuno se la sentì di correre in suo aiuto, nemmeno gli Dei più importanti (Apollo, Poseidone, Ade, ecc.). E così la poverina restò penzoloni in mezzo al cielo,

---

[4] In verità, anche Apollo e Poseidone furono puniti: Zeus li mandò a fare i muratori presso Laomedonte che li utilizzò per la costruzione delle mura di Troia.

come un lampadario, per giorni e giorni. Il solo che ebbe il coraggio di protestare fu Efesto, il figlio storpio, quello stesso che quando nacque fu buttato via, proprio da sua madre. Zeus, quando se lo vide venire incontro, con il dito accusatore puntato contro, non lo degnò di uno sguardo: lo prese per un piede e lo scaraventò di nuovo giù dall'Olimpo, facendogli rompere questa volta tutte e due le gambe sull'isola di Lemno.

Approfittando di una luna quasi piena, Leonte, Gemonide e Telone si avviarono verso le Due Fontane in piena notte. La distanza da percorrere non era molto grande, al massimo cinque o sei chilometri, il percorso però passava non lontano dalle mura di Troia e quindi poteva presentare qualche pericolo. I tre uomini seguirono il corso dello Scamandro fino alla confluenza con il Simoenta, per poi piegare a sinistra, mantenendosi però sempre sulla riva opposta a quella delle mura.

Una cortina rigogliosa di salici, loto, babbagigi, tamarischi e giunchi li protesse dagli sguardi delle sentinelle troiane appostate sulle torri. Le Due Fontane in effetti non si trovavano, come aveva detto Evanio, alla confluenza dei fiumi, bensì ad almeno un paio di chilometri più a est, e l'ultimo tratto era quanto mai disagevole da percorrere, essendo costituito da una palude infestata da voracissime pulci d'acqua. A ogni modo, sebbene provati, i nostri eroi arrivarono sul posto un'ora prima dell'alba. Il luogo era tranquillo e deserto.

Racconta Omero: «*Nei pressi delle Due Fontane c'erano lavatoi di pietra larghi e belli, dove le spose dei Teucri lavavano le loro splendide vesti*».[5] E fu proprio lì, accanto a quei lavatoi, che i nostri attesero le troiane. Telone mise su un muretto alcuni pezzi di formaggio caprino che aveva

[5] Omero, *Iliade*, XXII, 153-155.

prelevato dalla taverna e, non appena arrivarono le prime lavandaie, cominciò a magnificarne i pregi.

«Oh, le delizie di Telone! Oh, quanto sono buone le delizie di Telone!» gridava. «Provatele, o donne, e conoscerete alfine il cibo degli Dei.»

Il buonuomo aveva pensato bene di prendere due piccioni con una fava, e mentre rendeva più credibile il travestimento dei suoi amici, faceva affari d'oro smerciando il caprino.

Le lavandaie giunsero alla spicciolata, con le ceste dei panni in bilico sul capo, né più né meno di come ancora oggi usano fare le donne della Ciociaria. È strano come certi usi sono uguali in ogni tempo e sotto le più svariate latitudini. Ogni gruppo era seguito a debita distanza da un paio di soldati armati di lancia. Tra le tante qualcuna più carina delle altre c'era, nessuna però con gli occhi cangianti come quella descritta da Evanio. I tre attesero ancora un paio d'ore, poi, alquanto scoraggiati, cominciarono a domandare in giro.

«O donna,» chiese Telone a una lavandaia grassoccia che era venuta a informarsi sul costo dei formaggi «conosci per caso una troiana dagli occhi cangianti, a volte azzurri come il cielo e a volte verdi come l'erba dei prati?»

«A dire la verità non sono sicura che sia troiana,» rispose la lavandaia «in compenso però la conosco a fondo e posso assicurare che belle come lei non se ne vedono molte sotto la volta di Urano. Tu stai di certo parlando di Ekto, l'amica di Polissena.»

«Sì, è appunto di Ekto che chiedevo notizie; adesso ne rammento anche il nome» finse di ricordare Telone. «Come mai oggi non è venuta alle fonti?»

«Non sempre viene,» rispose acida la lavandaia «non è come me che sono vedova e che ho un vecchio padre più quattro figli da mantenere. Mio marito morì lo scorso anno cadendo dalle mura, e io adesso sono costretta a lavare i panni miei e quelli degli altri. Lei, invece, non si lava nemmeno i suoi: alle Due Fontane manda le schiave, e quando le accompagna, lo fa solo perché non sa come far passare il tempo. Ma se proprio desideri inviarle un messaggio, regalami il caprino, o mercante, e io sarò ben lieta di farti da tramite.»

«C'è questo mio amico che desidera conoscerla» precisò Telone; poi, avvicinandosi all'orecchio della donna, le sussurrò sottovoce: «È innamorato!».

La lavandaia sospirò rassegnata.

«È sempre la stessa storia! Per gli uomini l'unica cosa importante è la bellezza! Nessuno che badi alle virtù domestiche! Una moglie, invece, dovrebbe essere valutata prima di giorno e poi di notte.»

«O donna,» proseguì Telone, ignorando il discorsino morale, «io adesso ti darò la metà del caprino che mi hai chiesto, e se domani mi farai conoscere Ekto, sarò ben felice di regalartene una forma intera.»

L'indomani la donna misteriosa non si fece vedere; in compenso tornò la lavandaia.

«Ekto ti fa sapere» esordì, arraffando il caprino prima ancora che Telone glielo potesse rifiutare, «che per ordine di Priamo lei non può venire alle Due Fontane. Se il tuo amico desidera conoscerla, mi dovrà seguire da solo al bivio dei Tre Tumuli.»

«Solo mai!» esclamò Gemonide in puro dialetto licio.

«Questo lo dici tu: io vado!» replicò Leonte, dimenticando ogni prudenza e parlando in greco, anzi in gaudese. Quindi, rivolto alla lavandaia, aggiunse: «Eccomi pronto, o donna. Va' pure avanti che ti seguirò da presso».

Mentre si avviavano, Leonte si rese conto dei pericoli a cui si stava esponendo. Molte volte, nell'accampamento acheo, i più anziani lo avevano messo in guardia dalle Empuse.

«Non andar mai, o ragazzo, al bivio dei Tre Tumuli: lì ci sono le Empuse!» gli avevano detto, e lui, adesso, proprio ai Tre Tumuli stava andando.

Si trattava solo di leggende, d'accordo, però a forza di sentirsele ripetere ogni giorno, finivano col sembrare verità inconfutabili. Le Empuse, figlie di Ecate, erano sozzi demoni dalle sembianze di donna. Di solito si appostavano ai bivi e ai quadrivi e, per meglio adescare gli uomini, si scoprivano il seno all'improvviso. Si dice che avessero natiche d'asino e pianelle di bronzo. Si dice anche che per nascondere la coda e gli zoccoli fossero solite indossare gonne lunghe fino a terra. Quando poi riuscivano a catturare un poveraccio, gli affondavano i denti nella carotide e gli succhiavano il sangue fino a farlo morire.

Per i Greci il terrore aveva sempre avuto un viso da donna e i mostri delle favole indossavano quasi tutti abiti femminili. Basti pensare alle varie Arpie, Graie, Moire, Erinni, Telchine, Empuse, Gorgoni e poi ancora a Lamia, a Chimera, a Echidna e via dicendo: tutte femmine con ali di pipistrello, voce canina, capelli serpentiformi, occhi iniettati di sangue e altre mostruosità del genere.

Leonte ricordava ancora con terrore le minacce della nutrice:

«Se non fai il buono,» gli diceva «dico a Lamia di venirti a mangiare!»

Lamia aveva dato a Zeus moltissimi figli, ma Era, gelosa, glieli aveva uccisi tutti, uno alla volta.[6] Lei allora, per vendicarsi, ogni notte andava in giro a uccidere i figli degli altri, scegliendo quelli più cattivi. A rendere poi l'immagine di Lamia ancora più orribile, si diceva che Zeus le avesse concesso la facoltà di togliersi gli occhi dalle orbite e di rimetterseli a suo piacimento. Un bel privilegio, a pensarci

[6] Era non riuscì a sopprimere tutti i figli di Lamia: si dimenticò di uccidere Scilla, l'ultima nata.

bene, soprattutto se paragoniamo il suo caso a quello delle tre Graie. Costoro avevano un solo occhio e un solo dente in tre, e ogni volta che dovevano guardare, o mangiare, erano costrette a passarsi l'occhio e il dente l'una con l'altra.

Tutte queste cose a Gemonide non interessavano affatto, a lui facevano paura solo gli uomini in carne e ossa, e in particolare i Troiani armati di lancia. Leonte, per contro, era troppo desideroso di sapere che fine aveva fatto suo padre, per non accettare la proposta della donna.

«Io lo so che tu non sei un licio,» gli disse la lavandaia, non appena restarono soli, «ma a me non importa nulla dei Lici, dei Troiani e degli Achei. Tu procurami altro formaggio e io ti procurerò altri incontri amorosi.»

Quando finalmente vide Ekto, restò senza fiato: mai nella vita aveva incontrato una donna così bella, e non si trattava solo di bellezza di forme, ma di un qualcosa di molto più sottile, di più misterioso. Avvertì sulla pelle una specie di flusso magnetico che lo pervase tutto e gli impedì di distogliere lo sguardo dal suo viso. Per prima cosa sospettò che si trattasse di Elena in persona. Le descrizioni che gli avevano fatto della regina di Sparta, durante le notti di veglia, corrispondevano esattamente alle fattezze della donna che ora gli stava di fronte.

«Ma...» balbettò Leonte «tu sei...»

«Elena?» lo anticipò lei sorridendo. «No, non sono Elena, sono Ekto: a Elena somiglio soltanto. A Troia molti mi chiamano con questo nome, ma lo fanno solo per lusingarmi: lei è molto più bella di me.»

«E io come dovrò chiamarti: Ekto o Elena?»

«Chiamami come vuoi, o mio bell'acheo. Se chiamarmi Elena ti procura un'emozione, fallo pure; vorrà dire che fingerò di essere la tua Elena, la stessa che prima fu di Teseo, poi di Menelao e infine di Paride. Ma a questo punto anche tu dovrai fingere di essere il mio amante, e dovrai accarezzarmi i capelli e sussurrarmi parole d'amore!»

155

Leonte avvertì un doppio brivido corrergli lungo la schiena: di piacere per aver fatto colpo su una donna così affascinante e di terrore per essere stato subito riconosciuto come acheo.

«Perché volevi vedermi?» chiese ancora Ekto.

«Per avere un'informazione...»

«Allora non perché mi amavi...» replicò lei delusa, facendogli il broncio.

«Sì... cioè no...» rispose Leonte, ormai in stato confusionale, «... volevo solo chiederti se eri stata tu a vendere ad Evanio, il re di Matala, un collare prezioso dal quale pendevano due zanne di cinghiale. Era questo un trofeo già appartenuto a mio padre, l'onesto Neopulo, che partì da Gaudos nove anni or sono per combattere i Troiani. Di lui si è persa ogni traccia da almeno cinque anni: nessuno mi sa dire se sia stato colpito da un dardo dei Teucri o dalla subdola mano di un traditore, se sia oggi in catene oppure morto, e, in questo ultimo caso, se il suo cadavere si trovi sotto l'arida terra o sul greto di un fiume. O donna, la cui bellezza è pari solo a quella delle Dee, abbi pietà di chi ti sta dinnanzi: dimmi il nome di colui che ti donò il collare. Io mi chiamo Leonte e ho quasi diciassette anni. Fa' che io ritrovi il corpo di mio padre, e che possa dare a mia madre una risposta e a lui una degna sepoltura.»

Che strano, pensava intanto fra sé, durante il tragitto si era preparato un discorso molto più abile, in modo da ottenere il massimo delle informazioni, senza per questo rivelare la propria identità. Una volta al cospetto di quella donna, invece aveva espresso tutti i suoi pensieri, anche quelli che avrebbero potuto danneggiarlo: insomma non era stato capace di mentire.

Ekto sembrò colpita dalle sue rivelazioni.

«Allora tu sei Leonte?» chiese al ragazzo, quasi che avesse già sentito parlare di lui.

«Sì, mi chiamo Leonte, e sono in cerca del corpo di mio

padre. E se tu ora, o donna, oltre a essere bella sei anche di animo gentile, dimmi, di grazia, chi ti dette il collare con le zanne del cinghiale Caledonio.»

«Ebbi quel collare da Polissena, la più giovane delle figlie di Priamo, la sola che conosce il mistero della morte di tuo padre. Se domani tornerai qui da solo, io ti farò parlare direttamente con lei. Per il momento è superfluo raccomandarti il più assoluto silenzio: né gli Achei né i Troiani dovranno mai sapere che ci siamo visti.»

Leonte, invece, come ritornò alla taverna di Telone, raccontò tutto, per filo e per segno, a chiunque volesse starlo a sentire, e quando descrisse Ekto (Elena, secondo lui), arrossì come un'anguria. Gli aggettivi e i paragoni con Afrodite si sprecarono: a sentirlo, era impossibile che la Dea, per quanto bella la si potesse immaginare, fosse superiore a Ekto.

«Insomma,» commentò Gemonide «hai già dimenticato Calimnia.»

«Calimnia?» ripeté Leonte come un automa. «Ah sì, Calimnia!» E da come ne pronunziò il nome si capì subito che ormai la fidanzatina di Gaudos non era più nel suo cuore: Ekto ne aveva cancellato il ricordo.

«Come hai detto che si chiama questa donna che rassomiglia a Elena?» chiese Tersite.

«Ekto, si chiama Ekto, ma io preferisco chiamarla Elena.»

«Il nome non mi sorprende,» precisò Tersite «anzi conferma quel che da sempre vado dicendo agli Achei. Noi stiamo combattendo per una femmina che non esiste: Elena non è una donna: Elena è un simulacro. D'altra parte, cosa vuol dire *ektos*?[7] Vuol dire fuori, esterno, apparenza, nuvola, fumo. Elena è un fantasma!»

---

[7] Da cui «ectoplasma». *Ektós* in greco vuol dire «fuori».

«E Paride la notte non si accorge di fare l'amore con una nuvola?» sghignazzò Telone.

«Lui lo ignora e adesso ve ne spiego il perché» continuò Tersite. «Questa storia mi fu raccontata da un certo Toni, un governatore egizio che incontrò Paride ed Elena pochi giorni dopo la loro fuga da Sparta. La nave degli amanti, a causa di una tempesta scatenata da Era, era naufragata a Canopica, su un banco di sabbia presso il delta del Nilo. Paride fu il primo a scendere a terra e, dopo aver valutato i danni inferti allo scafo, fu costretto a togliere le catene agli *zughitai*[8] perché spingessero di nuovo l'imbarcazione in mare; sennonché, proprio su quel tratto di spiaggia, si ergeva un tempio dedicato a Eracle. Per antica tradizione, qualunque schiavo si fosse inchinato al Dio in quel tempio diventava automaticamente libero. Gli *zughitai*, approfittando del fatto che non erano più incatenati, si precipitarono in massa all'interno e, una volta liberi, denunziarono ai sacerdoti le malefatte del loro ex padrone.»

«E poi cosa successe?» chiese Leonte, l'unico forse a prestare fede alle favole di Tersite.[9]

«Finirono tutti davanti a Proteo, il re di Menfi. Qui gli schiavi raccontarono per filo e per segno tutto quello che l'infido Paride aveva perpetrato ai danni di Menelao.»

«E Proteo cosa fece?»

«Andò su tutte le furie e fece incatenare seduta stante il traditore» rispose Tersite, poi, in tono enfatico, ripeté il discorso che, secondo lui, il re di Menfi avrebbe tenuto a Paride. «"O pessimo tra gli uomini, hai adescato la moglie del tuo ospite, né questo ti è bastato. Con lusinghe e

---

[8] Gli *zughitai* erano gli schiavi rematori che vivevano notte e giorno legati al banco di voga (allo *zugòn*). Vedi cap. I, nota 1.
[9] La tesi secondo la quale Elena sarebbe stata un fantasma viene enunciata da Erodoto nel II libro delle *Storie* (113-120) e da Euripide nella tragedia omonima. «Io non andai mai a Troia» dice Elena. «Era consegnò al figlio di Priamo un simulacro vivente con le mie sembianze, avendolo composto con una nuvola.»

promesse l'hai incantata, convincendola ad abbandonare i figli, il marito e la casa, né questo ti è bastato. L'hai perfino convinta a portare con sé gli ori e gli argenti custoditi nel tempio di Apollo. Io adesso dovrei punirti come meriti, ovvero con la morte, ma per una promessa fatta agli Dei, ho giurato di non uccidere mai più uno straniero. Mi limiterò quindi a cacciarti dal regno, togliendoti però sia l'amante, sia il tesoro, in modo da poterli restituire a tempo debito al prode Menelao."»

«Cosa vai farneticando, o Tersite!» lo schernì Telone. «Elena giunse felicemente a Troia sotto braccio a Paride. Io stesso la vidi scendere dalla nave avvolta in un peplo celeste dagli svariati ricami, opera delle donne di Sidone, e vidi anche i Troiani tutti, Priamo in testa, tributarle cori di ammirazione!»

«Senza dubbio tu la vedesti, o Telone,» ammise Tersite «ma la mia storia non è finita: quando Era si rese conto che, senza Elena, Troia non sarebbe mai stata distrutta, prese una nuvola e con essa fabbricò un simulacro di donna, identico in ogni minimo particolare all'amante contesa. Così facendo dette a Paride l'illusione di essere riuscito a scappare insieme alla sua donna.»

«E perché Proteo, poi, non restituì Elena a Menelao?» obiettò giustamente Gemonide.

«Perché Menelao a sua volta commise un delitto esecrando. Giunto in Egitto, all'inseguimento di Paride, per ingraziarsi gli Dei sacrificò due bambini egizi in tenera età. Indignato da tanta crudeltà, Proteo non volle più cedergli né Elena, né il tesoro di Apollo.»

«Ed Elena non fece nulla per ricongiungersi con Paride?»

«No, preferì dimenticare sia Paride che Menelao. Lei oggi si chiama Afrodite Forestiera e tutti la venerano come una Dea.»

«Ma Elena di Troia,» chiese ancora Leonte «quella che vive nel palazzo di Priamo accanto a Paride, chi è?»

«È un fantasma, è mera apparenza, ed è naturale che il suo secondo nome sia Ekto.»

Leonte rimase interdetto: per lui Ekto era umana, anzi, fin troppo umana.

«Quindi, secondo te,» ribatté Gemonide «noi tutti, Achei e Troiani, stiamo combattendo da nove anni per il possesso di una nuvola?»

«Proprio così!» rispose Tersite trionfante. «E del resto non c'è tanto da stupirsene: ogni volta che ci s'innamora di una femmina, l'amata non è mai un essere reale, in carne e ossa, è sempre un fantasma, un simulacro, un'idea! Io per questo odio le donne e con le donne i poeti che ne cantano le lodi!»

«Forse hai ragione,» intervenne Telone «ma quanto dici, credimi, vale solo per gli innamorati. D'altronde, o Tersite, non puoi negare che le donne siano pur sempre il più piacevole dei sollazzi.»

«E nemmeno questo è vero!» obiettò lo storpio. «Secondo il grande Tiresia, se in amore dividiamo per dieci il godimento, nove porzioni spettano alla femmina e solo una al maschio.[10]»

«Se poi la donna è una nuvola, gliene spettano anche meno» concluse ironico Gemonide.

Quando Leonte incontrò Ekto per la seconda volta, volle anzitutto toccarle un braccio e, constatando che era fatta di carne, come tutti gli altri essere umani, tirò un sospiro di sollievo.

«Elena, Elena, amore mio,» le disse «non puoi immaginare quanto ho temuto che tu fossi solo una visione!»

[10] Un giorno Zeus ed Era disputarono su chi provava più piacere a fare l'amore, se gli uomini o le donne. Zeus sosteneva che se la passavano meglio le donne ed Era asseriva il contrario. Convocato Tiresia, perché enunciasse un giudizio definitivo, il brav'uomo affermò che il piacere andava per nove decimi alle femmine e per un decimo ai maschi, al che Era, per vendicarsi, lo rese cieco. In seguito Zeus, a titolo di compenso, gli donò la chiaroveggenza.

«Se fossi una visione sarei venuta io da te questa notte in sogno, o mio adorato, e non ti avrei costretto a tanti sotterfugi per potermi vedere.»

«Dov'è Polissena?»

«Adesso andiamo da lei. Prima, però, dovrai farti bendare. A pochi metri da qui, in un bosco, esiste un passaggio sotterraneo che ci porterà all'interno di Troia. Io stessa, tenendoti per mano, ti farò da guida; ma tu mi devi promettere che per nessuna ragione ti toglierai la benda. Se lo facessi, anche solo per un attimo, io sparirei per sempre. Ricordati di Orfeo.»

Cominciò così un lungo peregrinare attraverso una fitta vegetazione. Leonte si sentì più volte graffiare le gambe dai rovi e sfiorare il viso dalle foglie. A un certo punto, dall'umido che percepiva sulla pelle, capì che erano entrati in un corridoio sotterraneo: di tanto in tanto qualche goccia d'acqua gli cadeva addosso. Lei intanto lo teneva per mano e gli sussurrava dolci parole. «Sarai il primo acheo a mettere piede nella città di Troia, ma io ti proteggerò.» Forse avrebbe dovuto tremare di paura al solo pensiero di finire nel bel mezzo dell'esercito nemico, ma la tenerezza della mano di lei era tale che avrebbe volentieri continuato quel viaggio all'infinito. La benda gli stava molto stretta, il nodo gli tormentava la nuca, ma non fece nulla per allentarlo: il solo pensiero che lei potesse sparire di colpo lo faceva star male. Era già accaduto a Orfeo e non voleva correre inutili rischi. Strinse ancora di più la mano della sua accompagnatrice e se la portò alle labbra.

«Elena, Elena, amore mio,» le disse «se lo stare bendato è indispensabile per averti accanto, bendami per tutta la vita.»

XI

Polissena

Laddove, grazie a Leonte, entriamo nella città di Troia, conosciamo Polissena e assistiamo ai festeggiamenti dei Troiani per la morte di Patroclo. Tra le tante notizie veniamo a sapere anche del furto del Palladio a opera di Ulisse e Diomede, e dell'amore scellerato di Polissena per il Pelide Achille.

Quando Ekto gli tolse la benda, Leonte si ritrovò in fondo a una piccola grotta adibita a deposito di legname. Lei lo prese per mano e lo guidò verso l'uscita.

«Ecco che ci siamo,» sospirò la donna, facendosi largo tra una catasta di assi di legno, «questa è Troia. Ora mi raccomando: se non vuoi farti scoprire, stammi vicino e non parlare a nessuno.»

Dopo essere stato per tanto tempo al buio, Leonte ebbe qualche difficoltà a mettere a fuoco le immagini, poi a poco a poco si abituò di nuovo alla luce del sole e poté ammirare «Troia dalle grandi strade». Detto fra noi, le strade non gli sembrarono poi così grandi come gli erano state descritte, o, quantomeno, non più grandi di quelle che aveva visto a Festo quando aveva accompagnato suo zio Antifinio. Evidentemente i poeti, quando cantano le gesta degli eroi, tendono sempre a esagerare.

Appena fuori della grotta vide due sentinelle armate di

tutto punto che lo guardavano con una certa curiosità. I soldati però non gli chiesero nulla: evidentemente erano già d'accordo con Ekto.

«La vedi quella casa?» disse la donna, indicandogli un portoncino. «È la mia.»

«Quale?» chiese Leonte. «Quella con lo scalino rotto?»

«Sì, ed è proprio così che la chiamano tutti qui a Troia: "La casa dello scalino rotto".»

«Ma non dovresti vivere a Palazzo, accanto a Paride?»

«A Palazzo vive Elena, non Ekto» replicò la donna, sorridendo. «La povera Ekto vive in una piccola casa e ha un marito vecchio e malandato.»

Leonte non rispose: che lei si chiamasse Elena o Ekto per lui non cambiava nulla, tanto l'amava lo stesso.

«E Polissena dove abita?»

«Lei sì che abita a Palazzo, ma noi la incontreremo nel tempio di Atena.»

«Allora andiamo!» la sollecitò Leonte.

«Non vuoi prima fermarti a casa mia?» chiese Ekto. «Magari hai voglia di conoscerlo.»

«Chi?»

«Mio marito: è un invalido: ha perso una mano in guerra.»

«No, non lo voglio vedere! Preferisco credere che non hai nessun marito» rispose deciso il ragazzo, affrettando il passo.

«Sei come tutti gli Achei: prima t'inventi le cose e poi pensi che siano vere!»

Leonte guardava con curiosità l'andirivieni dei Troiani lungo le strade. La cosa che più lo stupiva fu il constatare che i nemici erano praticamente uguali ai Greci. Stesse facce, stesse figure di spose e di madri sudate, tutte impegnate a fare le medesime cose che facevano le donne del suo paese: prendere l'acqua alle fontane, sgridare i bambini, trasportare sacchi di farina e sbrigare faccende domestiche. Perfino lo scemo di Troia rassomigliava allo scemo di Gaudos. I soldati troiani, visti fuori dal campo di battaglia, sembravano, a parte le armature, identici agli Achei: avevano più o meno la sua età ed erano rumorosi e allegri come tutti i ragazzi del mondo. La maggior parte non aveva ancora nemmeno un po' di peluria sulle guance. «Se gli uomini si potessero vedere l'un l'altro,» pensò Leonte «mentre sono a casa loro, a tavola, con i figli, con le spose e con i genitori, forse non si farebbero mai la guerra!»

Costeggiarono per un bel pezzo le mura e dopo una decina di minuti giunsero alle Porte Scee. Il viavai vociante di guerrieri, schiavi, donne e venditori, consentì al giovane acheo di passare inosservato. Il ragazzo gettò uno sguardo all'esterno delle porte e intravide, a poco meno di due chilometri di distanza, un intenso movimento di truppe achee, con carri che procedevano veloci in direzione nord. Ne dedusse che doveva essere in atto una battaglia tra Greci e Troiani intorno alle rive del Simoenta. Per saperne di più avrebbe dovuto o varcare le porte o salire in cima a una torre. Nel frattempo, anche dalla città cominciarono a uscire plotoni di uomini armati e carri da guerra per dirigersi verso la confluenza dei fiumi. Dalle grida di incitamento dei capisquadra, Leonte si rese conto della violenza degli scontri e non poté fare a meno di provare un forte senso di colpa. In quel momento i suoi compagni stavano rischiando la vita, e lui era lì a fare il cascamorto con una donna sposata. «Sono qui» si disse «per cercare notizie sulla morte di mio padre.» E invece non era vero, le cose non stavano proprio in quel modo: lui si era spinto fin dentro le mura di Troia solo perché moriva dalla voglia di rivedere lei, Elena o Ekto o come diavolo si chiamasse.

«Polissena ci aspetta!» lo sollecitò la donna, tirandolo per la tunica.

Al centro del tempio faceva bella mostra di sé il Palladio, la statua lignea di Atena. Vedendolo, Leonte si ricordò di quanto Gemonide aveva detto quel giorno a Thymbra: «Troia non sarà distrutta finché il Palladio resterà nel tempio: uno di questi giorni qualcuno di noi dovrebbe decidersi a portarselo via». Ebbene lui, in quel momento, ne aveva tutta la possibilità: sarebbe bastato agguantare la statuetta e correre a più non posso verso le truppe achee. Contando sulla sorpresa, e approfittando del fatto che in quel momento le porte erano aperte, avrebbe potuto anche farcela. In seguito l'impresa sarebbe stata raccontata dai poeti accanto ai fuochi: tutti avrebbero voluto sentire il mito di Leonte di Gaudos, il giovane cretese che da solo aveva trafugato il Palladio! Due guerrieri armati, però, posti a guardia del simulacro, ridimensionarono subito i suoi sogni di gloria.

La leggenda narrava che la statua era caduta dal cielo durante la costruzione di Troia, e che da sola si era collocata al centro del tempio. Si diceva anche che all'interno di essa fosse nascosto un meccanismo grazie al quale la Dea, di tanto in tanto, scuoteva la lancia. Leonte la fissò a lungo, ma non riuscì a captare il minimo movimento. E pensare che di lì a qualche giorno il Palladio sarebbe stato davvero trafugato. Autori del furto, tanto per cambiare, i più mariuoli di tutti: Ulisse e Diomede; o, per meglio dire, uno dei due.

L'impresa venne perpetrata la notte successiva a una giornata di scontri cruenti, quando tutto lasciava supporre che i Troiani fossero andati a dormire stremati dalla fatica. I due ardimentosi si avviarono poco prima della mezzanotte e si diressero verso il lato est, quello meno sorvegliato dalle sentinelle, anche perché giudicato il più difficile da scalare. Avevano con sé una scala lunghissima, costruita apposta dai carpentieri d'Itaca in base a misure rilevate a occhio da

165

Ulisse.[1] Malgrado i calcoli, però, l'attrezzo si rivelò insufficiente e uno dei due fu costretto a salire sulle spalle dell'altro. Ma chi scavalcò le mura e chi restò in attesa sulla scala? Chi trafugò il Palladio? Il giorno dopo ognuno dei due proclamò d'essere stato lui l'autore dell'impresa. Ulisse sostenne di aver fatto tutto da solo e accusò Diomede di avergli scippato la statuetta a furto già avvenuto. Diomede, per contro, raccontò che mentre portava il Palladio era stato aggredito alle spalle da Ulisse, e si era salvato solo perché grazie alla luce della luna era riuscito a intravedere per terra l'ombra di una mano che stava per pugnalarlo. Certo è che i due *gentlemen* furono visti rientrare nel seguente ordine: Ulisse davanti che scappava e Diomede dietro che lo prendeva a calci nel sedere. Questa forma di sollecitazione passò poi alla storia come «spinta di Diomede».

Ed ecco, finalmente, apparire Polissena, la più giovane delle figlie di Priamo. Leonte la salutò abbassando leggermente il capo. La prima impressione che ne ebbe fu positiva: una ragazzina fragile, dai lineamenti delicati, che per certi versi ricordava sua sorella Lanizia.

«Questo è Leonte,» disse Ekto «il ragazzo di cui ti ho parlato.»

«Il figlio di Neopulo?» chiese Polissena, forse per prendere tempo.

«Sì, proprio lui.»

Polissena osservò Leonte per qualche secondo ancora: evidentemente non si fidava. D'altra parte il giovanotto che le stava davanti era pur sempre un nemico. La ragazza gettò poi uno sguardo disperato verso Ekto.

«Su Polissena, fatti coraggio!» la esortò Ekto. «Proponi

[1] Si racconta che Ulisse, per entrare entro le mura di Troia ed effettuare un sopralluogo, si sia travestito da mendicante e fatto picchiare a sangue da Diomede. Dopo di che, così conciato, abbia chiesto ospitalità ai Troiani.

tu stessa lo scambio di cui abbiamo parlato l'altra notte. Tu non conosci Leonte, ma ti assicuro che è un ragazzo molto sensibile e che nessuno, più di lui, potrà capire i tuoi affanni.»

«Ho conosciuto Neopulo quattro anni fa...» cominciò a dire Polissena, abbassando gli occhi, «... e potrei raccontare molte cose sul suo conto, ma prima ho bisogno del tuo aiuto.»

«Qualsiasi cosa vorrai, te la darò» rispose Leonte, esagerando come al solito nel promettere.

«Io vorrei...» mormorò Polissena, e si bloccò di colpo.

«Insomma,» tagliò corto Ekto «Polissena vuole affidarti un messaggio per Achille.»

«Un messaggio per Achille!» ripeté Leonte stupito. Poi, temendo di non avere capito bene, aggiunse: «Ma di quale Achille parli? Non certo del Pelide?».

«Sì, proprio del Pelide» confermò Ekto. «Puoi crederci o non crederci, o Leonte, ma questa è la verità: quando Achille massacrò Troilo nel tempio di Apollo, Polissena era lì, nascosta dietro la statua del Dio, tremante come una foglia al vento. La poverina fu costretta ad assistere alla bestiale violenza dell'eroe, ma vide anche il suo sfrenato desiderio d'amore, e ne rimase impressionata. Secondo la norma, lei dovrebbe odiare l'uomo che le uccise il fratello, e invece, non si sa bene il perché, le succede esattamente il contrario: Eros deve averle capovolto il cuore.»

«Ma è orribile!» non poté fare a meno di esclamare Leonte. «E mio padre cosa c'entra?»

«Tuo padre sarà la mia merce di scambio,» intervenne gelidamente Polissena «tu porta il messaggio ad Achille e io ti dirò ogni cosa su Neopulo. Se poi il mio amore sia orribile o meno, questo lascialo giudicare agli Dei.»

«E tu pensi che un eroe come Achille possa intendersela con un essere depravato come te?» l'apostrofò Leonte, ormai deciso a non nascondere più il suo disprezzo.

«O acheo,» rispose con calma Polissena «conserva i sermoni per le donne del tuo paese e apri bene le orecchie: se davvero vuoi sapere che fine ha fatto tuo padre, porta ad Achille questo messaggio: "Polissena è d'accordo sia sull'ora che sul giorno".»

«Con questo vorresti farmi credere che il Pelide già ti conosce? Che già ti ha proposto un incontro?» ribatté Leonte.

«Certo che mi conosce,» rispose Polissena con un sorrisino ironico «e non solo mi conosce: mi desidera! Son già tre volte che ci vediamo nel tempio di Apollo.»

«Nel tempio di Apollo!» esclamò Leonte, sempre più scandalizzato. «Nel medesimo luogo dove uccise il giovane Troilo?!»

Polissena non rispose, anche perché non ne ebbe il tempo materiale: un vociare improvviso coprì le sue parole. Centinaia di Troiani avevano invaso le strade della città e ora stavano inneggiando all'invincibile Ettore. Là fuori, pensò Leonte, doveva essere successo qualcosa di grosso. Avrebbe voluto chiedere notizie ai passanti, ma per non compromettere Ekto se ne astenne. Dalle Porte Scee, intanto, cominciarono a rientrare i primi guerrieri. Anche se molti di essi erano feriti, sembravano tutti allegri e baldanzosi: evidentemente avevano conseguito un'importante vittoria e adesso non vedevano l'ora di raccontarla a chi era rimasto a casa. Molte donne si arrampicavano sugli spalti per assistere all'ingresso dei vincitori.

Ekto vide entrare Asteropeo, un capo dei Peoni, famoso per le sue qualità oratorie. Aveva il viso sporco di fango, la spada insanguinata e l'espressione soddisfatta di chi ha appena vinto un'importante battaglia.

«O figlio di Pelegone, cos'è accaduto che tutti esultano come se fosse finita la guerra?»

«Oltre che essere stupido, il popolo è anche ingiusto» rispose Asteropeo. «Inneggia a Ettore perché ha ucciso

Patroclo, e dimentica di onorare Euforbo che lo ha colpito per primo.»

Nell'apprendere che Patroclo era morto, Leonte si lasciò scappare un «oh» di sgomento. Pensò subito alle inevitabili ripercussioni: immenso dolore da parte di Achille, demoralizzazione delle truppe achee, perdita di uno dei guerrieri più valorosi, più prestigiosi, e via dicendo. Il ragazzo avrebbe voluto chiedere maggiori ragguagli, ma, per paura di tradirsi, ripeté solo il nome dell'eroe caduto.

«Patroclo?»

«Sì, Patroclo, il figlio di Menezio» confermò Asteropeo. «E posso dirvi anche che è morto da eroe! Io stesso lo vidi condurre tre assalti e per tre volte lasciare nove Dardani al suolo. Stava per sfondare il nostro fronte, quando si scontrò con un eroe sconosciuto, un guerriero luccicante di armi che mai nessuno, prima d'allora, aveva visto guerreggiare sotto le mura. Lo straniero respinse l'assalto di Patroclo e riuscì a strappargli di mano la lancia e la spada. Qualcuno allora cominciò a urlare: "È Apollo, è Apollo, è il Dio dall'Arco d'argento!". E anch'io, vi confesso, come tutti, finii per gridare: "Ma sì che è Apollo, il Dio dall'Arco d'argento, corso in aiuto dei Troiani!". E che fosse realmente un Dio, lo si capiva dall'oro dello scudo e dalla perfezione del viso.»

Poco alla volta, intorno a lui, si radunò una massa di gente sempre più avida di notizie.

«Sai nulla di Atimnio, il figlio di Amisodaro?» gli chiese una popolana quasi in lacrime.

«E di suo fratello Maride?»

«Hai visto per caso mio marito Erimante?»

«No, non l'ho visto, ma ho visto Ettore arrivare su un carro guidato dal fratellastro Cebrione» rispose Asteropeo, felice di avere finalmente una platea così numerosa. «Patroclo prese da terra una grossa pietra, ben levigata e tagliente da ambo i lati, e la lanciò con quanta forza aveva contro lo sfortunato auriga. La selce lo colpì giusto in mezzo alla fronte e la testa gli si spaccò in due parti uguali, proprio come una zucca matura che un mercante di ortaggi ha appena diviso per accontentare due donne che se la stavano disputando. Cebrione cadde pesantemente dal carro e mentre il buio della morte gli avvolgeva gli occhi, Ettore balzò rapido a terra per frapporsi tra lui e l'acheo. Iniziò allora una lotta cruenta per il possesso del cadavere. Patroclo, non avendo più un'arma, intendeva impadronirsi della spada, ed Ettore ne voleva il corpo per portarlo al padre piangente.»

A sentirlo parlare, sembrava quasi che facesse il tifo per Patroclo. In realtà era invidioso di Ettore, verso il quale nutriva antichi rancori, a causa di un incontro di pugilato, finito male per Asteropeo molti anni prima.

«E gli altri cosa fecero?» chiese accorata Polissena che, non dimentichiamolo, era sorella, oltre che di Ettore, anche di Cebrione. «Perché nessuno aiutò mio fratello a recuperare il corpo dello sventurato auriga?»

«Perché ognuno di noi era impegnato a lottare contro uno o più avversari. Io avevo di fronte Pisandro il mirmidone, abile domatore di cavalli, e come se non bastasse mi minacciava anche Menestio.»

«E poi cosa accadde?» chiesero in coro i presenti.

«Provate a immaginare la scena» li accontentò subito Asteropeo, felice di poter sfoggiare la sua abilità di raccontatore. «Pensate a Ettore e a Patroclo come a un leone e a un cinghiale giunti presso una sorgente nel medesimo istante. Entrambi sono lì per bere. Entrambi sanno che per poterlo fare debbono prima eliminare il rivale. Si scrutano negli occhi. Si studiano a lungo. Si avvicinano pian piano l'uno all'altro. Sono alteri e superbi...»

«Sì, d'accordo,» esclamò uno del pubblico che, pur

apprezzando la bravura dell'oratore, andava un po' di fretta «ma poi, alla fine, come terminò lo scontro?»

«Patroclo si chinò a prendere la spada di Cebrione,» proseguì imperterrito Asteropeo «ma proprio quando stava per impugnare l'arma, un dardo di Euforbo lo centrò nel bel mezzo della schiena: al figlio di Menezio si sciolsero le membra ed Ettore ne approfittò per trafiggerlo da parte a parte con la lancia all'altezza dell'inguine.»

«E poi, e poi...» chiese ancora Polissena rossa in viso.

La ragazza sembrava pendere dalle labbra di Asteropeo: il suo interesse per le storie di sangue era morboso. «Adesso capisco» pensò Leonte «perché si è invaghita di Achille. E pensare che a guardarla la si potrebbe scambiare per una delle Cariti!»

«Ettore spinse ancora di più la lancia, conficcandola nel terreno, in modo che Patroclo vi restasse inchiodato,» continuò Asteropeo «poi mise un piede sul torace del suo nemico e gli disse: "O Patroclo, povero illuso, credevi di venire a saccheggiare le nostre città e rendere schiave le nostre donne. Non sapevi, o misero, che avresti incontrato sul tuo cammino Ettore, campione di lancia. A nulla t'è valso avere come amico il borioso Achille!". Ma Patroclo subito gli rispose: "Vantati pure, o figlio di Priamo, se credi di poterlo fare; sappi però che fu Apollo a disarmarmi, ed Euforbo a colpirmi alle spalle. Tu arrivasti solo terzo e quando già avevo nelle carni una punta di bronzo, altrimenti nemmeno venti come te mi avrebbero abbattuto. È bene che tu sappia, però, che anche la tua fine è vicina: Cloto non ha più filo intorno al fuso, Lachesi ha misurato lo stame e Atropo è già pronta con le affilate cesoie! A ucciderti sarà proprio quell'Achille che tu adesso definisci borioso e che io già scorgo alle tue spalle nelle vesti dell'inesorabile Fato".»

A quest'ultima profezia Polissena scoppiò a piangere e si

allontanò. Leonte stava per correrle dietro, ma Ekto lo trattenne per un braccio.

«È inutile, o Leonte, che tu insista con Polissena. Io la conosco bene: non ti dirà nulla finché non avrà incontrato Achille dal rapido piede.»

Asteropeo, intanto, continuava a raccontare, e più s'inoltrava nel discorso, più si perdeva nei particolari. Era ovvio che Patroclo, con una lancia conficcata nello stomaco, non aveva potuto pronunziare un discorso così lungo come quello che gli aveva messo in bocca. Ma, una volta preso dalla foga oratoria, ad Asteropeo non parve vero di approfittare della situazione per potersi sfogare, una volta tanto, nei confronti di Ettore.

«Morto Patroclo, Ettore ed Euforbo presero subito a litigare. Ciascuno dei due riteneva di aver diritto alle armi che già furono del Pelide: il primo sosteneva di averne ucciso il possessore e il secondo di averlo ferito per primo. Quand'ecco giungere sul posto il biondo Menelao, pastore di popoli. "O Euforbo," gridò l'Atride "già uccisi tuo fratello Iperenore, e ora tocca a te morire. È destino che tutti i figli di Pantoo debbano raggiungere l'Ade per mano mia." Ed Euforbo a lui: "Oggi, o Menelao, me la pagherai una volta per tutte! Hai reso vedova la sposa di mio fratello, quand'ancora non aveva occupato la casa delle nozze, e hai fatto piangere i miei genitori. Altro non desidero che regalare loro la tua testa in un elegante cesto di vimini!". Ciò detto, gli scagliò contro la lancia, senza però ferirlo. L'arma si piegò sullo scudo dell'acheo al pari di un fuscello. Menelao invece gli trafisse la gola. Il sangue di Euforbo sgorgò copioso e andò a inzuppare la tunica immacolata e i riccioli allacciati con spirali d'oro e d'argento.»

«Ed Ettore perché non intervenne?»

«Perché era troppo impegnato a spogliare Patroclo» rispose malizioso Asteropeo.

«Ma lo hai visto con le armi addosso?»

«È vero che le armi di Achille hanno le fibbie d'oro lungo i fianchi?»

«Si sa quale reazione abbia avuto il Pelide?»

«E che fine abbia fatto il corpo di Patroclo? Ettore è riuscito ad agganciarlo al carro?»

«È vero che si sta ancora combattendo?»

Le domande erano tante e Asteropeo non riusciva ad accontentare tutti. Però più la gente gli si accalcava intorno e più lui si sentiva appagato. Per farsi udire meglio pensò bene di arrampicarsi su un muretto.

«Cittadini, uditemi: come le onde del mare che durante un giorno di tempesta si scontrano con quelle del fiume in prossimità della foce, così oggi si scagliarono, gli uni contro gli altri, i Troiani e gli Achei dai lunghi capelli: ognuno avrebbe voluto per sé il corpo di Patroclo e ognuno, pur di non lasciarlo al nemico, era disposto a rinunziare alla vita. Molti perirono nell'impresa. E quando già sembrava che la vittoria sarebbe arrisa alle nostre schiere, ecco una fitta nebbia coprire il campo di battaglia. Il nemico allora ne approfittò per sottrarci l'ambito cadavere. Ho visto morire con questi miei occhi: Apisaone, Erilao, Laogone, Atimnio, Podeo, Anficlo e i fratelli Forci e Ippotoo. Ma ho anche visto decine e decine di Achei scivolare sul loro stesso sangue, e tra questi Baticle, Schedio, Licofrone, Perifete, Oto di Cillene e Cerano...»

Ekto e Leonte, stanchi di sentire Asteropeo, lo lasciarono in piedi sul muretto che ancora elencava i morti e i feriti. Ormai era inutile, se non addirittura pericoloso, trattenersi a Troia. Tra l'altro, disse Ekto, di lì a poco, con il calare del sole, sarebbero cambiate le sentinelle a guardia del passaggio sotterraneo, con le quali lei aveva preso un accordo.

Il ritorno, per Leonte, fu più gradevole dell'andata: Ekto gl'impose la benda quando stavano per uscire all'aperto e per il tempo strettamente necessario a non fargli individuare il passaggio sotterraneo. Lui, dal canto suo, si fece bendare, docile come un fanciullo e senza opporre alcuna resistenza: in compenso la bella Ekto (o Elena che dir si voglia), durante il tragitto, gli tenne un braccio intorno alla vita e gli appoggiò il viso sulla spalla, quasi che fosse davvero la sua amante. Fu così affettuosa che a un certo punto il ragazzo non capì più nulla e cercò di baciarla.

«Lasciami, o Leonte,» lo rimproverò Ekto «non dimenticare che ho un marito e che sono una donna fedele!»

«Non è vero, Elena, non dire bugie: tu non hai alcun marito, o forse ne hai tanti, e allora tra i tanti metti anche Leonte di Gaudos! Credimi: sarò di tutti il più innamorato, e lo sarò fino alla morte! Ma che dico "fino alla morte", lo sarò anche dopo la morte... come Orfeo!»

Elena, cioè Ekto sorrise; gli carezzò i capelli e gli disse: «Non è mia intenzione metterti tra i mariti, o Leonte: piuttosto ti metterei tra i figli. Ma adesso va' pure, ragazzo mio, e quando avrai convinto Achille, vieni a dirmelo alle Due Fontane. Io intanto cercherò di farmi raccontare da Polissena tutto quello che sa di Neopulo».

XII
L'urlo di Achille

Laddove vediamo Tetide chiedere a Efesto nuove armi per il figlio, e laddove abbiamo modo di assistere al dolore di Achille per la morte di Patroclo. Chiude il capitolo una gigantesca battaglia fra gli Dei sotto le mura di Troia.

Tetide entrò nel palazzo di bronzo di Efesto e fu accolta dal nano Cedalio che le fece strada fino all'immenso salone adibito a fucina. Il Grande Ambidestro era lì, grondante di sudore, che martellava sbarre di metallo prezioso tra lingue di fuoco e nubi di fumo. A giudicare dall'ombra proiettata sulle pareti lo si sarebbe potuto immaginare più alto di Eracle e più bello di Apollo; invece era basso, brutto e claudicante. Intorno a lui era tutto uno sprizzare di scintille, uno sbuffare di mantici e un fluire di colate d'oro e d'argento.

In un angolo della fucina venti tavolini a tre gambe aspettavano l'ultima verifica per essere consegnati al Padre degli Dei. Dotati di ruote d'oro, erano in grado di spostarsi da soli verso il salone delle feste e di ritornare, sempre da soli, a banchetto finito. Altro miracolo della tecnica erano le Ancelle d'Oro: dodici donne meccaniche «simili a fanciulle vive con la mente nel petto e la voce nella gola», insomma robot capaci di pensare e parlare.[1]

---

[1] Omero, *Iliade*, XVIII, 417-421, trad. Calzecchi Onesti.

«Il loro pregio maggiore sta nel fatto che le posso fermare quando e come voglio» era solito dire Efesto, ridacchiando. «Peccato che non possa fare altrettanto con mia moglie Afrodite. Se solo ne fossi capace, la metterei in funzione la notte, quando siamo a letto, e la bloccherei il mattino dopo, non appena comincia a parlare.»

Il nano comparve sul vano della porta con una torcia in mano. «Efesto, mio buon padrone,» disse «ho qui una visita che ti riempirà di gioia.» E si scostò per far passare Tetide.

Al solo vederla, Efesto non capì più nulla: afferrò il bastone d'avorio e, malgrado la gamba sbilenca, le corse incontro esultante.

«O Tetide, o luce degli occhi miei, che felicità vederti! Tu sai quanto io sia riconoscente a te e a Eurinome per avermi accolto nelle profondità marine il giorno in cui quella cagnaccia di mia madre mi scaraventò giù dall'Olimpo.»

«O caro Efesto,» si lamentò Tetide, abbracciandolo con affetto, «temo di aver bisogno del tuo industrioso aiuto...»

«... Non hai che da comandarmi, o Tetide, e come sempre sarò felice di obbedirti» le rispose ossequioso il Dio.

«Immagino che tu sappia quanta ripugnanza provai il giorno in cui Peleo mi prese con la forza,» esordì Tetide arrossendo «ma così volle il grande Zeus e nulla potei fare per ribellarmi all'ingiuria.»

«So quanto hai sofferto, mia cara, e da quel giorno ho odiato Peleo con tutte le mie forze, anche se a volte, ti confesso, mi sono sorpreso a invidiarlo» ammise Efesto, che era pur sempre un incorreggibile donnaiolo.

«Dall'unione nacque un maschio bellissimo che chiamai Achille» continuò a raccontare Tetide, prendendola, in verità, un po' troppo alla lontana. «Non appena il piccolo fu in grado di camminare, lo portai sul monte Pelio e lo affidai alle cure di Chirone perché me lo istruisse in tutte le arti. Il buon centauro lo nutrì con midollo di leone e grasso d'orso e il bimbo in breve tempo divenne così forte che a soli sei anni uccise il suo primo cinghiale. Calcante, però, mi preannunciò che sarebbe morto in guerra; allora io, per non farlo andare a combattere contro gli Achei, gli cambiai nome e, travestito da donna, lo nascosi tra le figlie del re Licomede.»

«Conosco già questa storia,» la interruppe Efesto «ma mi dissero che fu lo stesso Achille a voler partire per Troia.»

«A dire il vero fu il Fato a chiedergli se preferiva vivere una vita lunga e oscura, oppure un'esistenza breve e ricca di gloria...»

«... e lui scelse la gloria» concluse Efesto.

«Proprio così: ora è a Troia e non fa che disperarsi perché Ettore, il figlio di Priamo, gli ha ucciso il più caro degli amici e perché gli sono state trafugate le armi, le stesse che il padre ebbe in dono dagli Dei.»

«Non soffrire più del necessario, o mia dolce Tetide» la consolò l'artefice industrioso. «Io adesso forgerò per il figlio tuo una nuova armatura, ancora più solida e più bella di quella che gli Dei donarono a Peleo il giorno delle nozze. Avessi anche la capacità di distogliere dal suo capo la morte, lo farei con piacere; ma dal momento che non ho questo potere, che almeno combatta con armi degne del suo valore.»

Il Dio dal piede storto, prima di mettersi al lavoro, afferrò una spugna di Lemno e si deterse il sudore dal volto e dal petto villoso. Le ancelle gli portarono una cassetta d'argento dalla quale lui estrasse un martello e una tenaglia d'oro. I colpi risuonarono sotto la volta di bronzo come rintocchi di campane e più il martello picchiava sull'incudine, più il volto gli s'illuminava di gioia. Nel frattempo le ancelle correvano su e giù per la fucina, ordinando ai mantici di soffiare, alle fornaci di ardere, al rame e allo stagno di fondersi nei crogioli, e all'oro e all'argento di colare nei calchi.

Come prima cosa il Dio del Fuoco si dedicò alla fabbricazione dello scudo: lo fece a cinque strati, di cui due di bronzo, due di rame e uno d'oro. Le figure al centro magnificavano l'universo; là era possibile ammirare il sole, la luna, il mare, il cielo, la terra e le costellazioni. L'Orsa Maggiore era disposta intorno a una stella (la Polare?) «*dai lavacri del mar sola divisa*»,[2] l'unica cioè a non tramontare mai. Quindi Efesto rappresentò due città, una in pace e una in guerra. Nella prima si vedevano alcuni cittadini partecipare a un pranzo di nozze e altri testimoniare a un processo. Nella seconda, invece, si mostrava un assedio militare sul tipo di quello di Troia, con Ares e Atena (tutti d'oro) in prima fila tra gli assalitori. Nella striscia immediatamente successiva, invece, volle elogiare la vita agreste, e allora descrisse l'aratura dei campi, la mietitura e la vendemmia. Subito dopo creò uno spazio dedicato alla pastorizia: scolpì una mandria di buoi attaccati da due leoni e un gruppo di ragazze e ragazzi che danzavano sull'aia di una casa contadina. Il tutto racchiuso in una grande cornice d'argento che intendeva raffigurare il fiume Oceano.

Da ragazzo, in primo ginnasio, quando lessi la descrizione dello scudo di Achille, me ne entusiasmai a tal punto che ne volli fare un enorme disegno su cartoncino, per poi consegnarlo alla mia insegnante. Lei, a sua volta, lo mostrò al preside, e insieme decisero di esporlo in aula

[2] Omero, *Iliade*, XVIII, 679, trad. Monti.

magna. Ovviamente io ne fui molto fiero. Magari c'è ancora!

Leonte si rese subito conto che per quel giorno non avrebbe potuto mettersi in contatto con Achille; non solo, ma chissà quanto tempo ancora avrebbe dovuto attendere prima di comunicare con lui.

Il Pelide stava disteso bocconi sulla nuda terra, ai piedi del corpo di Patroclo, con il viso nella polvere e si disperava. Aveva il capo cosparso di cenere e la tunica macchiata di fuliggine. Pochi metri più in là i suoi amici, Antiloco, Eudoro e Pisandro, piangevano in un angolo. Sul fondo del *megaron* le schiave gridavano, si percuotevano il petto e si graffiavano il viso fino a farlo sanguinare.

«O donne,» singhiozzò Achille «invece di strapparvi inutilmente i capelli, lavate il corpo del mio povero amico, cospargete d'olio le sue carni martoriate, eliminate i grumi di sangue e versate negli squarci aperti dal bronzo troiano il grasso di un animale che abbia superato i nove anni. Solo così, forse, riuscirete a impedire alle mosche di entrare nelle ferite e di far nascere i vermi.»

«Il corpo di Patroclo è intatto più di quanto non lo fosse in vita» lo tranquillizzò subito una di loro. «Si direbbe che un'invisibile Dea sia venuta qui questa notte e abbia versato nelle sue narici nettare e ambrosia.»

Achille sollevò appena il viso per accertarsi che quanto detto dalla schiava corrispondesse al vero, dopo di che ricominciò a imprecare contro se stesso:

«O Achille, figlio di Peleo, non ti vergogni di essere vivo dal momento che non sei stato capace di badare alla vita dell'amico più caro? E dov'eri tu quando Patroclo si batteva contemporaneamente contro un Dio e due mortali? Eri sulla riva assolata a gingillarti, a non fare niente, a guardare il mare. Eppure, se non erro, giurasti a suo padre Menezio che lo avresti difeso in ogni momento, e lo avresti riportato sano e salvo in Opunte, con la sua parte di preda: donne, oro e argento! O Achille mentitore, o Achille spergiuro!»

La voce dell'eroe divenne sempre più cupa, finché non gli sfuggì un urlo spaventoso, un urlo così potente che fu sentito sia da Zeus in cima all'Olimpo, sia da Tetide in fondo al mare:

«Patroclooo!»

Molti uscirono dalle tende e corsero con il cuore in gola verso il luogo da cui veniva l'urlo.

«Patroclooo!»

«Non è certo un essere umano!» commentava la gente.

I guerrieri circondarono l'abitazione di Achille, ma nessuno ebbe il coraggio d'entrare. A un certo punto la porta si schiantò al suolo con enorme fracasso e Achille apparve in tutto il suo furore: era nudo e aveva gli occhi iniettati di sangue. Per un attimo restò immobile sotto il pergolato, poi si guardò intorno con aria disperata, quindi si mise a correre come un pazzo verso la spiaggia: sembrava un cavallo appena sfuggito al controllo dell'auriga.

«Patroclooo!» urlò di nuovo l'eroe e, correndo sul bagnasciuga, alzava altissimi spruzzi di acqua.

«Achille è impazzito!» gridavano gli Achei terrorizzati. «Ammazzerà chiunque gli si parerà davanti.»

«Ma è nudo, è disarmato,» obiettò una donna «cercate almeno di fermarlo prima che si faccia male contro uno scoglio.»

«È disarmato, ma ammazzerà lo stesso qualcuno» ribattevano i più pavidi, mantenendosi a debita distanza. «Gli basteranno le nude mani.»

Dopo un po' cominciarono ad arrivare anche i capi più in vista: primo fra tutti Aiace Telamonio con accanto l'immancabile Teucro; poi nell'ordine Ulisse, Diomede, Menelao, Nestore, e infine, su un carro trainato da cavalli bianchi, il grande Agamennone, comandante in capo degli eserciti greci. Gli avevano riferito che il figlio di Peleo aveva perso il senno e voleva sincerarsene di persona. Nel giro di pochi minuti il presunto pazzo fu circondato da un centinaio di armati decisi a bloccarlo. A quel punto Achille si fermò di colpo e il suo viso riacquistò l'espressione di sempre: dura ma serena. Si guardò intorno stranito, come se si fosse destato all'improvviso da un brutto sogno, quindi cominciò a parlare con voce bassa e pacata.

«O compagni d'arme, o amici di tante battaglie: tempo fa io e Agamennone venimmo a diverbio per una leggiadra fanciulla dalle rosee guance e quello, credetemi, fu un giorno davvero fortunato, ma non per noi, bensì per Ettore e per tutta la stirpe di Priamo. Ah, se Briseide fosse morta, colpita da Artemide saettatrice, il giorno in cui la feci schiava a Lirnesso! Oggi però io pongo fine alla mia ira e vi prometto, o fratelli, che questa decisione farà piangere a lungo le donne di Troia dalla cintura lenta sulle anche!»

«O servitori di Ares,» replicò Agamennone «sento il bisogno di chiarire che, se quella volta litigammo, la colpa non fu né mia né del Pelide, bensì di Zeus, del Fato e delle Erinni che mi misero alle costole Ate, la Dea dell'Errore. Fu Ate, infatti, a ottenebrarmi la mente. La funesta cammina con passi leggeri sulla testa degli uomini e li induce a sbagliare senza che questi se ne rendano conto. E bene fece il Padre degli Dei quando l'afferrò per le lunghe trecce e la scaraventò giù dall'Olimpo!»

«E io, per conto mio,» gli fece eco Achille «divenni facile preda della Collera, che, come tutti sanno, quando vuole, sa essere più dolce del miele che cola dai favi delle api!»

Insomma gli Dei servivano anche a questo, a scaricarsi la coscienza quando si capiva di aver commesso una sciocchezza: Ate, Apollo, Zeus e la Collera, tutto era buono, pur di non ammettere un errore.

«Dimentichiamo il passato, o Pelide!» propose Agamennone tendendogli le mani. «Ormai chi di noi due ha ricevuto qualche vantaggio lo ha già ricevuto, e chi ha versato lacrime amare le ha già versate. Siamo tutti Achei e solo questo deve contare!»

Se avesse continuato dicendo: «... *e basta ca ce sta 'o sole, e basta ca ce sta 'o mare, 'na nenna a core a core e 'na canzone pe' cantà*», avrebbe, in pratica, cantato *Simme 'e Napule paisà*. Ora, che Omero, con circa tremila anni di anticipo, abbia potuto presagire il messaggio di pace dell'autore di questa canzone[3] è un fatto che dovrebbe indurci a riflettere. Gira e rigira, i dopoguerra si rassomigliano un po' tutti: i nemici diventano amici, gli odii cosiddetti inestinguibili si estinguono, e come giustamente dice la canzone: «*Chi ha avuto, ha avuto, e chi ha dato, ha dato*».

Finita a tarallucci e vino la lite con Agamennone, ad Achille non restò che attendere il ritorno della madre con la nuova armatura. È inutile dire che non appena l'eroe vide le armi che Efesto aveva fabbricato per lui, si eccitò al di là di ogni immaginazione, e fu preso da una incontenibile voglia di collaudarle, quel giorno stesso, sulla pelle dei Troiani.

Per prima cosa chiese ad Automedonte di prepargli il carro, ma l'auriga aveva già provveduto, e i tre cavalli, Balio, Xanto e Pedaso, scalpitavano impazienti da più di un'ora.

«O Balio e Xanto,» disse allora Achille, rivolgendosi ai primi due (con grande frustrazione, immagino, del terzo), «voi oggi non avete che un solo dovere: riportarmi a casa sano e salvo, cosa che invece non avete fatto con il mio amico Patroclo. A fatica, infatti, e dopo lungo combattere, gli Achei riuscirono a recuperarne il corpo.»

Al che Xanto, l'unico dei tre destrieri in grado di parlare, un po' risentito, rispose:

«Sta' sicuro, o Pelide, che anche questa volta ti riporteremo alla tua tenda incolume. Sappi però che la Morte ti respira addosso. Di questo non puoi incolpare noi, umili

---

[3] Peppino Fiorelli, autore di *Simme 'e Napule paisà*.

cavalli, bensì un Dio che è ancora più potente di Zeus adunatore di nembi.»

«O Xanto,» protestò Achille, un po' deluso dalla banalità della risposta, «anche tu mi predici l'immatura fine? Lo sanno tutti che il Fato ha in serbo per me una morte imminente e lontana dal padre. Io per primo l'ho scelta, dopo aver a lungo ponderato sugli opposti destini. Per chi nasce eroe l'importante è vivere con gioia il tempo concesso dalle Moire; e io non riesco a immaginare altra gioia se non quella di uccidere i nemici... e ancora uccidere... e sempre uccidere...»

«Io ti ho avvisato,» replicò Xanto (o forse Tetide per bocca sua) «sappi che se riprendi le armi morirai ben presto.»

Fu a quel punto che Leonte si fece avanti: avrebbe voluto riferirgli l'appuntamento chiesto da Polissena. Chissà che l'amore di una fanciulla così bella non riuscisse a fargli cambiare idea sugli opposti destini, ed era lì lì per comunicarglielo, quando fu preceduto dal vecchio Fenice e da Briseide in lacrime.

«Non darmi da mangiare, o mio buon Fenice,» protestò Achille, vedendo il vecchio venirgli incontro con un vassoio pieno di cibo, «nel mio corpo non c'è spazio che per la vendetta. E tu Briseide dalle rosee guance, smetti di piangere e lascia che il Destino si compia.»

La schiava, che già si era vistosamente graffiata viso e seno per la morte di Patroclo, capì che era inutile insistere: Achille era un testardo e ormai nulla e nessuno lo avrebbe distolto dai suoi propositi.

L'eroe, dopo aver indossato le armi di Efesto, brandì la lancia di frassino che il buon Chirone gli aveva regalato sul monte Pelio[4] e con un agile balzo, malgrado la pesantezza dell'armatura, montò sul carro. Leonte lo vide partire al

[4] La lancia di frassino, donata da Chirone ad Achille, non era andata perduta insieme alle altre armi, non avendola con sé Patroclo durante il duello con Ettore. Si trattava di una lancia particolare, che poteva essere maneggiata solo dal Pelide.

galoppo verso le mura di Troia, seguito da schiere di Mirmidoni urlanti.

La comparsa di Achille sul campo di battaglia modificò l'atteggiamento di Zeus in tema di interferenze divine. Ormai l'equilibrio era rotto e tanto valeva che anche gli Dei intervenissero a favore dei propri beniamini. Artemide, Apollo, Ares, Afrodite, Latona e il fiume Scamandro corsero in aiuto dei Troiani. Atena, Era, Ermes, Poseidone ed Efesto si schierarono con gli Achei. L'unica a non prendere posizione fu Eris, la Dea della Discordia. A lei interessava solo il numero dei morti: più gente vedeva morire e più era contenta.

Achille, una volta ingaggiata la battaglia, cercò invano lo scontro con Ettore. Scrutò in ogni direzione, verso la confluenza dei fiumi e sotto le mura di Troia, ma non riuscì a scorgerne la possente figura. L'unico personaggio di rilievo che individuò fu Enea, ma il Dio Poseidone, pur essendo sostenitore degli Achei, glielo fece sparire sotto il naso col solito trucco della nebbia. Al che, preso da una furia incontenibile, il Pelide cominciò a uccidere tutti quelli che gli capitavano a tiro. Tra gli altri, ci rimise la pelle anche quell'Asteropeo, capo dei Peoni, che avevamo conosciuto nel capitolo precedente. Lo sventurato, incontrando l'eroe, invece di fuggire a gambe levate, come avrebbe fatto qualsiasi persona di buonsenso, preso da foga oratoria, volle per forza raccontargli di chi era figlio e di chi nipote.

«Io vengo dalla Peonia dalle larghe zolle,» aveva detto con enfasi «e guido uno stuolo di coraggiosi guerrieri dalle lunghe lance. La mia stirpe risale nientemeno che ad Assio, il fiume che riversa nel paese dei Peoni le acque cristalline dei monti, giacché mio padre è l'insigne Pelegone, famoso nel brandire l'asta, e il padre di mio padre è lo stesso Assio, Dio del fiume. Questa, o magnanimo Pelide, è la stirpe di colui che ti sta innanzi!»

E il Pelide, che non era magnanimo neanche un pochino, lo scannò senza nemmeno dargli il tempo di declinare il proprio albero genealogico.

Non tutti gli scontri però finirono con morti ammazzati: in un'altra circostanza il piè veloce catturò in un solo colpo dodici prigionieri. Ora non chiedetemi come abbia fatto, tutto solo, a legarli in un unico fagotto. In qualche modo fece; certo è che li consegnò mani e piedi legati a uno dei suoi luogotenenti.

«Questi me li metti da parte» pare che abbia detto. «Li voglio uccidere dopo, con comodo, sulla tomba di Patroclo.»

Molte furono le occasioni in cui si manifestò la sua natura omicida. Ricordiamo l'uccisione di Licaone, un ragazzo non ancora quindicenne, anch'egli figlio di Priamo. Per Achille disarmarlo e puntargli la lancia sul petto fu uno scherzo. Lo sventurato con una mano gli toccava le ginocchia e con l'altra cercava di trattenere l'arma che stava per trafiggergli il cuore.

«Non uccidermi, o nobile Achille, sii generoso!» lo implorò piangendo. «Abbi pietà dei miei teneri anni. Non è giusto che mia madre Laotoe mi abbia generato solo per farmi morire. Già hai ucciso mio fratello Polidoro: lo hai infilzato da parte a parte con la tua lancia che non perdona. Oggi Zeus deve avere in odio la nostra razza se ci ha posto entrambi sul tuo cammino. Sappi comunque che solo per metà sono fratello di Ettore, avendo avuto, io e lui, madri diverse. Prendimi quindi prigioniero, o eroe pietoso, e vedrai che mio padre ti pagherà un lauto riscatto.»

Niente da fare: Achille lo fece fuori lo stesso e, dopo averlo infilzato, lo prese per una caviglia e lo scaraventò nelle acque dello Scamandro. Non l'avesse mai fatto: il Dio del fiume, indignato da un così feroce delitto, cominciò a gonfiarsi e produsse un'onda di piena, alta più di dieci metri, che dopo aver scavalcato gli argini naturali si avventò sul Pelide con micidiale violenza. L'evento provocò l'immediata reazione di Era. Come si permetteva quel fiumiciattolo di second'ordine, quel Dio minore, di ostacolare i suoi piani? Era chiamò in aiuto il figlio Efesto.

«Fa' presto, storpietto, creatura mia,» gli disse «ho sempre pensato che lo Scamandro andasse ridimensionato una volta per tutte. Castigalo con una grande fiammata e non attenuare l'ardore finché non l'avrai prosciugato fino all'ultima goccia! Io intanto chiederò a Noto e a Zefiro di soffiare sull'incendio.»

Efesto ubbidì prontamente ed entrambe le rive del fiume cominciarono a bruciare. L'onda di piena si ritirò, tutta la campagna circostante s'inaridì all'improvviso e ben presto il fiume, rimasto a secco, mise in mostra solo i sassi del greto.

Tutto ciò accadde davanti allo sguardo corrucciato di Achille e a quello terrorizzato di Leonte. Il ragazzo aveva seguito il Pelide fin da quando l'eroe era salito sul carro da guerra al fianco di Automedonte. Lo aveva visto uccidere e fare prigionieri, battersi da solo contro decine di avversarsi e avere sempre il sopravvento. Vedere Achille combattere doveva essere uno spettacolo unico al mondo: a sentire Omero non c'era guerriero al mondo capace di resistergli più di un minuto. Ma la giornata degli stupori, per il giovane Leonte, non era finita: di lì a poco sarebbe stato testimone di scene sbalorditive.

Stava ritornando all'accampamento, quando vide una moltitudine di guerrieri, alti più di due metri, azzuffarsi tra loro come caproni in amore. Le loro armature erano così luminose che fu costretto a ripararsi gli occhi con una mano per non restarne abbagliato. Vide Artemide scagliare frecce d'argento su Ermes, ed Ermes schivare, con repentini guizzi laterali, i dardi della saettatrice, poi saltarle addosso con la spada sguainata. Vide Ares, con le vesti lorde di sangue, fiondarsi imbufalito contro Atena e cercare con la lancia di perforarle lo scudo.

«O mosca canina,» urlava il Dio «ti ricordi di quando incitasti Diomede a ferirmi? Ebbene, sappi che non te l'ho mai perdonato! Tu stessa guidasti la lancia del figlio di Tideo e facesti in modo che la punta mi lacerasse le belle carni. Ora voglio che anche tu conosca il tormento di un'asta di bronzo conficcata nel ventre!»

Atena, dal canto suo, non era affatto spaventata, anzi, la lotta per lei era una condizione essenziale di vita. Oppose lo scudo alla lancia di Ares e nel contempo raccolse da terra una pietra molto aguzza che scagliò con quanta forza aveva sul collo del bestione. La sassata fu così violenta che il Dio della Guerra svenne per il dolore.

«O massa di muscoli senza cervello,» lo ingiuriò allora Atena, ridendogli in faccia, «lo vuoi capire o no che ti sono superiore in tutto: nella forza come nell'intelligenza, nel maneggio dell'asta come nell'astuzia?»

Stava per colpirlo una seconda volta quando Afrodite, tirandolo per le caviglie, glielo sottrasse con destrezza. L'intervento della Dea, però, non sfuggì allo sguardo vigile di Era, che reagì subito coprendola d'insulti.

«Eccola lì la cagna infedele che protegge il suo amante! Ma tu Atena dagli occhi lucenti, non lasciarti sfuggire la sozza bagascia. Affonda nelle sue carni profumate il bronzo della spada!»

Apollo, intanto, aveva sfidato Poseidone a duellare con lui. Questi però, prima d'incrociare le armi, lo aveva invitato a riflettere sull'opportunità dello scontro.

«Sei più giovane di me, o Apollo Febo, ma io, dammene atto, ho maggiore esperienza di te in questo genere di sfide. Ora se proprio lo desideri, battiamoci pure: non dimenticare, però, come ci trattò a suo tempo l'avaro Laomedonte, dopo che gli costruimmo le mura di Troia; ti sembra davvero il caso di difendere la sua progenie!»

«Hai ragione, o potente Ennosigeo,[5]» convenne Apollo «i mortali non meritano l'aiuto degli Dei. Che si scannino pure tra loro!»

«Cosa fai, o imbelle fratello?» lo redarguì allora Artemide, vedendolo riporre la spada. «Scappi? Hai paura? Ti tremano le gambe? Che d'ora in poi non ti senta più menar vanto d'essere superiore a Poseidone!»

Insomma, quando si trattava di menare le mani, le Dee erano molto più assatanate dei maschi, in particolar modo Atena ed Era, le due grandi bocciate nel giudizio di Paride.

A parte Poseidone, però, tutti gli altri Dei, maschi o femmine che fossero, erano pronti a farsi coinvolgere dal conflitto. Efesto, il grande fabbro, riprese il duello con lo Scamandro a base di cataclismi naturali: fuoco contro acqua, eruzioni contro alluvioni, scintille contro fango. La selvaggia Artemide, opportunamente istigata da sua madre Latona, cercò di colpire tutti quelli che in qualche modo si dichiaravano sostenitori degli Achei. Ermes tentò di pugnalare Apollo alle spalle, ma il Dio splendente se ne accorse appena in tempo e cominciò a inseguirlo per tutto il campo con lo spadone d'argento. Uccidersi, certo, non potevano, essendo nati immortali, ma a farsi male ci riuscivano benissimo. Altro non si sentiva che urla di dolore, sferragliare di spade e di scudi, offese sanguinose e vicendevoli accuse di antichi torti, commessi o subiti.

Dalla cima del monte Ida, intanto, Zeus se la rideva di cuore: davvero un bello spettacolo quello offerto dai suoi Dei attaccabrighe! Che si ammaccassero pure le armature d'oro e d'argento, che si scarmigliassero i bei riccioli biondi, lui non poteva che divertirsi alle loro spalle!

Mentre gli Dei se le davano di santa ragione, Achille ne approfittò per continuare lo sterminio di tutti i disgraziati

---

[5] Ennosigeo: epiteto di Poseidone equivalente a «provocatore di terremoti».

che gli capitavano a tiro. I Troiani, terrorizzati, si sarebbero rifugiati volentieri all'interno delle mura, ma lui, implacabile, si era piazzato giusto a metà strada tra loro e le Porte Scee, e chiunque si fosse azzardato a muovere un solo passo in direzione della città avrebbe dovuto fare prima i conti con lui.

Apollo, resosi conto della situazione critica in cui versavano i Troiani, pensò bene di mollare lo sgusciante Ermes per dare una mano ai suoi beniamini. Prese le sembianze di un guerriero troiano, tale Agenore, e cominciò a provocare l'eroe.

«O figlio di Peleo, o povero illuso,» gli disse «credi davvero di poter espugnare Ilio tutto da solo? Sappi allora che siamo in molti lì dentro e che ognuno di noi, quando è costretto a difendere la sua casa, la sua donna e i suoi figli, diventa più forte del più forte guerriero. L'unico risultato quindi che potrai ottenere da questa guerra sarà la tua morte!»

Il Pelide, che, come si è capito, era di poche parole, gli rispose saltandogli addosso, e Agenore (ovvero Apollo travestito da Agenore), fingendosi terrorizzato, si dette alla fuga. L'altro gli corse dietro e questo permise ai Troiani di mettersi in salvo all'interno della città.

Giunto nel fitto di una boscaglia, Apollo si voltò all'improvviso e guardò Achille con un sorrisetto ironico. Poi, dopo aver ripreso le sue abituali sembianze, cominciò a canzonarlo: «Cosa fai, o misero mortale: insegui me che sono un immortale nell'illusione di uccidermi? Ignori forse che la mia natura non è sottoposta alle Moire? I Troiani, intanto, sono già al riparo dentro le mura e tu, sventato, per corrermi dietro, ti sei smarrito nel bosco».

Achille si rese conto della beffa, e se prima era furibondo, adesso era un toro scatenato. Stramaledì Apollo in tutti i modi possibili, poi si precipitò schiumante di rabbia verso le Porte Scee. E qui, sorprendentemente, si accorse che c'era ancora un uomo fuori delle mura sul quale poter sfogare la sua rabbia. Stava immobile, appoggiato allo scudo, e sembrava quasi che lo stesse aspettando: era Ettore, il suo mortale nemico.

XIII
La morte di Ettore

Laddove assistiamo, al fianco di Zeus, allo scontro tra Achille ed Ettore e alla morte di quest'ultimo. Si prosegue con il funerale in onore di Patroclo e con la visita di Priamo alla tenda di Achille per farsi restituire il corpo di Ettore.

Come è noto, perfino Zeus non aveva potere sulle Moire. La loro madre, l'*Ananke* (o «Necessità»), le aveva ubicate al centro del cielo, in una grotta, sulle rive di un lago bianco. Cloto la «filatrice» tesseva notte e giorno il filo della vita di ciascun mortale, Lachesi la «misuratrice» ne calcolava la lunghezza e Atropo, «colei che non può essere evitata» lo tagliava con le sue inesorabili forbici. Zeus, per avere qualche notizia sul futuro degli uomini, poteva solo ricorrere alla *psychostasia*. Metteva sui piatti di una bilancia d'oro le anime di due guerrieri in lotta tra loro, e ne misurava i destini: se uno dei piatti si abbassava all'improvviso, segno era che l'anima in esso contenuta stava per raggiungere l'Ade, e nessuno, nemmeno lui, il Padre degli Dei, poteva più trattenerla: l'*Ananke* aveva deciso.

Ettore, a differenza dei suoi compatrioti, aveva atteso Achille fuori delle Porte Scee. Evidentemente, dovette pensare, solo un duello tra lui e il campione degli Achei avrebbe posto fine a una guerra così sanguinosa: uno dei due quel giorno doveva morire! Inutilmente il padre e la madre lo scongiuravano dall'alto delle mura perché rientrasse in città: «Che senso ha» gli gridavano «misurarsi con un pazzo, per di più invulnerabile... pensa alla tua giovane moglie, pensa a tuo figlio Astianatte che non ha ancora due anni, e pensa a noi, poveri vecchi che tanto ti amiamo». Ma Ettore non li ascoltò: sentiva che era suo dovere affrontare il figlio di Peleo. Sennonché, quando se lo vide innanzi, con gli occhi iniettati di sangue, «gli corse per le ossa un freddo tremore»[1] e fuggì a rotta di collo lungo le mura.

I due eroi fecero per tre volte il periplo della città. Sembrava sempre che il Pelide stesse per agguantare l'odiato nemico, ma ogni volta, magari solo per pochi centimetri, non riusciva a raggiungerlo. Racconta Omero che guardando Ettore e Achille dall'alto delle mura, sembrava di assistere a uno di quei sogni dove «colui che insegue non ce la fa mai ad afferrare quello che scappa, né questi a salvarsi del tutto?».[2]

Vedendo che il troiano evitava lo scontro, Zeus prese la bilancia d'oro e, dopo aver messo nei piatti le anime dei due eroi, la sollevò quel tanto che bastava per effettuare la pesata: il piatto con il destino di Ettore andò giù di botto. Il Padre degli Dei allora guardò Atena e le fece un lieve cenno con la testa. Alla Dea non parve vero che Zeus le permettesse d'intervenire nel duello: prese quindi le sembianze di Deifobo e si avvicinò all'eroe.

«Fermati, o fratello,» gli disse «e affronta Achille senza alcun timore. Guardami: sono qui al tuo fianco, pronto a darti una mano.»

«Grazie, o Deifobo,» gli rispose Ettore, ringraziandolo con un sorriso, «sei sempre stato per me il più caro dei fratelli, ma oggi, credimi, lo sei ancora di più, dal momento che, unico tra i Troiani, hai avuto il coraggio di uscire dalle

[1] Omero, *Iliade*, XXII, 174-175, trad. Monti.
[2] Omero, *Iliade*, XXII, 199-201, trad. Calzecchi Onesti.

mura.» Quindi, rivolgendosi ad Achille, lo sfidò: «E adesso non scapperò più, o figlio di Peleo: preparati a combattere e a morire!».

«Preparati tu piuttosto: io è da quando nacqui che sono pronto a combattere» lo irrise Achille. «Pensa anche a inventarti qualche trucco per sopravvivere, se non vuoi che il nostro duello finisca prima di cominciare.»

«Non credere di aver già vinto, o Pelide: dovrai faticare per stendermi al suolo. Sappi comunque che nel caso Zeus concedesse a me la vittoria, io non farei mai strazio del tuo corpo e lo restituirei intatto agli Achei, affinché lo onorino secondo i tuoi meriti. Promettimi che anche tu farai altrettanto.»

«Non chiedermi accordi, o cane maledetto,» rispose il Pelide, fuori di sé per la rabbia, «renditi conto che non hai scampo! Come non ci possono essere patti tra uomini e leoni, o tra lupi e agnelli, così non può esserci intesa tra Ettore e Achille! Combatti dunque e non perdere altro tempo: Ares ha fin troppo atteso lo scontro e ora, giustamente, pretende la sua razione di sangue!»

Ciò detto, gli scagliò contro la lancia di frassino avuta da Chirone, e il troiano, chinandosi all'improvviso, riuscì a evitarla, seppure di pochi centimetri. Ma Atena, sempre nei panni di Deifobo, la divelse dal terreno e la restituì al Pelide.

Toccò a Ettore, allora, effettuare il lancio. L'asta centrò in pieno lo scudo fabbricato da Efesto, ma nonostante la forza con la quale era stato vibrato il colpo, non riuscì nemmeno a scalfirlo. Inutilmente allora Ettore chiese a gran voce a suo fratello una seconda lancia: si voltò e si accorse di essere solo. Evidentemente quello di prima non era Deifobo, ma solo un Dio che lo aveva voluto ingannare: non gli restava che sguainare la spada. Achille però, più rapido, gli scagliò addosso di nuovo la lancia di frassino e questa volta gli trafisse il collo, pur senza recidergli la trachea.

«O Ettore, povero illuso,» urlò Achille «come hai potuto pensare di passarla liscia, tu che hai ucciso Patroclo? Sappi che per questa tua imprudenza io ti farò divorare dai cani e dagli uccelli.»

«Non essere così crudele, o figlio di Peleo» lo supplicò Ettore, toccandogli le ginocchia. «Non dare il mio corpo in pasto ai cani. Restituiscilo ai miei genitori. Essi ti compenseranno con quanto oro e bronzo vorrai.»

«Restituire il tuo corpo? Mai!» replicò il ferocissimo Achille. «E adesso ascoltami bene, o carogna: solo perché mi fai schifo non mangerò le tue carni crude, così come sono, e non succhierò il tuo sangue. Tuo padre, comunque, anche se venisse a offrirmi dieci volte il tuo peso in oro, non potrà impedire ai miei cani di sbranarti.»

Morto Ettore, Achille lo spogliò delle armi, quindi, dopo avergli praticato due fori nelle caviglie, fece passare al loro interno un paio di robuste redini di cuoio. Una volta agganciato il corpo al carro, «strascinollo a tutta corsa per la campagna, al fine di mostrare a tutti lo strazio miserabile che facea del suo nemico».[3] Dagli spalti, intanto, si udivano le urla strazianti delle troiane che assistevano impotenti allo scempio del più amato dei figli di Priamo.

I funerali di Patroclo durarono dodici giorni. Achille pretese che gli Achei innalzassero in onore del defunto una pira alta cento piedi e, salito in cima alla catasta di legna, decapitò con le sue mani i dodici giovani troiani che aveva catturato il giorno prima. Nel timore che il sacrificio risultasse inadeguato all'importanza dell'amico, fece uccidere contemporaneamente, e mettere ad arrostire sulla pira, coppie di pecore, di capre, di buoi, di porci, di cani e perfino di cavalli. Racconta Omero che il sangue «scorrea

[3] Ditti Cretese, *Storia della guerra troiana*, libro III, cap. XV.

d'intorno al morto in larghi rivi»,[4] ed era così copioso che lo si poteva raccogliere con le ciotole.

I Mirmidoni, com'era d'uso in Tessaglia, si rasarono il capo a zero e deposero i loro capelli sul corpo di Patroclo, fino a coprirlo per intero. L'ultimo a compiere il pietoso gesto fu Achille, e mentre l'eroe si recideva la lunga chioma bionda, i suoi compagni piansero così disperatamente e così a lungo durò il pianto che tutta la spiaggia, a detta di Omero, si intrise di lacrime.[5]

Come spesso accade nelle commemorazioni, i pianti finirono col tramutarsi in urla di giubilo: un po' per merito dei giochi funebri in onore di Patroclo, un po' per i festeggiamenti relativi alla morte di Ettore, mai come in quei giorni la taverna di Telone rigurgitò di bevitori e di prostitute. Brindisi, cori, dispute e risse esplodevano senza pause: chi magnificava Achille per la sua impresa e chi invece ne criticava l'esasperata ferocia. E quando c'era da discutere, era sempre Tersite a tenere banco.

«Solo un malato di mente poteva infierire così su un cadavere!» urlava lo storpio. «La volete sapere l'ultima? Volete sapere cosa ha fatto il nostro eroe questa mattina...?»

Tutti in silenzio per sapere cosa mai avesse fatto il Pelide.

«... ha preso il corpo di Ettore, lo ha legato dietro il carro, e l'ha trascinato per tre volte intorno alla pira!»

«E con questo?» chiese Ariasso. «Ne ha tutto il diritto: non lo ha forse ucciso in un regolare duello?»

«Sì, però, al suo posto non avrei continuato a infierire sul cadavere» rispose uno dei presenti. «Io sono d'accordo con Tersite: queste esagerazioni, prima o poi, finiscono per irritare gli Dei.»

[4] Omero, *Iliade*, XXII, 200-201, trad. Calzecchi Onesti.
[5] Omero, *Iliade*, XXIII, 14-15, trad. Calzecchi Onesti.

«E il rispetto? Dove va a finire il rispetto?» continuava a imperversare Tersite. «Ettore era un nemico, d'accordo, ma non per questo siamo obbligati a mancargli di rispetto! Esaminiamo i fatti: il troiano si è sempre battuto a viso aperto, in prima fila, da uomo a uomo, e non ha mai fatto ricorso all'arco, l'arma dei vili. Parliamo invece del nostro Achille: c'è chi dice che sia invulnerabile, a eccezione di un minuscolo punto che lui solo conosce, e c'è chi dice che sia protetto da Era, da Tetide, da Atena e non so da quanti altri Dei. Ebbene, anch'io, se avessi tutte queste protezioni divine, sarei un campione!»

Da qualche tempo Leonte aveva mutato opinione su Achille: ne ammirava sempre la forza, ma non condivideva alcuni suoi atteggiamenti. Inoltre, si era andato man mano affezionando a Tersite. Aveva capito che il poverino non era mosso da intenzioni soltanto provocatorie, ma tentava, seppure usando toni sgradevoli, di affermare una nuova morale. Infine si era reso conto che l'approccio con il Pelide diventava ogni giorno più problematico: prima la morte di Patroclo, poi il duello con Ettore, poi i preparativi per i funerali... Chissà quanto tempo ancora avrebbe dovuto attendere prima di potergli riferire il messaggio di Polissena.

«In qualità di acheo,» confessava Tersite «ho desiderato che vincesse Achille, ma in quanto essere umano non potevo che parteggiare per Ettore: l'eroe troiano aveva lì a pochi passi la moglie e il figlio... avrebbe potuto mettersi in salvo dietro le mura, eppure ha atteso il Pelide, ovvero la morte sicura.»

«Ma anche Achille ha un figlio...» obiettò Ariasso.

«... sì, però, il figlio di Achille non è un bimbetto tenero come Astianatte,» ribatté Tersite «è Neottolemo: un assassino ancora più spietato del padre!»

In parole povere, lo storpio non accettava la legge del più forte. Per lui la difesa dei deboli e l'amore verso il prossimo avrebbero dovuto avere maggiore importanza, nella scala dei valori, del potere e della vittoria in battaglia.

«Tersite non vuole rendersi conto» concluse Gemonide uscendo dalla taverna «che ogni specie animale vive a spese di altre specie: il leone aggredisce il leopardo, che a sua volta sbrana la volpe, che a sua volta divora i topi. Ora non è colpa del leone se gli Dei lo hanno fatto nascere leone, come non è merito del topo essere nato topo: analogamente Achille non ha colpa quando si comporta da Achille, né Tersite da Tersite.»

«E chi è più eroe?» chiese Leonte. «Colui che affronta la lotta avendo un corpo da leone, o colui che dice sempre la verità, pur essendo topo?»

«Cosa vorresti insinuare?» ribatté Gemonide. «Che Tersite ha la faccia da topo?»

«Beh, poverino, per avercela, ce l'ha, ma di sicuro ha anche un cuore da leone.»

Maestro e allievo discutevano così nella notte: parlarono del bene e del male, del caso e della necessità, della pietà e del coraggio, e di come a volte il perdono sia più eroico della vendetta. La strada era buia e dissestata, e, come se non bastasse, la torcia di Leonte si era pressoché consumata: tra non molto si sarebbe spenta.

«Affrettati ragazzo,» lo esortò Gemonide «se non vuoi che il buio ci sorprenda.»

All'improvviso, proprio nell'oscurità più fitta, udirono avvicinarsi un cigolio di ruote. Leonte e Gemonide si voltarono di scatto e intravidero sul fondo della strada, preannunziato da una torcia tremolante, uno strano carretto trainato a stento da una coppia di muli malconci. Sul trabiccolo viaggiavano due vecchi straccioni: il primo aveva in mano le redini e di tanto in tanto emetteva un muggito per invogliare i muli a camminare. Il secondo, invece, stava immobile come una statua di marmo, seduto su un'enorme cesta di vimini, e non dava alcun segno di vita. Eppure, malgrado gli stracci e lo sguardo fisso nel vuoto, aveva un aspetto maestoso: barba bianca e capelli fluenti che gli cadevano sulle spalle.

«O giovane guerriero,» chiese a Leonte il vecchio che stava alla guida «siamo diretti all'abitazione del valoroso figlio di Peleo: abbiamo qui ricchi doni per lui. Purtroppo la notte ci ha sorpresi a metà del cammino e la nostra vista non è più quella di un tempo. Sapresti tu indicarci la strada?»

«Anche noi siamo diretti agli accampamenti achei» rispose Leonte, cortese come sempre. «Se ci segui, o vecchio, non potrai più smarrire il giusto sentiero. Sappi comunque che sei quasi giunto alla meta.»

A sentire che andavano da Achille, il ragazzo pensò bene di approfittare dei due vecchi per intrufolarsi anche lui in casa di Achille. Chissà che con un po' di fortuna non gli riuscisse di scambiare due parole con lo scontroso eroe.

Giunti agli alloggiamenti dei Mirmidoni, il gruppo fu bloccato dagli uomini di guardia. Leonte, ritenendosi ormai la guida ufficiale del carretto, fu il primo a prendere la parola.

«O uomini di Ftia,» esordì il ragazzo, cercando d'imitare il modo di parlare degli araldi, «ecco a voi due uomini anziani e come tali degni di rispetto. Essi hanno un difficile compito: consegnare una cesta, piena di ricchissimi doni, al più valoroso degli Achei. Ora, chi sarà mai costui? È forse Ulisse il suo nome? O Aiace Telamonio? O Menelao? O Diomede, figlio di Tideo?»

Non aveva ancora terminato l'elenco dei possibili destinatari dei doni, quando alle spalle di tutti apparve il Pelide.

«Chi sei, vecchio?» tagliò corto l'eroe, rivolgendosi direttamente al vegliardo dalla barba bianca. «E cosa vuoi da me a quest'ora della notte?»

«Sono Priamo, re di Troia.»

La dichiarazione lasciò tutti senza fiato: lo stesso Achille non poté far a meno di trasalire.

«Sono qui per riavere il corpo di mio figlio,» continuò il vecchio re, scendendo dal carro, «e pur di ottenerlo, o Pelide, bacerò le tue mani, quelle stesse che gli tolsero la vita.»

Dopo di che s'inginocchiò ai suoi piedi nel vano tentativo di baciargli le mani. Achille, più rapido, gli rialzò il capo e l'obbligo a entrare nel capanno. Dietro Priamo, entrarono anche il vecchio che era alla guida del carro, Leonte e Gemonide.

Seduti intorno a un fuoco, intenti a bere, c'erano già due amici del Pelide: Alcimo e Automedonte. Achille con un largo gesto della mano invitò gli ospiti ad accomodarsi sui cuscini e a prendere una coppa di vino cretese, ma il vecchio re, inorridito, rifiutò l'offerta.

«Ti scongiuro, o figlio di Peleo, non farmi sedere, né pormi davanti alle labbra alcunché da bere. Mentre noi parliamo qui al riparo dalle intemperie, Ettore giace sulla nuda terra e nessuno si prende cura di lui. Fa' che io possa raccogliere, questa notte stessa, i suoi resti mortali per riportarli a Troia!»

«Non irritarmi, o vecchio,» replicò duro il Pelide «anche Patroclo giacque un giorno intero nel fango, e ciò accadde proprio per colpa di tuo figlio Ettore che gl'infilò una lancia nel ventre.»

«Pensa a tuo padre, o discendente di Zeus, pensa a Peleo!» continuò a supplicarlo Priamo. «Egli ha i miei stessi anni e si trova al pari di me sulla buia soglia dell'Ade. Lui però ha ancora la speranza di rivederti in vita, laddove io non ho più alcuna ragione per svegliarmi quando Eos dalla lontana Colchide ci annunzia l'aurora! Restituiscimi allora l'amato figlio, e io giuro che ricompenserò il tuo gesto con tutto l'oro che riuscirò a trovare.»

Sarà perché gli nominò Peleo, sarà perché in quel

momento si sentiva umano, certo è che Achille, incredibile a dirsi, si commosse, e acconsentì allo scambio. Fu stabilito un compenso in oro, pari al peso dell'eroe ucciso, e vennero concessi undici giorni di tregua per dar modo ai Troiani di piangere debitamente il loro campione. A questo punto, però, le versioni divergono: c'è chi dice che Priamo versò il prezzo del riscatto quella sera stessa, e chi assicura che il pagamento avvenne solo il giorno dopo, sotto le mura di Troia.

Il corpo di Ettore venne messo dagli Achei sul piatto di un'enorme bilancia. Sull'altro tutte le donne troiane, in fila, deposero i gioielli in loro possesso. Per ultima giunse Polissena: la sua bellezza era tale che quando apparve tutti gli Achei ammutolirono di colpo. La fanciulla, accorgendosi che i Troiani non ce l'avrebbero mai fatto a raggiungere il peso stabilito, si spogliò con studiata lentezza e si sdraiò nuda sul piatto. Altri dicono che Polissena non uscì mai fuori dalle Porte Scee, ma che si limitò a buttare alcuni braccialli d'oro dall'alto delle mura e che Achille, al solo vederla, si innamorò di lei.

I funerali di Ettore furono altrettanto imponenti (e drammatici) di quelli di Patroclo. Durarono undici giorni: nove per piangere, uno per la cerimonia funebre e uno per il banchetto. I lamenti e le urla dei Troiani furono così intensi e disperati che per il solo frastuono morirono migliaia di uccelli.

Ma torniamo a quella sera: andato via Priamo, Leonte intuì che mai più avrebbe trovato un Achille calmo e sereno come quello che gli stava innanzi. Allora si fece coraggio e gli disse:

«Perdonami, o figlio di Peleo, se giovane come sono già oso rivolgerti la parola: io mi chiamo Leonte e sono figlio dell'onesto Neopulo, il re di Gaudos. Per una serie di traversie ho avuto modo di conoscere Polissena, la più giovane delle figlie di Priamo. Lei ti manda a dire, per mio tramite, che vorrebbe vederti ancora una volta. Altro non so aggiungere.»

«Ti ringrazio del messaggio, o figlio di Neopulo,» rispose il Pelide «ma i giorni che sto vivendo non sono fatti per l'amore. Piangono gli Achei l'ardimentoso Patroclo e piangono i Troiani il fin troppo amato Ettore. Che pianga pure Polissena per il fratello morto! Magari un giorno berremo insieme le acque del Lete,[6] e allora chissà, forse c'incontreremo.»

[6] Il Lete, ovvero l'Oblio, era un fiume degli Inferi (Virgilio, *Eneide*, 705) le cui acque, una volta bevute, consentivano alle anime dei morti di dimenticare la loro vita terrena. Da queste acque, secondo Platone, le anime bevevano, sempre per dimenticare il loro passato, prima di reincárnarsi e iniziare una nuova esperienza sulla terra. Per altri, invece, era una fonte (Pausania, IX, 39) e perfino una pianura (Aristofane, *Le rane*, 186).

XIV
Le Amazzoni

Laddove facciamo la conoscenza delle Amazzoni e assistiamo ai duelli mortali tra Achille e Pentesilea, e Achille e Memnone. Per concludere, incontreremo di nuovo Ekto, questa volta in campo acheo, e daremo addio allo sventurato Tersite.

Le Amazzoni[1] sono presenti in molte leggende popolari. Non c'è mitologia che trascuri il tema delle donne guerriere: da quella greca a quella pellerossa, dalla cinese alla celtica, dalle Valchirie wagneriane a Minnehaha la Scotennatrice. Per capire, però, se stiamo parlando di esseri leggendari o di personaggi in carne e ossa, bisognerà distinguere tra le Amazzoni divenute tali per necessità e le Amazzoni con la voglia di guerra nel sangue. Le prime erano meno insolite di quanto non si creda: nei tempi antichi quando un villaggio veniva saccheggiato, gli invasori, per evitare possibili ritorsioni future, erano soliti passare a fil di spada tutti i maschi del paese, vecchi e bambini compresi. Di qui la necessità da parte delle vedove di armarsi, magari con le armi dei mariti defunti, per potersi

---

[1] «Amazzone» in greco, in quanto composto da α privativa e *mazon*, dovrebbe voler dire «senza mammella», e questo per assecondare una leggenda che vuole le donne guerriere prive della mammella destra per meglio tendere l'arco. Sarà, ma io non ci credo: mi convincerebbe molto di più un'etimologia (magari ardita) basata su α privativa e *amaxa*, dove con questo termine ci si riferisce al carro da guerra. Le Amazzoni, infatti, furono le prime a cavalcare a pelo e a eliminare il carro da guerra.

difendere da ulteriori attacchi di popoli invasori. Diverso il caso delle donne dagli istinti guerrieri che appaiono piuttosto come il residuo di un'epoca matriarcale, di cui si è sempre favoleggiato, e sulla quale, in verità, nessuno è riuscito a raccogliere uno straccio di prova, o la proiezione di un vecchio sogno femminista, sempre vagheggiato e mai raggiunto.

Le Amazzoni per eccellenza furono quelle che ebbero come regine le sorelle Ippolita e Pentesilea;[2] il loro dominio si estendeva dalle coste del Mar Nero fino all'attuale Cappadocia. Una volta l'anno andavano a far visita ai popoli vicini, al solo scopo di farsi ingravidare dai maschi locali, salvo poi sopprimere tutti i nati di sesso maschile o, in alternativa, rimandarli al mittente. Non mancarono comunque eccezioni alla regola, per esempio quella della regina Lisippa che amò ardentemente il proprio figlio Tanai. C'è infine chi sostiene che le Amazzoni affidassero tutti i lavori domestici agli schiavi maschi, e in particolare agli zoppi. Questa faccenda degli zoppi pare sia da far risalire a una non meglio identificata regina Antianara, sostenitrice della teoria secondo la quale lo zoppo sarebbe più bravo nei «giochi d'amore».

Le Amazzoni nei periodi di pace vestivano di nero, in quelli di guerra, invece, indossavano pesanti armature fatte di pelle di serpente. Anche i loro scudi erano in pelle di serpente e avevano la forma delle foglie d'edera. Ogni anno venivano elette per alzata di mano due regine, una per i periodi di pace e una per quelli di guerra. La prima, paragonabile a un nostro ministro dell'Interno, amministrava la giustizia e sovrintendeva a tutti i problemi di ordine pubblico, la seconda invece entrava in funzione solo quando la comunità era minacciata dall'esterno.

---

[2] Le più note regine delle Amazzoni furono: Antiope, Antianara, Ippolita, Lampado, Lisippa, Marpessa, Melanippa, Minizia, Mirina, Onfale e Pentesilea.

Ma come mai le Amazzoni giunsero a Troia? A quanto pare per una fortuita coincidenza. Raccontano i mitologi che, durante una partita di caccia, la regina Pentesilea uccise per errore sua sorella Ippolita e che, per non essere perseguitata dalle Erinni (o, peggio ancora, dalle Amazzoni fedeli a Ippolita), si recò alla reggia di Priamo con l'intento di farsi purificare.[3] Qui capitò nel bel mezzo di un funerale: la corte era in lacrime, Ettore era stato appena ucciso e i Troiani avevano urgente bisogno di aiuti militari. Paride allora le offrì, oltre alla desiderata purificazione, anche numerosi doni in oro e in argento, a patto però che facesse venire dal Mar Nero la tanto temuta cavalleria amazzone.[4]

Quando gli Achei si videro arrivare addosso le Amazzoni, scapparono a gambe levate. Quegli esseri curiosi, ricoperti di pelle di serpente, con i capelli lunghi e un'unica mammella scoperta, li impaurirono, anche perché non avevano mai visto prima di allora un cavallo con un essere umano incollato sulla groppa; così le Amazzoni apparvero loro come feroci centauresse. L'unico a non scappare, ovviamente, fu il solito Achille che attese a piè fermo Pentesilea.

Sull'esito di questo duello esistono le versioni più disparate: c'è chi assegna la vittoria finale all'amazzone e chi ad Achille,[5] come pure c'è chi descrive Pentesilea come una vergine invincibile e chi, al contrario, come la vittima di una strana maledizione: quella di dover essere sempre violenta-

---

[3] Nel mondo omerico, quando si commetteva un delitto particolarmente efferato, come ad esempio quello di uccidere un familiare, per poi liberarsi dalle Erinni del rimorso, si ricorreva alla «purificazione», che poteva essere concessa solo da un re in carica.
[4] Pare che ai tempi della regina Mirina le Amazzoni disponessero di ben tremila fanti e di trentamila guerriere a cavallo.
[5] All'inizio dell'Ottocento Heinrich von Kleist scrisse un dramma intitolato *Pentesilea*, dove si vede la regina delle Amazzoni sconfiggere l'eroe greco e sbranarlo per eccesso di entusiasmo erotico.

ta. Secondo costoro, la nostra amazzone era così bella e così seducente da non poter evitare, ogni volta che un uomo la guardava, che si scatenasse in lui un improvviso *raptus* sessuale. L'inconveniente si dimostrò a tal punto scomodo che la poverina si vide costretta a indossare, anche d'estate, un'armatura di bronzo per potersi nascondere agli occhi dei maschi.

Il duello con Achille fu quanto mai cruento: a un certo punto Pentesilea, resasi conto che non ce l'avrebbe mai fatta a vincere, cercò riparo in un bosco, dove però fu subito raggiunta dall'eroe che la trafisse con la famosa lancia di frassino, quella che aveva avuto in dono dal centauro Chirone.

Achille, non appena la vide a terra priva di vita, la spogliò delle armi, e solo allora si accorse di aver combattuto contro una donna; nello stesso tempo, però, cadde anch'egli vittima della maledizione e non poté fare a meno di possederla; poi se la caricò sulle spalle, deciso a darle una degna sepoltura. Ma gli Achei, messi in crisi da questo strano esercito, non appena si accorsero che la regina delle Amazzoni era morta, pretesero che il Pelide la desse in pasto ai cani, anche perché, a giudizio unanime, «aveva superato i limiti concessi alla natura femminile».[6]

Durante quei lunghi anni di guerra, ai bordi dell'accampamento acheo, era sorto una specie di mercatino di alimentari. Col tempo la zona destinata ai commerci si era ampliata e ora vi si poteva comprare di tutto: dalle schiave etiopiche alle armi usate, dai ricami delle donne frigie alle erbe magiche per curare le ferite. C'era perfino una bancarella con i souvenir di guerra: elmi sfondati, spade di foggia licia e scudi troiani.

---

[6] L'episodio di Achille e Pentesilea non è citato nell'*Iliade*, forse per una censura voluta da Pisistrato nel VI secolo a.C.

Quel giorno Leonte e Gemonide vi si erano recati di primo mattino con l'intenzione di fare provviste per l'inverno e, mentre si aggiravano tra i banchi variopinti e i richiami dei venditori, commentavano tra loro le ultime gesta del Pelide.

«Strano individuo il Pelide,» disse Gemonide «un giorno uccide senza alcuna pietà decine e decine di nemici, neanche fossero moscerini, e il giorno dopo s'innamora come un ragazzino della prima donna che incontra!»

«Sì,» tenne a precisare Leonte «ma non è affatto costante nei suoi sentimenti. Prima s'invaghisce di Briseide, e dà l'impressione che stia lì lì per morire se qualcuno gliela porta via, poi come se nulla fosse s'innamora di Polissena, e poi addirittura di Pentesilea, una regina che lui stesso ha ucciso in duello! Ora dimmi tu, o maestro: è mai possibile che un uomo perda la testa per il cadavere di una donna?»

«Questo accade» rispose Gemonide «perché tutti gli eventi che riguardano il Pelide sono sempre connessi alla morte. I suoi amori non possono evitare di essere tragici, per il semplice motivo che un Fato lo accomuna alle sue vittime!»

Il giovane cretese stava per ribattere quando si sentì chiamare da una mendicante.

«O Leonte, figlio di Neopulo, sii generoso: regalami un obolo,[7] un solo obolo, che ho tanta fame.»

Era una lebbrosa: aveva tutto il corpo, dalla testa ai piedi, coperto da un lungo panno nero, segno inequivocabile della orribile malattia che la deturpava. Leonte non poté fare a meno di affrettare il passo: le vesti nere dei lebbrosi lo avevano sempre terrorizzato fin da quando era bambino. A Gaudos ce n'era uno molto vecchio che viveva a spese della comunità: gli isolani gli lasciavano ogni giorno

[7] Obolo, moneta greca, pari a un sesto della dracma.

un lauto pasto nel cavo di un albero, a patto che non entrasse mai in paese.

«Non fuggire, o Leonte,» insisté la mendicante, correndogli dietro, «non fuggire, se hai ancora interesse a rivedere Ekto.»

Al nome Ekto il ragazzo si bloccò di colpo, e solo allora si accorse che la lebbrosa altri non era che la sua amatissima amica.

«Tu qui!» esclamò Leonte. «Ma ti rendi conto a quali pericoli ti esponi?»

«Certo che me ne rendo conto, ed è proprio per questo che ho indossato l'abito dei lebbrosi.»

«E lo hai fatto per me, solo per vedermi?» chiese Leonte, sopraffatto dall'emozione. «O amore mio, quanto ti amo!»

Il ragazzo avrebbe voluto stringerla fra le braccia, baciarla, riempirla di carezze, ma si astenne dal farlo per non destare sospetti sul suo travestimento.

«Per te e per Polissena» precisò Ekto. «La mia amica ti ricorda la promessa che le hai fatto a suo tempo.»

«Ekto, amore mio, io già ne ho parlato con Achille, ma egli mi disse che avrebbe atteso un momento più propizio a questo genere d'incontri.»

«Il momento è venuto,» lo rassicurò Ekto «e poi sappi che Achille e Polissena si sono già visti sette notti or sono e che giacquero insieme e con reciproco piacere.»

«E allora perché chiedere a me di fare da messaggero, se già s'incontrano dove e quando vogliono?» obiettò alquanto irritato Leonte.

Ekto ignorò l'obiezione e tornò alla carica.

«Polissena vuol far sapere ad Achille che accetta la sua proposta, che acconsente a sposarlo. Tutto è pronto per la cerimonia. Tu stesso accompagnerai il Pelide all'oracolo di Apollo Timbreo durante la prossima luna.»

«A sposarlo? E la guerra?»

«La guerra potrebbe finire proprio in virtù di questo matrimonio» lo tranquillizzò Ekto. «Adesso, però, o mio giovane amico, fa' che io ritorni a Troia: è troppo pericoloso per me restare tra gli Achei.»

«Elena, Elena, amore mio!» urlò Leonte, senza riuscire però a trattenerla. La donna sparì quasi subito tra la marea di gente che affollava il mercatino.

Il ragazzo le corse dietro disperatamente, rovesciò un carretto stracarico di angurie, urtò decine di straccioni, la chiamò con quanta voce aveva in gola, ma non riuscì a ritrovarla. Come un miraggio nel deserto, così Ekto si era dissolta tra la folla.

Stanco di correre a vuoto, Leonte si fermò ansimando; sperava che l'amata potesse riapparire all'improvviso; invece fu richiamato alla realtà dalla voce di Tersite.

«Cosa fai, o giovane Leonte, fermo come una colonna di marmo in mezzo a un mare di angurie?»

«Eh?» fece il ragazzo senza capire.

«Ho importanti notizie per te» gli comunicò lo storpio.

«Importanti notizie?» ripeté come un automa Leonte.

«Ti ricordi di quel mercante frigio di cui ti parlai? Quello che era andato a Efeso? Ebbene l'ho incontrato proprio oggi: mi ha riferito ogni cosa sulla sorte di tuo padre.»

«Su mio padre?!» gridò il giovane, finalmente tornato in sé. «Oh, ti scongiuro, mio buon Tersite, parla: dimmi il nome del suo assassino!»

«Le cose non stanno come tu credi,» lo frenò Tersite «ma voglio raccontarti tutto con calma questa sera da Telone, subito dopo il tramonto. Aspettami fiducioso: porterò con me anche il frigio e potremo bere insieme una coppa di vino mielato.»

«Ma almeno qualcosa me la vorrai anticipare...» lo supplicò Leonte.

«Subito non posso: ho altre cose da fare» tagliò corto

Tersite, sparì anche lui tra la folla del mercatino, né più né meno di come aveva fatto Ekto pochi minuti prima.

Nel frattempo Achille si era nuovamente coperto di gloria: aveva eliminato l'etiope Memnone, l'ultimo degli alleati giunti in aiuto dei Troiani dopo la morte di Ettore.

Raccontano i mitologi che questo Memnone era il più bello in assoluto degli esseri viventi. Tra l'altro, a causa di una sua vaga rassomiglianza con il Pelide e del valore in battaglia, era stato soprannominato «l'Achille nero». Comandava un contingente formato da mille Etiopi, mille Susiani e duecento carri da guerra. Non appena mise piede a Troia fece una tale strage di nemici che per poco le truppe di Priamo non appiccarono il fuoco alle navi achee. Il suo unico errore, forse, fu quello di uccidere Antiloco, il figlio di Nestore, ma anche l'ultimo amico che Achille aveva nelle file achee. Come era già accaduto per Patroclo, il vendicativo figlio di Peleo, non appena lo seppe, si precipitò con la bava alla bocca verso le linee nemiche, in cerca dell'etiope.

Lo scontro, manco a dirlo, fu epico, anche perché entrambi avevano una madre immortale che combatteva al loro fianco: Achille aveva Tetide e Memnone Eos, la Dea dell'Aurora. Zeus, quando li vide, l'uno di fronte all'altro armati, prese la bilancia d'oro e ne pesò i destini. Il verdetto fu inequivocabile: il nero doveva morire.

Memnone giostrava con una lancia a due punte; questo gli permetteva di conficcarla nel terreno ogni volta che voleva sbarazzarsene. In tal modo poteva duellare con maggiore libertà di movimenti, senza per questo rinunciare, in caso di bisogno, alla lancia. Achille era meno astuto di Memnone, ma molto più aggressivo negli scontri corpo a corpo. Quel giorno, assetato di vendetta, caricò il suo sosia a testa bassa, e, dopo averlo sbalzato giù dal carro, gli staccò di netto il capo dal busto.

Eos pretese per il figlio, a titolo di risarcimento, un funerale eccezionale, che restasse per sempre nella memoria dei mortali, e Zeus fece di tutto per accontentarla. Ovidio racconta che, mentre il corpo dell'eroe bruciava sulla pira, il fumo si condensò in aria fino ad assumere l'aspetto di uccelli rapaci.[8] Questi volatili, detti anche Memnonidi, dopo essersi divisi in due stormi, si scagliarono gli uni contro gli altri e caddero stecchiti tra le fiamme. Secondo altri, le donne innamorate di Memnone piansero così a lungo il loro idolo che Zeus, mosso a pietà, le trasformò in galline faraone.

Leonte e Gemonide, dovendo cercare Tersite, pensarono giustamente che l'avrebbero trovato nei pressi delle tende dei Mirmidoni: una vittoria come quella che Achille aveva avuto su Memnone sarebbe stata di sicuro festeggiata dai suoi soldati, e un bastian contrario come Tersite non si sarebbe mai fatto sfuggire l'occasione per contestare il trionfo dell'eroe. Difatti, non appena la figura del Pelide apparve sotto il pergolato per ricevere l'applauso di rito, ecco farsi avanti anche il cranio pelato dello storpio.

«Ma che bravo sei stato, o figlio di Peleo!» lo irrise Tersite, che si era sistemato in prima fila. «È così straripante la tua vanità che dovresti allargare l'armatura che ti fece Efesto, per come ti si gonfia il petto!»

«Cosa vorresti insinuare, pidocchio?» gli rispose livido Achille, andandogli incontro. «Ho combattuto e vinto come tu non riuscirai mai a combattere e vincere, dal momento che l'unica cosa in cui eccelli è quella di vomitare ingiurie sugli eroi.»

«Non voglio insinuare nulla, o Pelide,» proseguì imperterrito Tersite «voglio solo ricordare agli Achei, in modo che poi lo possano raccontare ai loro figli durante le lunghe

8 Ovidio, *Metamorfosi*, XIII, 600-620.

sere d'inverno, che oltre ad abbattere sul campo il prode Memnone, orgoglio degli Etiopi, hai anche violentato una povera donna morta: Pentesilea, la regina delle Amazzoni. Ora, se a te questa sembra l'azione di un eroe, vantatene pure. Io al tuo posto, però, cercherei di non dirlo troppo in giro!»

Non avesse mai fatto il nome di Pentesilea: con un solo balzo Achille gli fu addosso e gli sferrò un pugno di tale violenza che il disgraziato cadde di schianto, come folgorato. Inutilmente Gemonide e altri volenterosi cercarono di rianimarlo: Tersite era morto sul colpo, e con lui si allontanava anche la tanto attesa verità sulla sparizione di Neopulo.

«Adesso non mi resta che Polissena!» pensò Leonte, e si mise a piangere.

XV

Il tallone di Achille

Laddove assistiamo al matrimonio tra Polissena e Achille e all'uccisione di quest'ultimo per mano di Paride. Seguirà una disputa per l'assegnazione delle armi del Pelide, con conseguente uscita di senno di Aiace Telamonio, e il duello tra Filottete e Paride con la morte di quest'ultimo.

Nel XII secolo a.C. viaggiare insieme ad Achille era una sicurezza: la sua sola presenza bastava a tenere lontano nemici, briganti e malintenzionati. Purtuttavia il giovane Leonte ne avrebbe fatto volentieri a meno: da quando il Pelide aveva ucciso Tersite, lo considerava il peggiore degli uomini.

«Sono qui solo perché desidero avere notizie su mio padre,» precisò a Gemonide «per il futuro spero di non avere più nulla a che fare con Achille e con quelli della sua razza!»

«Sei sicuro che subito dopo la cerimonia Polissena ti dirà ogni cosa su Neopulo?»

«Così mi ha detto Ekto, ma ti confesso, o Gemonide, che di Polissena mi fido poco; d'altra parte, come potrei fidarmi di una donna che s'innamora dell'uomo che le ha ucciso il fratello, e poi in quel modo? Credimi, o maestro, quei due sono degni l'uno dell'altro, e se mai un giorno avranno dei figli, i loro maschi saranno più crudeli dei

Centauri e le loro femmine ancora più odiose delle stesse Arpie!»

«Ci sarà anche Ekto a Thymbra?» chiese Gemonide.

«Lei me lo ha promesso.»

«Molto bene: così finalmente potrò conoscerla...»

«... e assicurarti che esiste davvero e non è un parto della mia fantasia» concluse Leonte.

Il corteo, costituito in parte da carri e in parte da fanti appiedati, procedeva lento lungo la stradina che costeggiava lo Scamandro. Davanti a tutti c'era il carro di Achille con i fidi Alcimo e Automedonte, più indietro quello di Fenice, con Pisandro a fare da auriga; terzo veniva il carro di Leonte e Gemonide, gentile prestito di Idomeneo. A distanza infine di cinque stadi seguiva una schiera foltissima di Mirmidoni, tutti armati di lance.

Polissena avrebbe voluto che Achille arrivasse a Thymbra solo e disarmato, per rendere più romantico l'incontro; il saggio Fenice invece era stato categorico: o una scorta armata di cento uomini o niente matrimonio. Ora, se Fenice non si fidava di Polissena, c'era chi in compenso non si fidava di Fenice, e soprattutto di Achille. Diomede aveva scatenato una vera e propria campagna diffamatoria nei confronti del Pelide: lo accusava apertamente di collusione con il nemico e citava, a riprova dei suoi sospetti, l'incontro notturno che l'eroe aveva avuto con Priamo e gli andirivieni amorosi della giovane Polissena. Per questo motivo, fin dalle prime luci dell'alba, insieme a Ulisse e ad Aiace Telamonio, si era andato ad appostare nei pressi dell'oracolo di Apollo. Scopo della missione: raccogliere le prove del tradimento. Tutto questo rancore da parte sua era dovuto anche al fatto che Achille gli aveva appena ammazzato, come tutti sappiamo, il cugino Tersite.

Polissena era sola, immobile, in cima ai gradini che davano accesso al tempio. A essere sinceri, non possedeva alcuno dei requisiti in voga a quei tempi: non era formosa, non aveva i fianchi larghi delle donne troiane e tanto meno i polsi robusti richiesti dai lavori domestici. Era piccola e snella, ma in compenso bellissima: il seno le s'intravedeva appena al di sotto della tunica e se non fosse stato per i capelli che le cadevano giù, lunghi e lisci fino alla vita, la si sarebbe potuta scambiare per un ragazzo. Vista così, in controluce, sembrava una delle tante statue che adornavano l'oracolo.

Achille le andò incontro con le braccia protese, seguito a un paio di metri di distanza da Fenice, Alcimo e Automedonte, ma Polissena li bloccò tutti con un gesto perentorio.

«Prega i tuoi amici, o figlio di Peleo, di attendere fuori del tempio. Soli eravamo quando ci siamo amati e soli dobbiamo essere al cospetto del Dio!»

«Per me Fenice è come un padre,» protestò Achille «è venuto qui a Thymbra in rappresentanza degli Achei. Fa' venire anche tu uno dei tuoi parenti, che porti il consenso dei Troiani al nostro matrimonio. Sommamente gradito sarebbe il vecchio Priamo che io già conosco, ma se egli, come re, non può allontanarsi dalle mura, che venga pure uno dei tuoi fratelli, purché sia persona degna di fede.»

«Oggi gli uomini non si possono dividere in Achei e Troiani» replicò pronta Polissena. «Oggi è la festa del Dio e noi dobbiamo essere soli davanti al suo altare. Unendoci in matrimonio, dimostreremo ai popoli della terra come si superano gli odi e i rancori.»

Il Pelide si rassegnò al volere della fanciulla e pregò gli amici di attenderlo ai piedi della scalinata. Nel frattempo il giovane Leonte cercò disperatamente con gli occhi la sua amata Ekto. Non vedendola da nessuna parte, s'inoltrò nel boschetto che stava a sinistra del tempio e qui, con sua grande sorpresa, vide spuntare Ulisse da dietro una siepe.

«Dove vai, ragazzo?» lo apostrofò il re di Itaca, puntandogli contro la spada. «E cosa vai cercando così lontano dai quartieri achei?»

«Sono qui di scorta al grande figlio di Peleo» rispose Leonte, spaventatissimo, «e sono entrato nel bosco perché mi era sembrato di scorgere una donna...»

«Come mai tu, cretese, sei di scorta a un mirmidone?» chiese ancora Ulisse.

«Io, veramente...» farfugliò il ragazzo sempre più preoccupato, anche perché aveva scorto alle spalle del re di Itaca Diomede e Aiace Telamonio.

Ma non riuscì a completare la frase: un urlo tremendo lo fece voltare verso l'oracolo. Vide Achille sotto il porticato del tempio che si comprimeva lo stomaco con le mani: aveva una freccia conficcata nella pancia e un'altra che gli spuntava dal tallone. Per qualche secondo il figlio di Peleo barcollò come un ubriaco, in bilico sul gradino più alto, poi cadde giù di peso e rotolò lungo tutta la scalinata con grande frastuono di armi. Fenice e gli altri lo circondarono allarmati e fecero appena in tempo a udire le sue ultime parole.

«Polissena... Polissena... sul rogo...»

Cos'era mai successo? Appena arrivati nel tempio, Polissena aveva preso per mano Achille e lo aveva portato davanti all'altare di Apollo. Giunta poi sotto la statua del Dio, con il pretesto di volerlo abbracciare, l'aveva indotto a girarsi, e proprio mentre l'eroe aveva chiuso gli occhi per darle un bacio, suo fratello Paride era uscito da dietro la statua con l'arco già teso per il tiro.[1]

---

[1] Il fatto che Paride fosse uscito da dietro la statua di Apollo accreditò la voce che non era stato Paride a uccidere Achille, bensì Apollo nelle vesti di Paride. Pare infatti che il Dio ce l'avesse personalmente con Achille perché questi gli aveva ammazzato il figlio Cicno con un colpo di karatè alla nuca (unico suo punto vul-

215

La prima freccia aveva colpito Achille al tallone: il figlio di Pelco si era girato di scatto, quasi incredulo che qualcuno avesse avuto il coraggio di attaccarlo, ma non aveva fatto nemmeno in tempo a guardare in faccia il suo nemico che una seconda freccia lo aveva centrato in pieno stomaco, pochi centimetri più in basso della corazza. E mentre lui si aggrappava a una sporgenza dell'altare per non cadere, lei, Polissena, gli si era accostata e gli aveva urlato addosso tutto l'odio che fino a quel momento aveva tenuto represso nel profondo del cuore.

«Davvero ti eri illuso, o figlio di Peleo, che io potessi innamorarmi di te? Se ho conosciuto il tuo letto, sappilo, è stato solo per carpire il segreto della tua invulnerabilità, e tu, nella tua stupida vanagloria, immediatamente me lo hai confidato. E adesso crepa, carogna! Esala l'ultimo respiro nello stesso luogo dove hai ucciso mio fratello Troilo!»

Ora per chi non lo sapesse (ma ci sarà poi ancora qualcuno che lo ignora?) Achille aveva un solo punto debole in cui poteva essere colpito: il tallone. Sua mamma Tetide, infatti, quando nacque, per renderlo invulnerabile, lo aveva immerso nel fiume Stige, tenendolo ben saldo per il tallone destro. Certo che se lo avesse immerso due volte, benedetta donna, tenendolo una volta per il piede e una volta per la mano, nessuno lo avrebbe mai potuto uccidere!

Ai piedi della scalinata scoppiò una furibonda lotta per il possesso del cadavere. Tutti gli amici di Achille, Leonte e Gemonide compresi, si videro attaccati all'improvviso da

nerabile). Tetide, fin da quando Achille era piccolo, era al corrente di questo pericolo, e per evitare che il figlio uccidesse, magari senza volere, uno dei tanti figli del Dio sparsi per il mondo, gli mise alle costole un servo, tale Mnemone, con il solo scopo di ricordargli la cosa ogni mezz'ora; così che, quando si accorse che Achille aveva eliminato ugualmente Cicno, ammazzò a sua volta Mnemone per non averglielo ricordato in tempo.

uno stuolo di Troiani sbucati non si sa bene da dove. Li comandavano Deifobo e Paride.

Diomede, Aiace Telamonio e Ulisse si batterono come demoni. La consegna era: resistere fino all'arrivo dei Mirmidoni. Più che il cadavere, la posta in palio erano le armi del Pelide e, data la loro fama, non ci si deve poi tanto meravigliare se Greci e Troiani si batterono fino all'ultima goccia di sangue per impadronirsene. Aiace uccise Asio, un fratello di Ecuba. Diomede, per non essere da meno, stese al suolo Naste e Anfimaco, entrambi provenienti dalla Caria. Ulisse, invece, resosi conto che arrivavano sempre nuovi Troiani a dare man forte, e che non avrebbero potuto resistere all'infinito, mandò Pisandro con un carro ad avvisare gli Achei; per cui di lì a poco, intorno ad Achille, divampò una vera e propria battaglia.

A un certo punto Aiace Telamonio riuscì a caricarsi addosso i centoventi chili e passa del Pelide (armatura compresa) e, mentre l'astuto Ulisse gli copriva le spalle con la spada sguainata, si avviò con calma verso gli accampamenti achei.

Il recupero del corpo di Achille dette origine, in seguito, a gravi discordie. A chi assegnare le famose armi di Efesto? Ad Aiace, che aveva materialmente portato in salvo il cadavere da Thymbra all'accampamento, o a Ulisse, che aveva protetto con la spada la ritirata di Aiace?

Agamennone pensò bene di porre il quesito agli stessi prigionieri troiani: «Chi tra tutti gli Achei, a vostro giudizio, è stato più nocivo a Troia: Aiace o Ulisse?».

E tutti, giustamente, risposero: «Ulisse».

I trucchi dell'astuto re di Itaca, infatti, li avevano danneggiati molto di più della forza bruta del figlio di Telamone.

L'assegnazione, ovviamente, non garbò affatto ad Aiace.

«Ma come,» protestò indignato il gigante «ogni volta che

gli Achei hanno avuto bisogno di qualcuno che si avventasse nella mischia, io non mi sono mai tirato indietro, e ora... ora che ci sono da assegnare le armi di mio cugino Achille, quelle stesse armi che io, e non altri, ho strappato dalle mani troiane, che fanno questi ingrati? Le danno a Ulisse, che ben di rado è stato visto in prima linea!»

La delusione fu tale che il poveruomo impazzì, e un giorno, mentre era nel recinto delle mandrie, cominciò a chiamare per nome tutti i montoni, a uno a uno, scambiandoli per altrettanti comandanti achei. Pare che in una sola notte ne abbia ammazzati più di cento e che abbia legato a una colonna due arieti dalle zampe bianche per frustarli con maggiore comodità. Le povere bestie scalciavano terrorizzate e lui le copriva d'ingiurie.

«Prendi questo, o Agamennone, e poi quest'altro... e questo altro ancora: un colpo per ogni vigliaccata che hai commesso nella vita e uno per ogni uomo che hai tradito! E tu, Ulisse, maestro d'inganni, sappi che dopo averti ben bene strigliato la schiena, taglierò la tua lingua menzognera e la butterò in pasto ai porci!»

All'alba, distrutto dalla fatica, dopo aver invocato Ermes perché guidasse la sua ombra nel Prato degli Asfodeli[2] e le Erinni perché lo vendicassero, piantò la spada nel terreno, dalla parte dell'impugnatura, e vi si gettò sopra, facendo bene attenzione che l'arma gli si conficcasse nell'unico punto in cui era vulnerabile: l'ascella.[3]

Secondo una leggenda marinara, Ulisse, durante il viag-

---

[2] Il Prato degli Asfodeli si trovava nell'aldilà. Omero ne parla nel libro XI dell'*Odissea*, allorché fa dire all'anima di Achille che preferirebbe essere schiavo di un povero, piuttosto che re degl'Inferi. L'asfodelo era una pianta della famiglia delle Liliacee cara a Persefone. I Greci, ritenendolo un alimento gradito ai defunti, la coltivavano direttamente sulle tombe.
[3] Quando nacque Aiace, Eracle, per renderlo invulnerabile, lo avvolse dalla testa ai piedi nella pelle del Leone Nemeo; non si avvide, però, che a causa di un foro praticato nella pelliccia per far passare la feretra, il corpo del bambino era rimasto scoperto sotto l'ascella.

gio di ritorno, in un naufragio, perse tutte le armi del Pelide, e queste, per volere di Tetide, galleggiarono sulle onde fino a depositarsi accanto alla tomba di Aiace, sul capo Reteo.

I funerali di Achille, ovviamente, furono maestosi come l'importanza del personaggio esigeva, anche se l'eroe, a essere sinceri, non era molto amato dalle truppe a causa della sua lunga assenza dai campi di battaglia. Un gruppo di Nereidi, guidate da Tetide, si dispose in cerchio intorno al cadavere e lo pianse a lungo dopo averlo cosparso d'unguenti miracolosi. Le nove Muse intonarono un canto funebre che durò diciassette giorni e diciassette notti. Per l'occasione giunse a Troia anche Neottolemo, il figlio quindicenne che il Pelide aveva avuto a Sciro,[4] quando, travestito da donna, si era nascosto tra le concubine del re Licomede.

Il diciottesimo giorno il corpo di Achille fu bruciato sul rogo; le sue ceneri furono mischiate con quelle di Patroclo e messe in un'urna d'oro fabbricata da Efesto, quindi tumulate sul promontorio Sigeo in modo che potessero guardare nella direzione di Ftia. Ancora oggi i naviganti che attraversano lo stretto hanno l'impressione, durante le notti di tempesta, di udire la voce di Achille declamare i versi del divino Omero, mentre dalla pianura di Troia giunge un rumore indistinto di cavalli lanciati al galoppo, di carri che sferragliano e di armi strepitanti.

Neottolemo (detto anche Pirro) giurò che non avrebbe avuto pace fino a quando non avesse immolato Polissena sulla tomba del padre, e lo avrebbe fatto senza alcuna esitazione, se il consiglio degli anziani, con Agamennone a

---

[4] A conti fatti, Neottolemo non avrebbe dovuto avere più di undici anni ma, date le imprese guerresche che gli vengono attribuite, non possiamo credere che ne avesse meno di quindici.

capo, non avesse inaspettatamente graziato la fanciulla con la scusa che era ancora troppo giovane. La verità era che Agamennone voleva tenersi buona Cassandra, sua nuova concubina e sorella di Polissena. Contro questa decisione, però, gli Achei cominciarono a rumoreggiare: «Conta di più la spada di Achille o il letto di Agamennone?». Per rispondere a questo interrogativo intervenne il Pelide in persona, o per meglio dire la sua ombra. Una notte fu vista apparire in cima al capo Sigeo e gemere: «Anch'io voglio la mia parte di bottino!». La fanciulla allora fu prelevata dal recinto dove era stata rinchiusa e trascinata per i capelli fino al tumulo di Achille; lei stessa si aprì la tunica sul bianco seno, per dar modo a Neottolemo di affondarci dentro la spada vendicatrice.

Morto Achille e morto Aiace, i Greci cominciarono ad aver paura: non avevano più un eroe in grado di spaventare i Troiani, salvo Diomede. E poi era emersa un'amara realtà: dopo nove anni di guerra l'arma più micidiale si era rivelata l'arco e non la spada, e mentre i Troiani avevano arcieri eccezionali (e se ne vantavano), loro, gli Achei, si vergognavano addirittura di farne uso, considerandola un'arma più adatta ai vili che non agli eroi. Il geografo Strabone racconta di aver letto una volta, su un'antica colonna, un editto in base al quale si proibiva in guerra qualsiasi tipo di proiettile, comprese le pietre. Plutarco, nei suoi *Moralia*, parla di un soldato che in punto di morte avrebbe esclamato: «Non mi dispiace tanto di morire, quanto di essere ucciso da un arciere effeminato».[5]

A parte queste considerazioni, Agamennone non ne poteva più di fare la guerra: erano trascorsi quasi dieci anni dall'inizio delle ostilità e lui aveva una voglia tremenda di

[5] Plutarco, *Moralia*, 234 E 46; Erodoto, *Storie*, IX, 72.

tornarsene a casa. La moglie, la bellissima Clitennestra, l'aspettava con ansia, e i suoi tre figli erano diventati così grandi che forse, il giorno in cui fosse tornato, nemmeno li avrebbe riconosciuti; e tutto questo perché? Per un bottino che a quel punto poteva anche essersi dileguato, dal momento che Priamo lo aveva pressoché prosciugato per pagare il riscatto di Ettore? A conti fatti, pensò Agamennone, non conveniva più restare a Troia. D'altra parte non poteva nemmeno tornarsene a casa a mani vuote: che figura avrebbe fatto con il mondo acheo? Non dico molto, ma almeno Paride doveva farlo uccidere: se non altro per vendicare l'affronto subito dal fratello. Ma come convincere quel pusillanime del troiano a uscire fuori dalle mura?

Tra tutti i figli di Priamo, Paride era di sicuro il più prudente: non si esponeva mai negli scontri, e le rare volte che scendeva in campo si andava a piazzare in un angolino ben riparato, per poi scagliare da lontano le sue stramaledettissime frecce. L'unico modo, forse, di farlo uscire allo scoperto sarebbe stato quello di sfidarlo in un duello con l'arco. Vanesio com'era, probabilmente avrebbe accettato: ma chi schierargli contro? Il solo rivale possibile era Teucro, il fratellastro di Aiace Telamonio, ma dopo il suicidio di quest'ultimo neanche a parlarne: Teucro odiava Agamennone con tutte le sue forze e non avrebbe mai combattuto per l'onore di un figlio di Atreo! Qualcuno allora fece il nome di Filottete, l'eroe dimenticato, quello che i Greci avevano abbandonato nove anni prima, ferito, su un'isola in mezzo al mare Egeo.

Filottete era senza dubbio il più bravo degli arcieri achei, anche perché aveva avuto in eredità le frecce e l'arco personale di Eracle.[6] Durante il viaggio di andata, però,

---

[6] Quando Eracle indossò la camicia avvelenata con il sangue di Nesso, donatagli da Deianira, piuttosto che subirne i tormenti, preferì lasciarsi morire tra le

essendo sceso per un rifornimento d'acqua nell'isoletta di Nea,[7] venne morso al piede da un serpente velenoso, e la ferita, una volta diventata purulenta, cominciò a emanare un tale fetore, che i compagni di viaggio pensarono bene di scaricarlo sulla prima isola possibile.

Approfittando della tregua per i funerali di Achille, Ulisse pensò bene di andarlo a recuperare, e lo trovò che si aggirava, infuriato come una belva, su una spiaggia deserta.

«Salve, o Filottete, come ti va la vita?» lo salutò Ulisse, come se niente fosse. «Pensi ancora di essere il migliore degli Achei nel tiro con l'arco?»

«Fa' che incontri quelli che mi hanno abbandonato in quest'isola maledetta,» gli rispose l'arciere «e ti dimostrerò quanto sia ancora valido il mio braccio!»

Un po' con la chiacchiera, e un po' con la promessa di fargli curare per benino la ferita da Podalirio o dallo stesso Macaone, Ulisse riuscì a convincerlo a tornare a Troia e a unirsi agli altri Achei.

Il duello Paride-Filottete fu un altro di quegli scontri epici che movimentarono la guerra di Troia.

Come sempre, prima di scontrarsi, i due campioni s'ingiuriarono per una mezzoretta al meglio delle loro capacità inventive.

«O Filottete, figlio di Peante,» urlò Paride «hai più probabilità di uccidermi con la puzza dei piedi, che non con le frecce del tuo arco.»

«Anche tu, o discendente di Priamo, emani un pessimo

fiamme. In quell'occasione il poverino, vedendo Filottete che passava di lì per caso, lo pregò di appicare il fuoco alla pira, e subito dopo gli donò l'arco e le frecce.
[7] Nea vorrebbe dire «nuova», ovvero isola improvvisamente apparsa a seguito di un'eruzione vulcanica, e, con ogni probabilità, poi scomparsa per lo stesso motivo. Per quanto riguarda invece l'isola dove fu abbandonato Filottete, c'è chi fa il nome di Lemno e chi di Tenedo.

odore: quello del tradimento» ribatté Filottete. «Solo che il mio puzzo potrà essere curato dai figli di Asclepio, mentre quello tuo resterà insopportabile, nei secoli dei secoli, come esempio di turpitudine.»

«Sii leale, o maleodorante eroe: non metterti sopra vento!» lo supplicò a sua volta Paride. «Come vuoi che io possa tendere l'arco, se ho le mani impegnate a turarmi il naso?»

«E alle mie frecce non pensi?» replicò Filottete mostrandogli la faretra. «Oh, quanto preferirebbero, le poverine, finire in un cumulo di escrementi, piuttosto che nel tuo putrido ventre!»

Ogni battuta, a seconda dell'efficacia, veniva salutata da un coro di consensi da parte di uno dei due schieramenti e dagli ululati di scherno della fazione opposta. Una volta però cessate le schermaglie orali, si cominciò a fare sul serio e allora ci si rese conto che Filottete era davvero un maestro, e non solo a scagliare dardi, ma anche a schivare quelli che gli arrivavano addosso. Mentre Paride, infatti, non riuscì mai a cogliere il bersaglio, l'acheo lo centrò per ben tre volte: con la prima freccia gli trafisse una mano, con la seconda l'occhio destro e con la terza una caviglia.

Malgrado la gravità delle ferite, Paride non morì immediatamente; i Troiani lo trasportarono fin sul monte Ida nella speranza che la sua ex amante Enone lo potesse guarire con un incantesimo. La ninfa però, ancora offesa per essere stata messa in disparte a causa di Elena, si rifiutò di prestargli soccorso, e quando, pentita, corse a Troia con un unguento magico per salvarlo in extremis, non le aprirono neppure le Porte Scee, perché l'eroe era già spirato tra le braccia della moglie.

La scomparsa di Paride creò un altro problema al vecchio Priamo: a quale dei figli concedere adesso la mano di Elena? Due erano i pretendenti: Deifobo e Eleno. La scelta cadde sul primo e fece imbestialire il secondo, che abbandonò clandestinamente la città assediata per rifugiarsi presso le tende degli Achei, dove fu accolto a braccia aperte dal solito Ulisse. Il re di Itaca ne approfittò subito per farsi confidare tutti i segreti dei Troiani: lo spessore delle mura, il numero delle sentinelle, gli orari di guardia e via dicendo.

Secondo Eleno, esperto in oracoli, Troia non sarebbe mai caduta se prima gli Achei non si fossero procurati una scapola di Pelope. Agamennone, superstizioso come tutti a quei tempi, inviò prontamente un araldo a Pisa, nell'Elide, perché portasse a Troia la preziosa reliquia.

Ed Elena cosa ne pensava di questo suo passare da un letto all'altro? Ormai la poverina era giunta al suo quarto marito: dopo Teseo, Menelao e Paride, adesso si vedeva assegnata a Deifobo. Il Fato gliene assegnerà anche un quinto, Achille, ma solo dopo morta.

Una volta uscito Paride di scena, non si sa se l'atteggiamento di Elena verso i Troiani sia cambiato, oppure no. Accettò supinamente tutto quello che le venne imposto, o cercò di ribellarsi? Le versioni sono divergenti, e divergenti sono i giudizi su Elena che per alcuni è la personificazione dell'adultera e della rovinafamiglie, per altri invece una vittima di eventi più grandi di lei. Stesicoro nel suo *Sacco di Troia* ne parlò così male che la stessa Elena, dall'Ade, chiese agli Dei di privarlo della vista, salvo poi fargliela riavere non appena si accorse che il poeta aveva ritrattato i suoi giudizi affrettati.

Elena, a ogni modo, resta per i mitologi un personaggio ambiguo, non facilmente classificabile. Il suo stesso nome *Elènè* suggerisce accostamenti misteriosi con «Selène», la luna.

Per Eschilo era sinonimo di «rovina di navi, rovina

d'eroi, rovina di città».[8] Tra le tante sciagure che le si addebitano c'è anche quella di aver inventato la droga, in particolare la morfina. Quando, a guerra finita, il figlio di Ulisse, Telemaco, la va a trovare a Sparta, e piange e si dispera perché non ha più notizie di suo padre, lei, per calmarlo, gli somministra un sedativo ricavato dalle sue stesse lacrime, l'*elenion*, che gli fa dimenticare qualsiasi affanno.[9]

L'immagine più umana di Elena è quella offerta da Ovidio nelle *Metamorfosi:* il poeta ce la mostra vecchia e decrepita mentre si sta guardando in uno specchio. La donna osserva in silenzio le rughe, i capelli grigi, il collo raggrinzito, e poi si chiede, stupita, come mai sia stata *bis rapta*, rapita due volte.[10]

[8] Eschilo, *Agamennone*, vv. 689-690.
[9] «Nel vino in cui essi bevevano gettò rapida un farmaco che fuga il dolore, l'ira e il ricordo di tutti i malanni. Chi l'ingoiava, una volta mischiato dentro il cratere, non avrebbe versato lacrime quel giorno, neanche se gli fosse morta la madre e il padre, e neanche se gli avessero ucciso davanti, col bronzo, il fratello o il figlio, e lui l'avesse visto con gli occhi.» Omero, *Odissea*, IV, 220-226.
[10] «Piange pure, quando nello specchio scorge le rughe della vecchiaia, la figlia di Tindaro e tra sé chiede, stupita, perché fu rapita due volte. O tempo divoratore di cose, e tu, invidiosa vecchiaia, tutte le creature distruggete; e dopo averle intaccate coi denti del tempo, tutte, a poco a poco, le annullate con lenta morte.» Ovidio, *Metamorfosi*, XV, 232-236.

XVI

Il cavallo di legno

Laddove seguiamo la vicenda del cavallo di legno e la conseguente distruzione di Troia. Tra saccheggi, incendi, assassinii e violenze di ogni genere, Leonte cercherà la sua Ekto, e verrà a conoscere, finalmente, la verità su suo padre.

«Troia è inespugnabile!» sentenziò Eleno davanti al gran consiglio degli Achei. «Troppo abili sono gli arcieri posti a guardia sugli spalti e troppo spesse le mura che la circondano tutta. O Achei, non vi dimenticate che quelle mura furono innalzate in una sola notte da Apollo e Poseidone, e che le opere degli Dei non possono essere demolite da mani mortali.»

Eleno il traditore, ospite fin troppo coccolato da Ulisse, non aveva dubbi: anche se la guerra fosse durata altri cento anni, i Greci non sarebbero mai riusciti a violare le mura di Troia. Era indispensabile, pertanto, escogitare uno stratagemma per entrare in città, in modo da ottenere con l'astuzia quello che finora era stato negato alla forza.

«Io avrei un'idea» esordì Ulisse, alzandosi in piedi e portandosi al centro del ristretto numero di capi. «Costruiamo un cavallo di legno in onore di Atena e abbandoniamolo sulla riva, dopo di che spingiamo le nostre navi in mare e fingiamo di tornare tutti in patria.»

«Un cavallo? Di legno?» chiese stupito Agamennone. «E tu pensi che un cavallo di legno possa distruggere Troia?»

«Ne sono addirittura certo, se al suo interno nasconderemo un manipolo di prodi disposti a morire» rispose il maestro d'inganni.

«E secondo te, o figlio di Laerte, i Troiani saranno così ingenui da portare, con le loro stesse mani, questo tuo cavallo zeppo di armati dentro le mura?»

«Sì, se lo costruiremo più alto delle fin troppo alte Porte Scee!»

A questo punto Agamennone non capì più nulla: già gli sembrava difficile che i nemici potessero portare, di loro spontanea volontà, il cavallo entro le mura; se poi il colosso fosse stato anche più alto del portale d'ingresso, non vedeva proprio come il piano di Ulisse potesse funzionare. L'astuto re di Itaca, invece, contava proprio su questo per convincere i Troiani.

«L'idea è buona,» ammise Diomede «ma non è virile.»

Questa della virilità, dell'*andreia* come la chiamavano i Greci, era una fissazione di Diomede. Eroe nel vero senso della parola, il figlio di Tideo non ammetteva altro tipo di lotta che quella dello scontro ad armi pari tra due campioni: uno di fronte l'altro e che vincesse il migliore. Ulisse, invece, era antisportivo: aveva ereditato dal nonno materno, Autolico, l'arte di raggirare il prossimo e se in una impresa non riusciva a fregare almeno un paio di persone, non era contento.

La costruzione del cavallo fu affidata a Epeo, il più vigliacco degli Achei: la sua abilità come falegname era famosa quanto la sua riluttanza a rischiare la vita in battaglia. Eppure a guardarlo nessuno avrebbe mai pensato di avere a che fare con un pusillanime: la natura lo aveva dotato di un paio di spalle molto larghe e, in particolare, di un destro micidiale. Era così potente che, nonostante la vigliaccheria che lo contraddistingueva, era riuscito a sconfiggere tutti i concorrenti nelle gare di pugilato durante i giochi funebri in onore di Patroclo.

Epeo costruì il cavallo in modo che potesse contenere al suo interno ventitré guerrieri armati di tutto punto. Lo sportello d'ingresso era mascherato ad arte e aveva un dispositivo d'apertura noto soltanto al suo inventore. Su una delle fiancate campeggiava la scritta: «I GRECI AD ATENA CON GRATITUDINE».[1]

Sul numero degli armati che furono rinchiusi nel cavallo si è sempre discusso: chi dice dodici, chi ventitré, chi trenta, chi addirittura tremila, il che francamente ci sembra un po' esagerato. Quelli che parteciparono di diritto furono Menelao, Ulisse, Diomede e Neottolemo; per quanto riguarda gli altri la scelta fu affidata a un sorteggio a cui parteciparono solo i personaggi di sangue reale, uno per ogni comunità presente a Troia. Essendo diciotto gli alleati, diciotto furono anche i prescelti; il ventitreesimo occupante fu Epeo. Lui, poverino, fece di tutto per non essere della partita: scalciò mentre lo prendevano di peso per infilarlo nel ventre del cavallo, minacciò di rompere le fiancate con un pugno, scongiurò Agamennone di lasciarlo a terra, senza però riuscire a commuovere nessuno. Era l'unico a conoscere il segreto dello sportello e quindi anche l'unico a risultare davvero indispensabile.

Quando arrivò il momento di scegliere l'esponente di Creta, nell'urna vennero messi i nomi di Idomeneo, di Merione, di Evanio e di Leonte. La sorte volle favorire il giovane Leonte, ma Gemonide si alzò subito in piedi per protestare.

«O Agamennone, pastore di popoli, io penso che per questa impresa siano necessari nervi saldi e lunga esperien-

[1] Apollodoro, *Epitome*, V, 14-15.

za d'armi; non vedo quindi come un ragazzino, appena sedicenne, possa far parte dei pochi prescelti.»

«O vecchio Gemonide,» gli rispose Agamennone «guarda Neottolemo come freme dalla voglia di battersi: è ancor più giovane del giovane Leonte, eppure, come tu stesso puoi constatare, è entusiasta di entrare nel ventre del cavallo.»

«Anch'io ho voglia di battermi...» cercò di dire Leonte, ma Gemonide glielo impedì con la forza, tappandogli la bocca con una mano.

«Di certo sarà l'anima di Achille a spingere il prode Neottolemo alla vendetta» insisté il maestro. «Io però sono convinto, o figlio di Atreo, che se tu mi concedessi il privilegio di prendere il posto del giovincello, tutto il gruppo degli eroi si avvantaggerebbe dei miei consigli.»

«Qui non è in discussione la tua saggezza, o vecchio, ma il volere degli Dei» replicò ancora una volta Agamennone. «Se il Fato ha così deciso, non vedo perché noi poveri mortali dovremmo contraddirlo.»

Gli Achei salparono con le nere navi e diressero le vele verso la Grecia, o per meglio dire finsero di dirigersi verso la Grecia giacché dopo poche miglia di mare si andarono a nascondere a ridosso dell'isola di Tenedo. Per rendere più credibile la partenza, incendiarono tutto quello che avevano costruito in quei dieci anni di guerra: case di pietra, capanne di fango e di canne, recinti per il bestiame, campi di grano, fortificazioni belliche e via dicendo. Sulla spiaggia lasciarono solo il cavallo di legno e un cugino di Ulisse, un certo Sinone, che andò a nascondersi nelle paludi a nord dell'accampamento.

Quando le sentinelle, appostate sulle torri, avvisarono Priamo che gli Achei erano partiti, e che le loro navi erano sparite all'orizzonte, tutti gli abitanti di Troia, donne e bambini compresi, si riversarono increduli sulla spiaggia.

Qui, ben saldo sul suo piedistallo, faceva bella mostra di sé il cavallo di legno. I Troiani restarono a bocca aperta: mai, prima di allora, avevano visto qualcosa di altrettanto maestoso!

«Che cosa ne facciamo di questa meraviglia?» si chiesero stupiti. «La distruggiamo o la portiamo a Troia?»

Le opinioni al riguardo erano quanto mai contrastanti.

«Guardate,» esclamò Timete, uno dei pochissimi Troiani in grado di leggere, mostrando la scritta sulla fiancata, «è un dono lasciato ad Atena! Trasportiamolo all'interno della cittadella e la Dea ci sarà grata per sempre.»

«Giammai,» gridò Capi, il re dei Dardani, «Atena ha sempre parteggiato per gli Achei e non merita che il dono le venga consegnato. Bruciamolo piuttosto sulla spiaggia e spargiamo le ceneri al vento.»

«Non sono d'accordo con te, o valoroso Capi,» dissentì Priamo «Timete ha ragione e anch'io penso che, distruggendolo, mancheremmo di rispetto alla Dea. Forse sarebbe più prudente trasportarlo all'interno delle mura, magari con l'ausilio di rulli, per poi dedicarlo ad Atena al posto del Palladio che ci è stato rubato.»

Ovviamente, in una divergenza di opinioni come quella che si era andata creando non poteva mancare il contributo di Cassandra. La folle figlia di Priamo arrivò di corsa, più scarmigliata che mai, urlando come un'ossessa.

«Vedo nel ventre dell'orrenda bestia migliaia di uomini armati! Distruggila, o padre, prima che essa cominci a vomitare nemici! Eccoli che arrivano: hanno in mano le torce e dai loro denti schizza il veleno delle vipere. Sono belve assetate di sangue: uccidono gli uomini, violentano le donne e sgozzano i bambini. Vedo lo Scamandro tingersi di sangue fino al mare!»

Come sempre Cassandra, pur dicendo sostanzialmente la verità, esagerava nei particolari, al punto di togliere ogni credibilità alle sue profezie. Se invece di parlare di migliaia di armati, di vipere e di nemici vomitati, si fosse limitata a dire: «Uè, qua dentro ci sono ventitré guerrieri!», forse qualcuno l'avrebbe pure potuta credere e magari Priamo, se non altro per curiosità, avrebbe anche ordinato alle sue guardie del corpo di sfasciare il ventre del cavallo per vedere se aveva ragione. Ma lei era fatta così: una profezia o la diceva drammatizzandola, o non parlava affatto.

A darle man forte, comunque, arrivò di corsa anche Laocoonte, un sacerdote di Apollo.

«O quanto siete ingenui, o Troiani, e quanto poco conoscete Ulisse! Ma sul serio pensate che gli Achei siano partiti?»

«E cosa dovremmo fare?»

«Distruggere il cavallo» rispose con sicurezza Laocoonte.

«Ma se è un dono!»

«Io non mi fido dei Greci nemmeno quando portano i doni!»[2]

Ciò detto, scagliò con forza una lancia contro il cavallo di legno. L'arma si andò a conficcare nella schiena del colosso e vi penetrò per alcuni centimetri, seminando il panico tra tutti quelli che stavano all'interno. Se i Troiani non avessero accompagnato il gesto del sacerdote con un boato assordante, avrebbero di sicuro percepito un cupo rimbombo di armi e il grido di terrore emesso da Epeo. Anche Leonte era stato sul punto di urlare. D'altra parte, mettiamoci nei suoi panni: aveva sedici anni e si trovava all'interno di una bara di legno, al buio, insieme ad altri ventidue sconosciuti, con il pericolo di essere scoperto da un momento all'altro e di finire arrostito. Le proposte che aveva sentito fare dai Troiani fino a quel momento lo avevano terrorizzato: prima «bruciamolo», poi «scaraven-

---

[2] Celebre verso di Virgilio, diventato in seguito un proverbio: «*Timeo Danaos et dona ferentes!*». *Eneide*, II, 49.

tiamolo in mare», poi il suggerimento di Timete di portare il cavallo nella cittadella, le urla di Cassandra e la lancia di Laocoonte che era sbucata all'improvviso a due centimetri dalla testa di Neottolemo. C'era di che morire d'infarto! Al contrario di Leonte, invece, il figlio di Achille, sia detto a suo onore, era rimasto imperturbabile: aveva solo chiesto al suo vicino di panca, Toante, di farsi un pochino più in là perché gli dava fastidio la punta di bronzo che fuoriusciva dalla parete.

Qualcuno dei Troiani, temendo che la Dea potesse essersi offesa, provvide a estrarre la lancia dal cavallo, e quest'iniziativa si rivelò subito un grosso vantaggio per tutti gli occupanti. Fino a quel momento, infatti, i poverini erano stati nel buio più assoluto, ora invece, grazie al foro lasciato dall'arma, anche se a malapena, riuscivano a scorgere qualcosa: Leonte, ad esempio, vide Epeo, seduto di fronte a lui, piangere in silenzio. Ma ecco, tutto a un tratto, un brusio di voci: alcuni Troiani avevano catturato Sinone, il «palo» che Ulisse aveva lasciato nella palude, e ora lo stavano trascinando, mani e piedi legati, davanti a Priamo. L'acheo piangeva disperatamente, senza peraltro lesinare maledizioni e improperi all'indirizzo del cugino.

«O magnifico Priamo, noto per la saggezza al di là e al di qua del mare, abbi pietà di Sinone!» esordì tra i singhiozzi. «Io sono qui per colpa di Ulisse, il più infido di tutti i mortali.»

«Conosco Ulisse fin troppo bene, forse meglio di te, e lo temo,» ammise il vecchio sovrano «più per l'astuzia, però, che per le prodezze sul campo di battaglia. Raccontaci piuttosto perché ti lamenti di lui.»

«O discendente di Zeus,» continuò Sinone, alquanto rinfrancato dalla cordialità di Priamo, «malgrado sia mio cugino, Ulisse m'indicò agli Achei quale vittima da sacrificare a Poseidone, e non già per ingraziarsi il Dio, il che sarebbe stato anche comprensibile dal momento che stava per iniziare un così lungo viaggio, quanto per eliminare un pericoloso testimone che, una volta in patria, lo avrebbe potuto accusare di omicidio. Un giorno, infatti, io ebbi la sfortuna di raccogliere la confessione di uno schiavo e di venire a conoscenza del piano delittuoso che egli, uomo dalle mille astuzie, aveva ordito ai danni dello sventurato Palamede.»

«Se quanto dici è vero,» obiettò il re «com'è che sei ancora vivo? Che io sappia, Ulisse non ha mai perdonato i suoi nemici.»

«Perché quando il sacerdote aveva già alzato su di me la spada sacrificale, Borea inviò un fresco vento dalla lontana Colchide e tutti corsero a spingere le navi. Allora io mi rotolai giù dall'altare, ancorché legato, e nel trambusto riuscii a raggiungere le paludi.»

«Dimmi ancora, o Sinone,» continuò a chiedere Priamo «per quali motivi gli Achei lasciarono sulla spiaggia un così grande simulacro? E perché poi, proprio un cavallo?»

«Perché noi Greci onoriamo Atena in quanto protettrice dei cavalli, tanto che spesso la chiamiamo Ippia. In questi ultimi tempi, però, la Dea è in collera con noi per il furto del Palladio, ragione per cui Calcante ci consigliò di costruire un cavallo che potesse placarne le ire.»

«E perché di tali dimensioni?»

«Per evitare che i Troiani lo portassero all'interno della cittadella e s'ingraziassero la Dea. Un giorno Ulisse ed Epeo si spinsero fin sotto le Porte Scee e misurarono a occhio l'altezza degli archi. Quindi costruirono il cavallo in modo che non potesse passarvi sotto.»

«Queste parole sembrano inventate da Ulisse!» urlò a quel punto Laocoonte e si avventò contro Sinone con la spada in pugno, ma due guardie di Priamo, intuendone le intenzioni, riuscirono a trattenerlo.

«Ma se odio Ulisse più di qualsiasi altro essere al mondo!» protestò l'acheo.

«Non è vero, non è vero!» continuò a strepitare Laocoonte, rivolgendosi ai Troiani. «È Ulisse che gli ha suggerito le risposte, e lui mente sapendo di mentire!»

«Che Atena mi faccia morire in questo istante se ciò che ho detto non corrisponde al vero!» giurò ancora Sinone con la massima faccia tosta.

«D'accordo,» gli disse Laocoonte «ma se è di cavalli che dobbiamo parlare, che sia Poseidone a stabilire se menti.[3] Io adesso sacrificherò un toro all'inventore del cavallo e in cambio gli chiederò un segnale.»

Non l'avesse mai detto: dalle acque del mare, provenienti dalla vicina Tenedo, affiorarono due enormi serpenti marini, Porcete e Caribea, che raggiunsero la riva e si avvinghiarono a due ragazzini che stavano giocando sulla spiaggia: erano i figlioletti di Laocoonte. Inutilmente il sacerdote cercò di strapparli alla presa mortale: dopo una breve lotta, finì anch'egli col restare stritolato dalle spire dei mostri.

A Napoli, nella Villa Comunale, c'è una riproduzione in marmo del «gruppo del Laocoonte», il cui originale si trova ancora oggi nei Musei Vaticani.[4] Da ragazzo mi fermavo incantato a contemplarlo, e mi chiedevo se mio padre, in una situazione simile, si sarebbe mai buttato in mezzo ai serpenti per salvarmi la vita. Ricordo che, per meglio «sentire» la scena, m'inerpicavo sul basamento e recitavo a memoria i versi di Virgilio: «*I serpenti con marcia sicura si*

[3] Sembra che il cavallo sia stato inventato da Poseidone, Dio del mare; sarà per questo che ancora oggi le grandi ondate marine vengono chiamate «cavalloni». L'invenzione del cavallo, comunque, sarebbe nata in seguito a un tentativo di stupro di Poseidone nei confronti di Demetra. La Dea, volendo sottrarsi alle attenzioni del collega, si trasformò in una giumenta e costrinse il maschio a mutarsi a sua volta in uno stallone. Se le cose andarono così, l'invenzione del cavallo, o quantomeno della cavalla, dovrebbe essere attribuita a Demetra.
[4] Il gruppo marmoreo del Laocoonte, custodito nei Musei Vaticani, era attribuito da Plinio il Vecchio agli scultori rodii Agesandro, Polidoro e Atenodoro ed era esposto nel palazzo dell'imperatore Tito (79/81 d.C.). Plinio, *Naturalis historia*, XXXVI, 37.

dirigono su Laocoonte; e prima l'uno e poi l'altro si
avvinghiano ai piccoli corpi dei figli e li serrano, e a morsi si
pascono delle loro misere membra».[5]

Consumato il pasto, i due mostri marini entrarono in
città e si andarono a rannicchiare ai piedi di Atena. A quel
punto il messaggio diventò fin troppo chiaro: «I serpenti
avevano punito Laocoonte perché si era opposto alla
consegna del dono ad Atena, e subito dopo si erano
accucciati ai piedi della statua per testimoniare la loro
appartenenza alla Dea». A pensarci meglio, invece, l'interpretazione avrebbe potuto essere molto più elementare,
e soprattutto più utile: «Attenti alla minaccia proveniente
da Tenedo!».

Dopo quanto era accaduto, i Troiani non ebbero dubbi:
bisognava portare il cavallo entro le mura e issarlo in cima
alla cittadella, come la Dea aveva chiaramente fatto capire
con il prodigio dei serpenti. L'impresa, diciamolo subito,
non era delle più facili, anche perché oltre al peso del legno
c'era quello dei ventitré guerrieri. Gli Egizi, però, con le
piramidi avevano dimostrato che, quando si vuole, si può
fare qualsiasi cosa, e i Troiani non vollero essere da meno:
grazie a un ingegnoso sistema di corde e di rulli, riuscirono
a trainare l'enorme bestione fin sotto le Porte Scee. Dopo
di che ruppero il portale d'ingresso, giusto al centro, e
fecero passare la testa del cavallo dall'altra parte.[6] Infine
s'inerpicarono per il tratto più impervio, quello che dalle
mura portava fino al tempio di Atena. Si trattava di una

[5] Virgilio, *Eneide*, I, 203 e sgg.
[6] Tra le tante porte ancor oggi visibili a Troia, ce n'è una, all'estremità ovest delle
mura di cinta, che risulta chiusa da pietre non squadrate e comunque diverse dalle
altre. La spiegazione logica di questa otturazione indurrebbe a pensare che sia
stata quella la porta attraverso la quale venne fatto entrare il cavallo di legno. In
altre parole, i successori dei Troiani, invece di rifare la porta, avrebbero preferito
ripararla nel più sbrigativo dei modi.

stradina tutta in salita e senza alcun muretto di protezione. Più di una volta il cavallo corse il rischio di sfuggire alla presa dei trasportatori e di rovinare sulle case sottostanti.

Quella notte i Troiani bevvero e cantarono a lungo. Ai poverini non sembrava vero di coricarsi, una volta tanto, senza l'incubo di doversi alzare all'improvviso per respingere un attacco nemico. Gli Achei erano partiti e la guerra, a Zeus piacendo, era finita: dopo dieci anni di combattimenti, di lacrime e di sangue, i Troiani potevano finalmente dormire!

Nelle strade le donne apparecchiarono centinaia di tavole imbandite, adornandole di fiori e di foglie di lauro. Priamo fece macellare dodici manzi, in modo che tutti, quella notte, potessero mangiare a sazietà, e dalle sue cantine fece arrivare dodici giare di vino alte come un uomo.

Qualcuno, però, non partecipò alla festa, se non altro perché non aveva creduto alla partenza degli Achei, e questo qualcuno era Elena, una greca, che conosceva benissimo Ulisse e i suoi inganni. Mentre tutti erano impegnati a bere e a mangiare, la donna si recò alla cittadella e si sedette di fronte al cavallo. Restò lì, in silenzio, a guardarlo per ore, poi gli girò intorno tre volte, quindi gli carezzò le gambe, quasi a volerne captare le vibrazioni. A un certo punto avvertì la presenza degli eroi e cominciò a imitare le voci delle loro consorti.

«Diomede, mi senti? Sono Egialea, la tua tenera sposa. Ah come vorrei stringerti al mio bianco seno... E tu Stenelo mi riconosci? Dimmi: quanto tempo è passato dal giorno in cui ti vidi partire da Tirinto? O adorato marito: esci dal ventre di questo cavallo e baciami con tutto il tuo ardore, come solo tu sai fare... E tu, Anticlo, sposo fedele, hai forse dimenticato i nostri folli amplessi? Come può accadere che io sono qui, prigioniera dei Dardani, e tu ti rifiuti di venirmi a liberare...»[7]

A questo punto Anticlo perse la testa: si alzò di scatto e cercò disperatamente di aprire la botola per uscire. Ulisse però fu più lesto di lui e glielo impedì. Secondo Trifiodoro, un poeta greco del V secolo, lo avrebbe addirittura strozzato,[8] secondo Omero invece si sarebbe limitato a tenergli tappata la bocca mentre Elena imitava la voce di sua moglie.[9]

Allontanatasi la provocatrice, Ulisse cominciò il conto alla rovescia. Il primo a mettere piede a terra fu Echione; a voler essere precisi, più che il piede ci mise la testa, dal momento che scivolò sulla scala a corda e si ruppe l'osso del collo. Una volta all'aperto, gli eroi si divisero in tre gruppi: il primo drappello, con Diomede in testa, s'incaricò di eliminare le sentinelle, il secondo prese la strada della reggia per dar modo a Menelao e a Neottolemo di compiere le loro vendette, e il terzo, con Ulisse a fare da guida, andò a spalancare le Porte Scee ai ventimila Achei che nel frattempo si erano avvicinati alle mura.

Ma chi fu, materialmente, ad accendere il fuoco per segnalare agli Achei che la missione del cavallo era andata a buon fine? Per alcuni sarebbe stato Ulisse, per altri Sinone, e per altri ancora Elena: un'Elena del tutto inedita, un'amante pentita e ora risoluta a collaborare con i suoi ex compatrioti.

Leonte era stato assegnato al manipolo dei vendicatori, quello che avrebbe dovuto uccidere Priamo e tutta la famiglia reale. Il ragazzo però aveva altri pensieri per la testa. A lui importava salvare Ekto, per poi portarsela a ca-

[7] Virgilio, *Eneide*, II, 361-362.
[8] Trifiodoro, *Iliupersis*, 463-490.
[9] Omero, *Odissea*, IV, 271-289.

sa, sposarla e vivere felice e contento per tutto il resto della vita. Ora, se Ekto ed Elena crano la stessa persona, ovviamente non avrebbe potuto disporre di lei, essendo Menelao l'unico a decidere del suo destino, ma se Ekto era Ekto e basta, allora lui, che era uno dei guerrieri nascosti nel cavallo, avrebbe potuto farsela assegnare come preda di guerra. Questi i pensieri di Leonte mentre scendeva in silenzio per le stradine di Troia.

Il giovane cretese si mise in coda agli altri e non appena gli fu possibile svicolò per una scalinatella laterale: era indispensabile arrivare a casa di Ekto prima di chiunque altro. Faceva caldo e le strade erano disseminate di Troiani ubriachi. Uno di questi, stravaccato in un angolo, lo intravide e ritenendo forse di sognare gli puntò contro l'indice della mano destra.

«O maledetto acheo, che Zeus ti fulmini! Cosa fai tu a Troia? Non lo sai che la guerra è finita?»

Leonte avrebbe potuto ucciderlo con estrema facilità: il disgraziato stava lì, buttato per terra, ubriaco, e non avrebbe opposto la minima resistenza, ma Leonte non era venuto a Troia per uccidere, si era infilato in quello spaventoso cavallo solo per salvare Ekto. E adesso il suo obiettivo era quello di trovarla e di scappare insieme a lei verso le navi: l'avrebbe difesa anche a costo della vita... l'avrebbe fatta diventare la regina di Gaudos...

Essere stato già a Troia gli fu molto utile: dopo un paio di incroci si ritrovò proprio davanti alla casa dallo scalino rotto. La porta era aperta: la prima stanza era deserta, come pure la seconda e la terza, e da quanto gli era dato di vedere, non c'era in giro nessuna traccia di vita, né recente, né passata: niente abiti, niente mobili, niente giare di grano o di acqua. Insomma Ekto gli aveva detto una bugia: quella casa era disabitata da almeno un anno!

E se la stessa Ekto non fosse mai esistita? E se fosse stata davvero un simulacro, un miraggio, un parto della fantasia, una proiezione della sua voglia d'amare, come peraltro aveva sempre sostenuto Tersite? A quel punto non gli restava che recarsi alla reggia e controllare *de visu* se Ekto ed Elena erano la stessa persona.

Nel frattempo Ulisse aveva spalancato le Porte Scee e gli Achei si erano riversati per le strade di Troia. Le scene che da quel momento si pararono davanti agli occhi del giovane cretese andavano al di là di ogni più morbosa immaginazione: stupri, massacri, incendi, sentinelle sgozzate, neonati scaraventati giù dalle finestre e così via.

Leonte non resse allo spettacolo e fu costretto, suo malgrado, a fermarsi più di una volta per vomitare.

«Chi mai potrebbe esporre con parole la strage e le uccisioni di quella notte, e uguagliare con le lacrime gli affanni?» si chiede Virgilio nell'*Eneide*, e non esagera.[10]

Molti Troiani furono uccisi nel sonno, con ancora dipinta sul viso un'espressione di beatitudine: avevano appena finito di mangiare e bere a sazietà per festeggiare la fine della guerra.

Chiunque era troiano e di sesso maschile veniva passato per le armi, senza alcun riguardo per l'età: in particolare venivano eliminati i bambini, onde evitare che col tempo si trasformassero in pericolosi vendicatori. Astianatte, figlio di Ettore, pur non avendo ancora compiuto due anni, fu preso per un piede da Neottolemo e lanciato al di là delle mura. Per quanto riguardava le donne, la decisione se sopprimerle o meno dipendeva solo dal loro aspetto fisico: quelle attraenti o in grado di lavorare venivano portate sulle navi; tutte le altre, un colpo di spada e via, senza starci troppo a pensare.

Di tanto in tanto Leonte vedeva un acheo uscire da una casa con una femmina urlante tra le braccia, e tremava al solo pensiero che potesse trattarsi di Ekto. Ora scavalcando

---

[10] Virgilio, *Eneide*, II, 361-362.

cadaveri, ora evitando di farsi colpire dagli oggetti che piovevano dalle finestre, il ragazzo riuscì a raggiungere la reggia. Le ampie stanze del palazzo risuonavano di pianti, grida e gemiti.

Il primo acheo che vide fu Neottolemo, seguito dai fidi Automedonte e Perifante. Lo spietato figlio di Achille gli venne incontro sghignazzando e gli mise giusto davanti agli occhi la testa recisa di un vecchio: era quella di Priamo, il re di Troia. A tale vista Leonte fu di nuovo preso da conati di vomito.

«Ecco quale fine fanno i nemici di mio padre!» proclamò Neottolemo trionfante.

«Macché nemico di tuo padre!» non poté fare a meno di rispondergli Leonte. «Io stesso vidi Priamo baciargli le mani subito dopo la morte di Ettore.»

«E gliele bacerà di nuovo, credimi o Leonte, gliele bacerà ancor di più, ora che ha avuto modo di saggiare la mia spada! Chissà, anzi, che a quest'ora non l'abbia già incontrato nell'oscuro Ade, e che non gli abbia già raccontato che suo figlio Neottolemo è di gran lunga il più forte degli Achei!»

Dopo di che scaraventò la testa sanguinante su un cumulo di rifiuti. Leonte avrebbe voluto raccogliere quella povera testa canuta per restituirla alla moglie, ma non ne ebbe il coraggio. Decisamente lui non era fatto per la guerra. Ah, se solo fosse riuscito a trovare Ekto: sarebbe scappato via, il più lontano possibile!

Entrò nel cortile retrostante alla reggia e vide, dietro un altare, una donna anziana e una decina di fanciulle che si stringevano l'un l'altra nel disperato tentativo di non farsi rapire dalla soldataglia che scorrazzava per la reggia: erano Ecuba e le sue ancelle. Elena, però, non era con loro. Acamante, un eroe attico che si era trovato proprio accanto a lui nel cavallo, aveva afferrato per un braccio una giovane ragazza, una certa Climene, e si dava da fare per portarsela via, mentre tutte le altre cercavano d'impedirglielo.

«Dove sta Elena?» chiese Leonte all'amico.

«Non lo so» rispose Acamante, impegnatissimo nel far propria Climene. «Segui Menelao, anche lui la cerca.»

«La portatrice di sventure si è nascosta nel tempio» suggerì prontamente Ecuba, nella vana speranza che Acamante rinunciasse alla sua preda per correre anche lui alla caccia di Elena. «È lei l'origine dei nostri mali! Violentatela pure, o uomini, se ciò vi reca piacere, ma risparmiate le donne oneste.»

Acamante non si lasciò allettare dal suggerimento e raddoppiò gli sforzi per appropriarsi della bella Climene. Leonte, invece, percorse tutto d'un fiato le stradine che aveva appena disceso, ma una volta al tempio non riuscì a trovare tracce di Elena, né tanto meno di Ekto. Vide in compenso Cassandra alle prese con il feroce Aiace Oileo.

Il guerriero aveva aggredito la vergine e cercava in tutti i modi di piegarla alle sue voglie. Cassandra, per resistergli, si era aggrappata alla statua lignea di Atena (quella che aveva sostituito il Palladio) e urlava ancor più di quanto non fosse solita urlare quando profetizzava.

Leonte assisté impotente alla scena: cosa fare? Solo chi avesse ingaggiato una lotta all'ultimo sangue con il piccolo Aiace poteva farlo desistere. Certo, per Ekto si sarebbe battuto, ma per Cassandra...

L'Oileo intanto, a forza di tirare a sé la vergine, riuscì a rovesciarla per terra con tutta la statua. Il focoso guerriero, incurante del fatto che la donna fosse rimasta abbarbicata alla Dea, la violentò lo stesso, da tergo. Dicono gli antichi testi che durante la violenza gli occhi della statua si volgessero verso l'alto e che così rimanessero, anche dopo lo stupro, a dimostrazione del fatto che Atena si era rifiutata, fin dall'inizio, di assistere al sacrilegio. Non lo lasciò però impunito: sulla strada del ritorno, infatti, Aiace il Minore fece naufragio, e quando cercò scampo su uno scoglio, Atena, con un fulmine sottratto a Zeus, glielo frantumò sotto i piedi. Così il piccolo Aiace morì annegato.

Leonte aveva la morte nel cuore: non trovava nessuna delle due donne, né Elena, né Ekto, né sapeva dove andarle a cercare, e buon per lui che non conosceva l'ubicazione della casa di Deifobo, altrimenti avrebbe assistito a una scena ancora più violenta di quella vista nel tempio.

Deifobo, fratello minore di Paride, aveva sposato Elena da appena un mese, e come tutti quelli che lo avevano preceduto, se ne era perdutamente innamorato. Ebbene, per sua sventura, quella notte fu costretto a difendere la sua nuova sposa dall'attacco contemporaneo di due tra i più temibili capi dell'esercito acheo, Menelao e Ulisse. E mentre il primo gli si parò davanti con la spada in pugno, l'altro, subdolo come sempre, entrò da una porta posteriore e lo aggredì alle spalle. Deifobo si voltò di scatto e Menelao subito ne approfittò per infliggergli una serie raccapricciante di mutilazioni: gli tagliò prima le braccia, poi le gambe, quindi il naso, le orecchie e la lingua, e solo alla fine, quando lo vide ridotto a un troncone informe di carne sanguinante, lo uccise.

Soppresso Deifobo, lo sposo tradito fece per avventarsi sulla bella Elena e levare su di lei la spada vendicatrice, ma la figlia di Tindaro, prima ancora che il furibondo eroe potesse trafiggerla, si slacciò la tunica di seta e gli mostrò il candido seno. A Menelao vennero meno le forze e la spada gli cadde di mano.[11]

«Ekto, Ekto, amore mio, dove sei?!» gridava nel frattempo Leonte per le strade di Troia.

---

[11] Questa scena mi ricorda una vecchia poesia di Salvatore Di Giacomo. Il poeta è adirato contro la donna che lo ha appena tradito, vorrebbe insultarla, vorrebbe

Urlava e piangeva: entrava nelle case abbandonate, piene di morti e di agonizzanti, solo per lanciare il suo grido d'amore, ma ormai non c'era più un solo troiano in grado di rispondergli.

«Ekto, Ekto, dove sei?!»

Rivoltava tutti i cadaveri di donna che trovava lungo le strade. Cercava d'interrogare, inutilmente, qualche moribondo in agonia.

«Ekto, hai visto Ekto?»

Nessuno gli sapeva dire nulla. Nel frattempo cominciarono a divampare i primi incendi: Troia bruciava e lui non aveva la minima idea di dove potesse trovarsi Ekto. A un certo punto, mentre correva lungo le mura interne, scorse il deposito che celava l'ingresso del passaggio segreto. E se Ekto avesse trovato scampo proprio lì, nel cunicolo? L'incendio però si era esteso anche al deposito di legname, e per poter entrare era necessario attraversare una cortina di fuoco. Leonte, nonostante questo, non si perse di coraggio: tolse la tunica a un cadavere e se l'avvolse intorno al viso, dopo di che si fiondò a testa bassa tra le fiamme.

Per circa un minuto si sentì soffocare a causa del fumo, poi sbucò nella grotta che precedeva il passaggio segreto e come prima cosa vide Ekto sulla parete di fondo: aveva in braccio un bambino molto piccolo e al suo fianco un uomo dai capelli grigi, privo della mano destra, che brandiva con l'unica mano che gli restava una lunga lancia di frassino. L'uomo, vedendolo avanzare, si frappose tra lui e la donna e gli puntò contro la lancia. Liberatosi della tunica, che fino a quel momento gli aveva protetto il viso, Leonte estrasse la

---

farle chissà che cosa, ma quando la vede più bella che mai, chiude dicendo: «*Povero core mio, povero core, / comm'ampresso te faie bell'e capace / dopo c'avesse avé n'ato dulore, / voglio fa pace, sì, voglio fa pace!*». (Povero cuore mio, povero cuore, come presto ti convinci! Anche se dovessi avere un altro dolore, voglio far pace, sì, voglio far pace!)

spada. Stava quasi per colpire il troiano, quando Ekto lo riconobbe.

«Fermati, o Leonte!»

E, quasi all'unisono, anche l'uomo che le stava accanto abbassò la lancia.

«Figlio, figlio mio, sono Neopulo, tuo padre!»

Epilogo

«*Mi chiamo Creneo e ho appena compiuto quindici anni. Sono figlio di una donna troiana chiamata Ekto e di un eroe cretese di nome Neopulo. Io stesso sono nato a Troia dove ho vissuto fino all'età di tre anni. Mio padre, un tempo, fu il re di Gaudos, una piccola isola poco più a sud di Creta, ma oggi vaga disperato nel tetro Ade, essendo stato ucciso da suo fratello Antifinio il giorno stesso in cui fece ritorno in patria.*

«*Avendo io all'epoca solo tre anni, non ho ricordi di quanto racconterò, eppure, spesso, ho la netta sensazione di aver assistito di persona all'assassinio di mio padre. Scorgo ogni particolare: la lama del coltello che affonda nel torace, il sangue che sgorga dalla ferita, la disperazione e i pianti di mia madre, le urla del popolo.*

«*Quel giorno eravamo appena arrivati a Gaudos, dopo un lungo e disagiato viaggio di mare. Il popolo ci accolse con grida di gioia e in meno di un'ora i sacerdoti prepararono l'occorrente per ringraziare Poseidone dei venti favorevoli: un torello nero fu inghirlandato con foglie di lauro e messo a disposizione per il sacrificio, le vergini si prepararono per intrecciare danze cretesi e un palco di legno venne innalzato sulla spiaggia, orientato nella direzione di Troia.*

«*Si stava dando inizio alla cerimonia, quando sorse una disputa tra i due fratelli su chi dovesse sedersi al centro del palco. "Non vedo per quale motivo" disse Antifinio a mio*

245

padre "pretendi di sederti sul trono, dal momento che ti sei schierato a fianco dei Troiani. Vuoi forse che gli abitanti di Gaudos abbiano come regina una schiava, che oltre tutto è stata per loro una nemica?" "Affinché tu lo sappia, o Antifinio," replicò con tono duro mio padre "Ekto è colei che mi ha salvato la vita quand'io ero già con un piede nel Tartaro. E mai, comunque, l'avrei presa come legittima sposa, se la mia prima moglie non fosse morta lo scorso anno. Ma se tu oggi non mi ritieni più degno di governare su Gaudos, accetta almeno che mi succeda mio figlio Leonte: egli per la patria rischiò la vita, mentre tu, lasciamelo dire, eri qui al sicuro a godere dei privilegi del potere."

«Ben presto la disputa s'inasprì e i due vennero alle mani: Antifinio ne approfittò per pugnalare Neopulo, ma fu a sua volta lapidato a morte dagli isolani, che lo detestavano per i molti soprusi subiti.

«Oggi il re dell'isola è Leonte che, oltre a essere mio fratello, è in un certo senso anche mio padre, avendo sposato mia madre Ekto, un anno dopo che la poverina era rimasta vedova. Leonte è buono, ci vuole bene e noi lo ricambiamo di cuore.

«Quando gli Achei incendiarono Troia, gli eroi che avevano partecipato all'impresa del cavallo ebbero il privilegio di scegliere per primi le prigioniere, e Leonte, piuttosto che prendersi una schiava per il proprio personale godimento, chiese e ottenne da Agamennone la libertà di Neopulo e di sua moglie Ekto. Come spiegava il mio vecchio maestro Gemonide, nessuno avrebbe mai potuto rifiutare qualcosa a Leonte, dato il coraggio che aveva sempre dimostrato in battaglia. Per quanto riguarda gli altri, Menelao rivolle Elena, Neottolemo ottenne Andromaca, la moglie di Ettore, Acamante si assicurò Climene, Agamennone tolse Cassandra ad Aiace il Minore per punirlo di aver oltraggiato Atena, e Ulisse si portò sulla nave Ecuba, ma fu ben presto costretto a gettarla a mare perché lei lo ingiuriava di continuo.

«Io sono nato in seguito a una serie di fortunate circostanze: mio padre Neopulo nei primi anni di guerra combatteva nelle schiere achee. Un giorno però, durante uno scontro, gli tranciarono di netto una mano e lui finì, più morto che vivo, sotto un mucchio di cadaveri greci e troiani. Mia madre Ekto, uscita dalle mura insieme ad altre compagne per soccorrere i suoi, si accorse di questo acheo che respirava ancora, e, presa da improvvisa pietà, riuscì con alcune bende ricavate dal proprio vestito ad arrestare il sangue che sgorgava dal moncherino. Poi, per farlo rianimare, gli porse l'acqua di una fonte miracolosa che, oltre a guarirlo in brevissimo tempo, lo fece anche innamorare: Neopulo bevve l'acqua e fu trafitto da Eros.

«Io debbo molto a quella fonte, e se oggi mi chiamo Creneo è proprio perché sono nato da una sorgente. A parte l'acqua miracolosa però, va anche detto che mia madre era bellissima, e lo è tuttora. Molti la chiamano Elena, a causa di una straordinaria somiglianza con la regina di Sparta, ma, a differenza di questa, lei è bella anche nell'anima.»

Dizionarietto mitologico

ABSIRTO: fratellino di Medea e figlio di Eeta, re della Colchide. La tremenda Medea e il suo amante Giasone lo squartarono e lo gettarono a mare solo per rallentare l'inseguimento del padre, costretto a raccoglierne i pezzi.

ACADEMO: personaggio minore, noto solo per aver confidato a Castore e Polluce dove Teseo avesse nascosto Elena il giorno in cui la sequestrò. Gli Ateniesi gli dedicarono un boschetto. Molti anni dopo Platone istituì, proprio in questo bosco, la sua Accademia. Chi mai avrebbe potuto predire allo sconosciuto Academo che, solo per aver fatto una volta la spia, il suo nome poi sarebbe servito a indicare grandi istituzioni artistiche e scientifiche, come l'Accademia di Francia o l'Academy Hall!

ACAMANTE: figlio di Teseo e di Fedra. Uno degli eroi greci nascosti nel cavallo. Era partito per Troia alla ricerca della nonna Etra, cameriera privata di Elena fuggita insieme alla padrona durante il rapimento.

ACASTO: figlio di Pelia. Partecipò alla spedizione degli Argonauti (*vedi*) e alla caccia del Cinghiale Caledonio. Sua moglie Astidamia s'invaghì di Peleo e, non ricambiata, lo accusò di violenza carnale. Acasto allora cercò di eliminare l'amante presunto facendolo uccidere dai ferocissimi Centauri, ma Peleo fu tratto in salvo da Chirone, l'unico centauro di animo gentile.

ACHILLE: figlio di Peleo e di Tetide; il più famoso degli eroi greci. La madre, per renderlo invulnerabile, lo immerse appena nato nel fiume Stige, ma il tallone del bambino rimase fuori dell'acqua. Fu allevato dal centauro Chirone che gli insegnò l'uso delle armi. Sapendolo destinato a morire in guerra, Tetide cercò di non farlo partire per Troia e lo nascose a Sciro tra le figlie del re Licomede, sennonché Ulisse lo smascherò con un trucco e lo costrinse a prendere le armi. Durante l'assedio di Troia Achille litigò con

Agamennone a causa di una schiava, Briseide, e si ritirò sdegnato dai combattimenti. Riprese a combattere quando Ettore uccise Patroclo, il suo amico più caro. Per vendicarlo l'eroe uccise Ettore in duello, e fu a sua volta ucciso da Paride che lo colpì con una freccia nel tallone.

ADE (Plutone per i Romani): Dio degli Inferi. Figlio di Crono e di Rea, fratello di Zeus e di Poseidone. Quando Crono fu deposto, il mondo venne tripartito: a Zeus toccò il Cielo, a Poseidone il Mare, ad Ade il regno dell'Oltretomba. Sposò Persefone contro il volere di Zeus e di Demetra. Gli antichi, per motivi scaramantici, non pronunziavano mai il suo nome e lo indicavano con i sinonimi più vari, come Agesilao, Dite o Polidegmone.

ADMETO: sposò Alcesti ed ebbe da Artemide il dono di poter posporre la propria morte se avesse trovato qualcuno disposto a sostituirlo. Prossimo a morire si recò dai genitori con una coppa di veleno, ma questi si rifiutarono di morire in vece sua, pur essendo molto anziani. A sostituirlo sul letto di morte fu la moglie Alcesti (*vedi*). Partecipò all'impresa degli Argonauti.

ADONE: nacque a Cipro da un tronco d'albero. Raccolto in fasce da Afrodite, venne affidato a Persefone e diventò un giovane bellissimo, conteso dalle due Dee. Zeus intervenne e stabilì che vivesse quattro mesi con Afrodite, quattro con Persefone e quattro con chi voleva lui. Senonché Adone consumò anche i quattro mesi «liberi» con Afrodite, e questo scatenò la gelosia di Ares che lo fece uccidere da un cinghiale. Afrodite pianse disperatamente la morte di Adone e le sue lacrime si trasformarono in anemoni.

AFRODITE (Venere per i Romani): Dea dell'Amore. Nacque dalla spuma formatasi intorno al membro di Urano evirato: è pertanto più «anziana» degli altri Dei dell'Olimpo, Zeus compreso. Ebbe un solo marito, Efesto, e molti amanti tra i quali Ares, Adone, Bute l'Argonauta, Ermes, Poseidone e Anchise, con il quale concepì Enea. Venne dichiarata la più bella dell'Olimpo in seguito al famoso giudizio di Paride.

AGAMENNONE: figlio di Atreo, re di Micene e fratello di Menelao. Capo dell'esercito acheo. Fu costretto a sacrificare la figlia Ifigenia per consentire alla flotta achea di partire verso Troia. Di ritorno in patria, venne ucciso da sua moglie Clitennestra e da Egisto nel corso di un banchetto.

AGELAO: pastore che invece di uccidere Paride, secondo gli ordini ricevuti da Priamo, finì con l'adottarlo.

AGENORE: guerriero troiano, figlio di Antenore. Le sue sembianze furono prese da Apollo per allontanare Achille e consentire ai Troiani di mettersi in salvo entro le mura.

AGESILAO: altro nome di Ade.

AGLAIA (l'Ornamento): chiamata anche Pasitea, la più giovane delle tre Cariti, sorella di Eufrosine e Talia. Era corteggiata da Morfeo.

AGRIO: padre di Tersite.

AIACE OILEO: re di Locri, al contrario di Aiace Telamonio era molto basso di statura; in compenso era il più bravo degli Achei nello scagliare la lancia e il secondo, dopo Achille, nella velocità. Di carattere aggressivo e arrogante, era solito portarsi dietro, come se fosse un cane, un serpente ammaestrato lungo due metri.

AIACE TELAMONIO: figlio di Telamone, re di Salamina, e cugino di Achille. Famoso per la prestanza fisica, era di carattere mite. Appena nato venne avvolto da Eracle nella pelle del Leone Nemeo; questo rese il suo corpo invulnerabile fuorché nei punti che corrispondevano ai fori praticati nella pelliccia per far passare le cinghie della faretra. Impazzì e si uccise perché non gli furono assegnate le armi di Achille.

ALCESTI: figlia di Pelia, re di Iolco. Per trovarle marito, il padre indisse una gara che fu vinta da Admeto, re di Fere. Sennonché Admeto si dimenticò di sacrificare ad Artemide e, quando andò per accoppiarsi alla sposa, trovò al suo posto un groviglio di orribili serpi. Placata Artemide con opportuni sacrifici, il giovane ottenne dalla Dea di poter rimandare la propria morte se avesse trovato qualcuno disposto a sostituirlo. Quando Ade venne a prenderlo, Admeto andò dagli anziani genitori con una coppa di veleno e chiese che uno dei due prendesse il suo posto; ma i genitori, malgrado l'età, non ne vollero sapere. Fu Alcesti allora a strappargli di mano il veleno e a sacrificarsi per lui.

ALCIMO: compagno di Achille.

ALCMENA: madre di Eracle (vedi) e di Ificle (vedi).

ALESSANDRO: ovvero «colui che difende gli uomini». Nome che Paride si guadagnò quando ancora viveva sul monte Ida.

ALETTO: Dea della Collera. È una delle tre Erinni, insieme a Tisifone, la Vendetta, e Megera, l'Odio.

ALTEA: figlia di Testio, madre di Deianira e Meleagro (vedi). Quando ebbe Meleagro, le Moire le predissero che il bimbo sarebbe vissuto finché un tizzone, in quel momento nel camino, non si fosse consumato del tutto. Altea allora spense il tizzone e lo andò a nascondere in un posto sicuro. Ma quando il figlio s'innamorò di Atalanta e uccise tutti i suoi zii per una banale lite di caccia, Altea riprese il tizzone e lo lasciò ardere fino alla fine.

AMAZZONI: *vedi* testo, cap. XIV.

AMICO: figlio di Poseidone e della ninfa Melia, re dei Bebrici, inventore del pugilato. Era un gigante dalla forza smisurata: affrontò Polluce in un incontro la cui posta era la vita dello sconfitto. Polluce vinse, ma lo risparmiò.

AMISODARO: padre di due guerrieri troiani, Atimnio e Maride.

ANANKE: detta anche la Necessità, madre delle Moire. Rappresenta il Destino, e come tale è superiore alla stessa volontà degli Dei.

ANCEO IL GRANDE: figlio di Attore. Partecipò alla spedizione degli Argonauti e alla caccia del Cinghiale Caledonio, durante la quale fu il primo a restare ucciso.

ANCEO IL PICCOLO: cugino del precedente. Partecipò alla spedizione degli Argonauti.

ANCHISE: figlio di Capi e di Temi, padre di Enea. Amò Afrodite, ma fu reso storpio da Zeus per essersene vantato. Secondo la leggenda, fu uno dei pochi a scampare alla distruzione di Troia, portato in spalla dal figlio Enea.

ANDROMACA: figlia di Eezione, moglie di Ettore e madre di Astianatte. È, con Penelope, una delle mogli ideali dell'epoca omerica. Dopo la caduta di Troia venne fatta schiava da Neottolemo dal quale ebbe tre figli: Molosso, Pielo e Pergamo. Secondo alcuni, una volta morto Neottolemo, andò sposa a Eleno, il fratello di Ettore che aveva tradito i Troiani. Secondo altri, la bellissima Ermione, ex donna di Neottolemo, l'avrebbe uccisa per gelosia insieme al figlio Molosso.

ANFIARAO: figlio di Oicle, partecipò sia all'impresa degli Argonauti che alla caccia del Cinghiale Caledonio.

ANFICLO: guerriero troiano.

ANFIMACO: figlio di Cteato, capo epeo, alleato degli Achei.

ANFIMACO: figlio di Nomione, capo dei Carii, alleato dei Troiani.

ANFITRIONE: figlio di Alceo, re di Tirinto. Zeus, invaghito di sua moglie, la fedelissima Alcmena, assunse le sembianze di Anfitrione dopo aver bloccato il tempo, fermando il corso del Sole, della Luna e delle Ore. Dall'unione di Zeus e Alcmena nacque Eracle.

ANFITRITE: ninfa, figlia di Nereo, amante di Poseidone. Abitava in fondo al mare in una casa d'oro.

ANTENORE: il più saggio dei Troiani, consigliere di Priamo. Cercò fin dal primo momento di convincere Paride a restituire Elena. Questo gli salvò la vita durante l'eccidio, facendolo però, nel contempo, apparire come un traditore della patria. Giunto in Italia, vi fondò la città di Padova.

ANTIANARA: regina delle Amazzoni nota per aver dichiarato che gli zoppi sono più abili nei «giochi d'amore».

ANTICLO: guerriero greco, tra quelli che si nascosero nella pancia del cavallo di legno. Fu il solo a credere che fosse sua moglie, e non Elena, a chiamarlo dall'esterno. Ulisse lo strangolò per impedirgli di rispondere.

ANTIFINIO: zio di Leonte (personaggio inventato dall'autore).

ANTILOCO: figlio di Nestore, amico di Achille. Fu ucciso a Troia da Memnone mentre con il proprio corpo faceva da scudo al vecchio padre.

ANTIOPE: forse altro nome di Melanippe (vedi), regina delle Amazzoni.

APISAONE: guerriero peone, figlio d'Ippaso, alleato dei Troiani.

APOLLO: forse il più importante degli Dei dopo Zeus. Figlio di quest'ultimo e di Latona nacque insieme a sua sorella Artemide nell'isola di Delo. Durante la gravidanza, la madre era stata perseguitata per ordine di Era dal serpente Pitone. A soli tre giorni, fece fuori Pitone, presentandosi subito come un Dio dalla vendetta facile. Tra le sue più celebri ritorsioni l'uccisione di Niobe, lo scorticamento del satiro Marsia che aveva osato sfidarlo in una gara di flauto, la pestilenza inviata sul campo acheo per le offese fatte al sacerdote Crise. Ebbe moltissimi amori ma anche alcuni rifiuti: basti pensare a Dafne che, pur di evitarlo, preferì tramutarsi in albero di alloro. Era considerato il protettore della Musica e della Poesia e aveva al suo servizio le nove Muse. A lui fu dedicato l'oracolo più famoso del mondo greco: quello di Delfi.

ARCESILAO: capo beota. Giunse a Troia con cinquanta navi.

ARES: Marte per i Romani. Dio della Guerra, figlio di Zeus e di Era. È il simbolo della forza bruta, una specie di Rambo dell'antichità. Malgrado la prestanza fisica, non era del tutto invincibile: fu ferito da Diomede, da Atena, da Eracle e da tanti altri. Si eccitava alla vista del sangue e quando scarseggiavano le guerre, e poca gente moriva di morte violenta, andava a lamentarsi da Zeus. I suoi figli ne ereditarono il carattere bellicoso. Basta citarne qualcuno: Dimo il Terrore, Fobo lo Spavento ed Enio la Strage. Molto fortunato con le donne, ebbe come amante preferita Afrodite.

ARGO: costruì la nave con la quale partirono gli Argonauti, prese parte lui stesso all'impresa.

ARGONAUTI: parteciparono alla spedizione per la conquista del

Vello d'Oro. È tradizione che fossero cinquanta, ma si conoscono cinquantasei nomi: Acasto, Admeto, Anceo il Grande, Anceo il Piccolo, Anfiarao, Argo, Ascalafo, Asterio, Attore, Augia, Bute, Calaide, Canto, Càstore, Cefeo, Ceneo, Corono, Deucalione, Echione, Eracle, Ergino, Eufemo, Eurialo, Euridamante, Falero, Fano, Giasone, Ialmeno, Ida, Idmone, Ificle, Ifito, Ila, Laerte, Linceo, Melampo, Meleagro, Mopso, Nauplio, Nestore, Oileo, Orfeo, Palemone, Peante, Peleo, Peneleo, Periclimeno, Piritoo, Polifemo, Polluce, Stafilo, Telamone, Tideo, Tifide, Zeti più la argonauta femmina Atalanta. I nomi sono cinquantasei per il campanilismo delle città greche, che pretendevano tutte di aver dato i natali ad almeno uno degli Argonauti.

ARIANNA: figlia di Minosse e Pasifae, e sorellastra del mostruoso Minotauro. S'innamorò di Teseo e lo aiutò a non perdersi nel Labirinto, fornendogli un lungo filo di lana che permise all'eroe di percorrere a ritroso la strada appena fatta. Teseo fuggì con Arianna da Creta, ma poi l'abbandonò nell'isola di Nasso (da cui l'espressione «piantata in asso» o per meglio dire «piantata in Nasso»). La ragazza fu raccolta da Dioniso che s'invaghì di lei e la portò trionfalmente sull'Olimpo.

ARIASSO: guerriero cretese (personaggio inventato dall'autore).

ARPIE: figlie di Taumante e di Elettra, avevano il corpo di uccello e il viso di donna. Si chiamavano Aello, Celeno e Ocipite ed erano considerate dai marinai apportatrici di tempeste. Per punire il cieco Fineo per aver praticato per primo le arti divinatorie, lo tormentarono, insozzando la sua mensa, ogni volta che si sedeva a tavola.

ARTEMIDE (Diana per i Romani): figlia di Zeus e di Latona, sorella di Apollo. Dea della Caccia. Vendicativa come suo fratello, uccise molti uomini solo perché l'avevano offesa, o perché avevano tentato un approccio amoroso; tra costoro ricordiamo il gigante Tizio, i quattordici figli di Niobe e il gigante Orione. Era una Dea bella e crudele, vergine e fredda come un ghiacciolo. In genere veniva identificata con la Luna, mentre Apollo simboleggiava il Sole.

ARTINEO: vicino di tenda di Leonte (personaggio inventato dall'autore).

ASCALAFO: figlio di Ares, fratello di Ialmeno insieme al quale regnò su Orcomeno. Partecipò sia all'impresa degli Argonauti che alla guerra di Troia, durante la quale fu ucciso da Deifobo.

ASCLEPIO (Esculapio per i Romani): figlio di Apollo, è considerato il padre della Medicina. Sua madre era Coronide, una fanciulla che

Apollo vide mentre si stava bagnando i piedi nelle acque del lago Beobi in Tessaglia. Tanto bastò perché il Dio se ne invaghisse e la mettesse incinta; dopodiché lasciò a guardia di Coronide un corvo dalle penne bianche, ma la ragazza lo tradì quel giorno stesso con un giovanotto di nome Ischi. Infuriato, Apollo bersagliò Coronide di frecce fino a renderla una specie di puntaspilli, quindi folgorò Ischi e tramutò il corvo in un animale dalle penne nere. In seguito, preso dai rimorsi, scese nell'Ade e, con l'aiuto di Ermes, estrasse dal cadavere della sua ex amante un bambino ancora in vita: era Asclepio. Secondo gli abitanti di Epidauro, Asclepio avrebbe appreso l'arte della medicina dal centauro Chirone. Ebbe dalla Dea Atena due fiale contenenti il sangue della Medusa (*fármacon*). Con le gocce del lato sinistro era in grado di resuscitare i morti e con quelle del lato destro poteva uccidere i vivi. *Fármacon* in greco vuol dire sia «medicina» sia «veleno». Asclepio ebbe due figli: Macaone (*vedi*) e Podalirio (*vedi*), anche loro medici.

ASIO: figlio di Dimante e fratello di Ecuba.

ASSIO: Dio dell'omonimo fiume, padre di Pelegone.

ASTERIO: figlio di Comete, partecipò all'impresa degli Argonauti.

ASTEROPE: fanciulla troiana. Se ne innamorò Esaco, il primogenito di Priamo.

ASTEROPE: una delle sette Atlantidi, fu trasformata in stella e ora fa parte delle Pleiadi (*vedi*).

ASTEROPEO: guerriero peone, figlio di Pelegone. Venne ucciso da Achille.

ASTIANATTE: figlio di Ettore e di Andromaca. Fu gettato da Neottolemo dall'alto delle mura di Troia quando non aveva ancora compiuto due anni.

ATALANTA: figlia di Iaso e di Climene. Fu abbandonata dal padre, appena nata, sul monte Partenio. Allevata da un'orsa, crebbe forte, coraggiosa e con un carattere virile. Una volta tornata a casa, suo padre la costrinse a scegliersi un marito; lei pose come condizione che il futuro sposo la battesse in una gara di corsa, pena la morte. In questo modo poté uccidere a uno a uno tutti i candidati, finché non venne sfidata da Melanione (o Ippomene, secondo altri). Lo sfidante, su consiglio di Afrodite, buttò a terra a metà percorso, una dopo l'altra, tre mele d'oro, e per ben tre volte Atalanta non resistette alla tentazione di raccoglierle. Persa la gara, la ragazza fu costretta a sposarsi ed ebbe un figlio chiamato Partenopeo. Partecipò sia all'impresa degli Argonauti sia alla caccia del Cinghiale Caledonio.

ATE: Dea dell'Errore. Era così leggera che quando si posava con i piedi sulla testa di un uomo, nessuno se ne accorgeva. Fu presa per i capelli e gettata giù dall'Olimpo da Zeus che l'accusava di averlo mal consigliato in occasione della nascita di Eracle. Cadde in Frigia su una montagnola a cui rimase il nome di «Collina dell'Errore».

ATENA (Minerva per i Romani): nacque dal cervello di Zeus. Un giorno il Padre degli Dei aveva un terribile mal di testa e chiese soccorso a suo figlio Efesto il quale, essendo un fabbro e non un medico, non seppe far altro che spaccargli il capo con un colpo d'ascia. Dallo squarcio uscì Atena in completo assetto di guerra con la lancia tra le mani e l'elmo in testa. Rappresentò sia per i Greci che per i Romani l'intelligenza, e in quanto intelligente sconfisse più volte Ares, la forza bruta. Parteggiò palesemente per gli Achei, essendo stata bocciata da Paride nel famoso giudizio. Conosciuta anche come Pallade.

ATIMNIO: figlio di Amisodaro, guerriero troiano.

ATREO: figlio di Pelope, padre di Agamennone e Menelao. Odiava più di chiunque al mondo il fratello Tieste. Questi, desiderando il trono di Micene, propose che fosse re chi di loro due avesse esibito per primo un vello d'oro. Atreo accettò volentieri, anche perché riteneva di essere lui il possessore del vello, ma Tieste glielo aveva trafugato il giorno prima con la complicità di Erope, sua cognata e amante. Allora Atreo, per vendicarsi, uccise i tre figli di Tieste e glieli fece mangiare una sera a cena. A fine pranzo lo informò del menu e gli mostrò le teste dei figli. A quel punto Tieste si rivolse a un oracolo e seppe che si sarebbe potuto vendicare solo accoppiandosi con la propria figlia Pelopia. Nacque così Egisto, che uccise Atreo e restituì il regno a Tieste. Dimenticavo che Pelopia, dopo essersi accoppiata col padre, si volle unire anche con lo zio.

ATROPO: una delle tre Moire, quella che troncava la vita con le forbici. In greco il suo nome vuol dire «irremovibile».

ATTORE: re di Fere. Accolse Peleo costretto alla fuga dopo aver ucciso per errore il fratellastro Foco. Partecipò alla spedizione degli Argonauti.

AUGIA: figlio di Forbante, re dell'Elide, in realtà figlio di Poseidone. Partecipò all'impresa degli Argonauti. Proprietario delle famose stalle che Eracle pulirà nella settima fatica. L'eroe aveva affermato che se la sarebbe sbrigata in un sol giorno. Augia accettò la sfida e scommise un decimo dei suoi capi che non ce l'avrebbe fatta. Quando Eracle riuscì nel suo intento, deviando due fiumi e facendoli passare entrambi per le stalle, Augia non volle pagare il dovuto ed Eracle lo uccise.

AUTOLICO: figlio di Ermes, era un poco mariuolo. Avendo avuto dal padre il potere di mutare le vacche bianche in vacche nere e viceversa, razziava continuamente le bestie di Sisifo (*vedi*), suo vicino di campo. Questi, vedendo le proprie mandrie assottigliarsi sempre di più e quelle di Autolico aumentare, fece incidere sugli zoccoli delle sue bestie la frase: «RUBATA A SISIFO». Provata la colpa, Autolico venne arrestato e, mentre in paese si celebrava il processo, Sisifo ne approfittò per insidiarne la figlia, Anticlea, già sposa di Laerte. Da questa unione nacque Ulisse, che, a conti fatti, aveva un padre ladro, un nonno ladro e un bisnonno, Ermes, Dio dei ladri.

AUTOMEDONTE: l'auriga di Achille.

BALIO E XANTO: figli di Zefiro e dell'arpia Podarge, erano due cavalli immortali. Furono il dono di nozze di Poseidone per Peleo e, insieme a un terzo cavallo, Pedaso, vennero utilizzati da Achille durante la guerra di Troia. Balio era l'unico dei tre a essere dotato di voce umana.

BATICLE: figlio di Calcone, guerriero mirmidone al servizio di Achille.

BOREA: figlio di Astreo e di Eos. Abitava nella fredda Tracia e incarnava il vento del Nord (la tramontana). I suoi fratelli erano Zefiro, il vento di Ponente, e Noto, il vento del Sud (lo scirocco).

BRIAREO: figlio di Urano e di Gea, era uno dei Centimani, giganti con cento mani e cinquanta teste. Confinato dal padre negli Inferi, fu liberato da Zeus e combatté al suo fianco contro i Titani.

BRISEIDE: figlia di Briseo, chiamata anche Ippodamia. Ebbe una vita molto infelice: fu fatta schiava prima da Achille (*vedi*), che le aveva ucciso il marito a Lirnesso, e poi da Agamennone, che l'aveva pretesa, come risarcimento per la perdita di Criseide.

BRISEO: padre di Briseide.

BUTE: partecipò all'impresa degli Argonauti e fu uno degli amanti di Afrodite.

CADMO: figlio di Agenore e Telefassa. Fu inviato dal padre alla ricerca della sorella Europa rapita da Zeus e, non avendola trovata, non poté più fare ritorno a casa. Aiutò allora Zeus a sconfiggere il gigante Tifone. L'oracolo di Delfi lo consigliò di seguire una giovenca per poi fondare una città sul luogo dove la giovenca si fosse fermata. La bestia stramazzò al suolo in Beozia, dove Cadmo fondò la città di Tebe; per farlo, però, dovette prima uccidere un drago, figlio di Ares. I denti del drago, una volta seminati nel terreno, divennero gli Sparti, ovvero i «seminati», soldati ferocissimi. A Tebe si sposò con Armonia.

CALAIDE (o Calais): figlio di Borea, aveva le ali ai piedi. Partecipò all'impresa degli Argonauti insieme al fratello Zeti.

CALCANTE: figlio di Testore e nipote di Apollo, indovino ufficiale dell'esercito acheo. Si uccise per aver perso una gara divinatoria contro l'indovino Mopso.

CALIMNIA: fidanzata di Leonte (personaggio inventato dall'autore).

CALLIOPE: musa della poesia epica e dell'eloquenza, sposa di Apollo e madre di Orfeo e delle Sirene. *Vedi anche* Muse.

CANTO: detto l'Eubeo. Partecipò all'impresa degli Argonauti.

CAPI: figlio di Assaraco, re dei Dardani, marito di Temista, padre di Anchise e di Temi.

CAPI: guerriero troiano, amico di Enea, fondatore della città di Capua.

CARIBIA: insieme a Porcete, uno dei due mostri marini inviati da Poseidone perché stritolassero Laocoonte.

CARICLO: moglie del centauro Chirone.

CARIDDI: figlia di Poseidone e di Gea. Mangiò le mandrie di Gerione, già trafugate da Eracle. Per punizione Zeus la mutò in mostro marino e la pose di fronte a Scilla nello stretto di Messina. La sua specialità era quella di risucchiare l'acqua del mare con tutto quel che vi galleggiava sopra, barche e naviganti compresi.

CARITI (Grazie per i Romani): figlie di Zeus e di Eurinome. Si chiamavano Aglaia (l'Ornamento), Eufrosine (la Gioia) e Talia (l'Abbondanza).

CASSANDRA: figlia di Priamo ed Ecuba. Apollo s'invaghì di lei e le donò la chiaroveggenza, ma poi, vedendosi rifiutato, le sputò sulle labbra, condannandola a non essere mai creduta. Finì schiava di Agamennone e venne uccisa da Clitennestra.

CASTORE E POLLUCE (o Dioscuri): figli di Leda, di Zeus e di Tindaro. A causa della doppia inseminazione di Leda, nacquero uno mortale, l'altro immortale. Quando Castore fu ucciso, Polluce chiese a Zeus di poterlo sostituire nella tomba. Il Padre degli Dei, allora, concesse a entrambi la semi-immortalità (un giorno nell'Ade, uno sull'Olimpo) e dedicò loro una costellazione: i Gemelli. Parteciparono all'impresa degli Argonauti.

CEBRIONE: auriga e fratellastro di Ettore.

CEDALIO (o Cedalione): nano aiutante di Efesto. Quando Orione divenne cieco, Cedalio gli montò sulle spalle e gli fece riacquistare la vista, orientando il suo viso verso il Levante.

CEFEO: figlio di Licurgo, prese parte sia all'impresa degli Argonauti, sia alla caccia del Cinghiale Caledonio.

CENEO: figlio di Elato, è il primo transessuale della storia. In origine era una bellissima ninfa di nome Cenide. Un giorno Poseidone s'innamorò di lei e le chiese di fare l'amore. La ninfa accettò con entusiasmo, sempre che il Dio l'avesse trasformata (dopo, si spera) in un guerriero invincibile. Partecipò all'impresa degli Argonauti e alla caccia del Cinghiale Caledonio.

CENTAURI: figli di Issione (vedi). Per metà uomini e per metà cavalli, erano famosi per la loro crudeltà. Vennero sconfitti dai Lapiti e cacciati dalla Tessaglia.

CERANO: a Troia di Cerano ce ne erano due: uno, licio, che combatteva a fianco dei Troiani, e uno, cretese, che combatteva con gli Achei. Quest'ultimo era uno scudiero di Merione di Cnosso.

CERCISERA: uno dei nomi che avrebbe assunto Achille quando si nascose in abiti femminili nella reggia di re Licomede.

CHIMERA: apparteneva a una specie di famiglia Adams dell'antichità: padre e madre erano rispettivamente il mostruoso Tifone ed Echidna detta anche la Vipera. I fratellini erano: Cerbero, cane a tre teste custode degli Inferi, l'Idra di Lerna, serpente acquatico dalle molte teste, Ortro, altro cane a due teste che a sua volta ebbe un rapporto incestuoso con la madre Echidna, generando il Leone Nemeo e la famosa Sfinge (leonessa alata dalla testa di donna).

CHIRONE: figlio di Crono. Al contrario degli altri Centauri, aveva un carattere mite ed era uno dei pochi personaggi della mitologia a possedere una cultura. Esperto in medicina, musica, astronomia e uso delle armi, fu maestro d'innumerevoli eroi tra cui Peleo, Achille, Nestore, Diomede, Asclepio, Meleagro, Patroclo, Castore e Polluce.

CICNO: ci sono numerosi personaggi con questo nome, alcuni figli di Apollo, altri di Ares, altri ancora di Poseidone. Il Cicno che ci riguarda partecipò alla guerra di Troia e venne colpito da Achille. Sul punto di morire gettò un grido simile a quello del cigno quando muore, e si tramutò nell'uccello di cui portava il nome.

CILLA: sorella di Priamo, madre di Munippo.

CINGHIALE CALEDONIO: belva inviata da Artemide per punire Eneo, il re di Calidone. Alla sua caccia parteciparono moltissimi eroi, tra cui: Ida, Linceo, Teseo, Ificle, Piritoo, Castore, Polluce, Giasone, Telamone, Nestore, Peleo, Eurizione, Anfiarao, Admeto, Ceneo, Anceo il Grande, Cefeo e Atalanta. Al seguito dei cacciatori andò anche Asclepio, il più famoso chirurgo del mondo omerico.

CLEOPATRA: figlia di Ida e moglie di Meleagro. Quando il marito morì s'impiccò per il dispiacere. Gli Dei la trasformarono in una gallina faraona. Da non confondere con l'omonimo personaggio storico.

CLIMENE: ancella di Elena e madre di Atalanta.

CLITENNESTRA: figlia di Tindaro e di Leda, sorella gemella di Elena, Castore e Polluce. Dapprima sposò Tantalo (un figlio di Tieste, da non confondere con Tantalo, padre di Pelope) e in seconde nozze Agamennone. Partito il nuovo sposo per Troia, per un po' gli fu fedele, poi lo tradì con Egisto. D'altra parte, come darle torto? Agamennone le aveva ucciso il marito, i figli di primo letto, la figlia Ifigenia, e come se non bastasse si era innamorato di Criseide e di Cassandra. Quando l'Atride tornò dalla guerra, Clitennestra gli donò un abito con le maniche cucite al corpetto; così mentre il poveraccio cercava d'infilarselo, Egisto poté trafiggerlo con la spada. E dal momento che era all'opera, fece uccidere anche la sua schiava Cassandra. Venne a sua volta uccisa da suo figlio Oreste.

CLITIO (o Clizio): figlio di Laomedonte, fratello di Priamo, uno degli anziani di Troia.

CLOTO: la filatrice, una delle tre Moire.

CNOSSIA: amante di Menelao (personaggio inventato dall'autore).

CORONO: detto il Lapita, figlio di Ceneo. Partecipò all'impresa degli Argonauti.

COSINIDE: padre di Evanio (personaggio inventato dall'autore).

CRENEO: figlio di Neopulo e di Ekto (personaggio inventato dall'autore).

CREONTE: figlio di Meneceo, fratello di Giocasta. Sostiene il ruolo del cattivo in alcune tragedie di Sofocle. Offrì la mano di Giocasta, vedova di Laio, a chi avesse liberato il paese dalla Sfinge; l'impresa fu compiuta da Edipo che in tal modo, oltre ad aver ucciso il padre Laio, finì anche con lo sposare la propria madre Giocasta. Tra i peggiori crimini di Creonte, quello di aver fatto morire Antigone, la figlia di Edipo, rea di aver osato seppellire il fratello Polinice contro i suoi ordini.

CRETEO: figlio di Eolo e fondatore della città di Iolco.

CREUSA: *vedi* Glauce.

CRISE: sacerdote di Apollo, padre di Criseide.

CRISEIDE: figlia di Crise, sacerdote di Apollo. Fatta schiava da Agamennone a Tebe, venne restituita a suo padre per placare l'ira di Apollo.

CRONO: figlio di Urano e di Gea, fu precipitato dal padre nel profondo Tartaro, ma riuscì a liberarsi e a evirare il genitore con un falcetto che gli era stato fornito dalla madre Gea. A sua volta Crono, per evitare che uno dei suoi figli potesse spodestarlo, prese l'abitudine di mangiarseli appena nati. Quando venne il turno di Zeus, però, Gea gli consegnò una pietra avvolta nelle fasce, e Crono la ingoiò senza accorgersi di niente. Una volta grande Zeus dette da bere al padre un intruglio e gli fece espellere tutti i figli che aveva divorato. Tra loro Ade, Poseidone, Era, Demetra ed Estia.

DEICOONTE: figlio di Pergaso, guerriero troiano.

DEIFOBO: figlio di Priamo e di Ecuba. Dopo la morte di Paride sposò Elena e per questo venne ucciso da Menelao in modo particolarmente feroce.

DEIANIRA: figlia di Eneo e di Altea, sorella di Meleagro e di Tideo. Sposò Eracle ma, tradita, si vendicò donandogli una tunica intrisa con il sangue del centauro Nesso, suo ex innamorato. Il povero Eracle, una volta indossata la tunica avvelenata, non riuscì più a togliersela di dosso e preferì buttarsi nel fuoco piuttosto che vivere tra inaudite sofferenze.

DEMETRA (Cerere per i Romani): Dea della vegetazione. Figlia di Crono e di Rea, sorella ma anche amante di Zeus, con il quale ebbe una figlia, Persefone, che fu rapita da Ade e portata negli Inferi. Da quel momento Demetra si rifiutò di far crescere le messi. In seguito all'intervento di Zeus, Persefone fu assegnata per tre mesi all'anno ad Ade e per nove mesi alla madre. Nei tre mesi in cui la ragazza era con Ade, Demetra non lavorava, provocando in tal modo l'inverno.

DEUCALIONE: figlio di Prometeo e, secondo alcuni, di Prinea o di Pandora. Un giorno Zeus, adirato con i mortali, cercò di annientare l'umanità con un'alluvione. Si salvarono soltanto Deucalione e sua moglie Pirra. I due ebbero un figlio, Elleno, al quale la tradizione attribuisce la discendenza delle genti elleniche. Deucalione prese parte alla spedizione degli Argonauti.

DIMO: detto il Terrore, figlio di Ares.

DIOMEDE: figlio di Tideo. Tra le tante gesta che gli si attribuiscono c'è l'aver ferito Afrodite e Ares durante la guerra di Troia, e la fondazione di alcune città italiane tra cui Benevento, Brindisi e Canosa. Tradito dalla moglie Egialea (su istigazione di Afrodite) riparò in Italia, in una regione chiamata Daunia, dove sposò la figlia del re Dauno.

DIOMEDE: figlio di Ares, nutriva i suoi cavalli con la carne dei viandanti. Eracle, constatatane la crudeltà, lo ammazzò nel corso della settima fatica.

DIONISO (Bacco per i Romani): Dio del vino. Figlio di Zeus e di Semele. Lo stesso giorno in cui nacque, sua madre volle vedere Zeus in viso e ne restò folgorata. Diventato adulto, Dioniso scoprì la vite e da quel momento, instancabilmente, girò il mondo in lungo e in largo per diffondere la viticoltura. Si dice che sia andato fino in India, trascinandosi dietro un corteo di Sileni ubriachi e di donne deliranti, le Menadi. S'innamorò di Arianna, già abbandonata da Teseo, e la portò con sé sull'Olimpo. Il culto di Dioniso prese piede sia in Grecia che a Roma, e si manifestò con feste di carattere orgiastico.

DIOSCURI: *vedi* Castore e Polluce.

DITE: altro nome di Ade (*vedi*).

DOLONE: guerriero troiano. Un giorno Ulisse e Diomede lo presero prigioniero e gli promisero salva la vita in cambio di alcuni segreti di guerra. Una volta però raggiunto lo scopo, vennero meno alla promessa e lo eliminarono.

DORIDE: figlia di Oceano e Teti, sposa di Nereo e madre delle cinquanta Nereidi.

EACO: padre di Peleo e Telamone, nacque da Egina che era stata violentata da Zeus e diventò re dell'isola che portava il nome di sua madre. Gelosa di questa ennesima infedeltà, Era inviò nell'isola migliaia di serpenti, in modo da avvelenarne le acque. In breve tempo tutti i suoi sudditi morirono, al che Eaco chiese a Zeus di trasformare in uomini le formiche. Questa l'origine dei «Mirmidoni».

EBE (Iuventus, e non Juventus, per i Romani): figlia di Zeus ed Ema. Coppiera degli Dei e Dea della Giovinezza.

ECATE: figlia di Persete, Dea della Magia e degli Incantesimi, madre di donne celebri per la loro cattiveria, come le Empuse e la maga Circe.

ECHIDNA: detta la Vipera, fidanzata di Tifone. Metà donna e metà serpente, viveva in una caverna dei monti Arimi, nel Peloponneso, in Cilicia. Sua dieta preferita: l'uomo crudo. Fu uccisa nel sonno da Argo dai cento occhi.

ECHIONE: fu il primo degli eroi greci a uscire dal cavallo, ma anche il primo a morire, giacché inciampò e si ruppe l'osso del collo.

ECO: ninfa chiacchierona, che Zeus utilizzava per tener impegnata la moglie Era durante le scappatelle. Era, resasi conto dell'inganno, punì la ninfa privandola della voce o, per essere più esatti, dandole la facoltà di ripetere solo l'ultima parola che udiva dagli altri. Eco s'innamorò di Narciso e, non essendo ricambiata, si consumò d'amore sino a svanire. Ancora oggi, in alcuni luoghi, è possibile sentire la sua voce, senza poterla mai vedere.

ECUBA (Ekabe per i Greci): nota soprattutto come moglie di Priamo. Dopo la caduta di Troia venne fatta schiava da Ulisse. Secondo alcuni, pur di non vivere in schiavitù, si uccise buttandosi in mare. Secondo altri, invece, venne lapidata dai compagni di Ulisse, stufi di essere insultati. Quando i suoi carnefici smossero le pietre sotto cui l'avevano sepolta, trovarono al suo posto una cagna con gli occhi di fuoco.

EETA: figlio di Elio, re della Colchide, padre di Medea e Absirto. Quando inseguì con una nave Giasone e la figlia Medea che gli avevano rubato il Vello d'Oro, fu costretto più volte a fermarsi per raccogliere le membra del figlioletto Absirto che la perfida Medea aveva fatto a pezzi e gettato in mare.

EFESTO: figlio di Zeus e di Era. La madre, vista la sua bruttezza, che contrastava con la bellezza degli altri Dei, lo gettò nell'Egeo appena nato. Fu raccolto da Tetide e Eurinome, che lo allevarono in una grotta sottomarina. Era il più ingegnoso di tutti gli Dei e innumerevoli furono le sue invenzioni. Un giorno, per prendere le difese della madre, fu scaraventato una seconda volta giù dall'Olimpo da Zeus, e si ruppe ambedue le gambe sull'isola di Lemno. Sposò Afrodite, la più bella delle Dee, che lo tradì senza ritegno.

EGIALEA: figlia di Adrasto, re di Sicione, moglie di Diomede. Tradirà il marito con Comete, spinta dai pettegolezzi di Nauplio (*vedi*).

EGISTO: figlio, ma anche nipote di Tieste. Occupa nella tragedia greca il ruolo del vendicatore. Non solo uccise suo zio Atreo, ma eliminò anche il cugino Agamennone, dopo averne sedotto la moglie Clitennestra; fu ucciso a sua volta da Oreste, figlio di Agamennone.

EKTO: donna troiana amata da Leonte (personaggio inventato dall'autore).

ELENA: la Dea Nemesi, per evitare le *avances* di Zeus, si mutò in pesce, topo, ape, capriolo e in altri animali selvatici, ma non riuscì a salvarsi perché contemporaneamente Zeus si trasformava in castoro, gatto, calabrone, leone e altri predatori. Durante l'ennesima mutazione infatti – mentre lei era un'oca e lui un cigno – Zeus riuscì a violentarla. L'uovo che ne venne fuori fu preso da Zeus e infilato nel ventre di Leda, moglie di Tindaro, re di Sparta, un giorno che la donna era seduta a gambe larghe su uno sgabello. Da quest'uovo nacquero Elena, Clitennestra, Castore e Polluce. Non tutti erano figli di Zeus, giacché in quei giorni Leda si era accoppiata anche con il marito. Considerata la donna più bella del mondo, Elena ebbe vita agitata: fu rapita una prima volta da Teseo, quando era ancora una ragazzina, poi sposò Menelao, ma fu rapita una seconda volta da Paride; venne quindi maritata a Deifobo, per poi risposare Menelao. C'è chi dice che dopo morta si sia accoppiata anche con Achille nell'aldilà.

ELENO: figlio di Priamo e di Ecuba, gemello di Cassandra, esperto in oracoli. Scomparso Ettore, prese il comando delle truppe troiane, ma quando, dopo la morte di Paride, non gli fu concessa la mano di Elena, fuggì tra gli Achei e confidò a Ulisse le condizioni necessarie perché Troia potesse capitolare: il furto del Palladio, il recupero dell'osso della spalla di Pelope, l'arrivo di Neottolemo e di Filottete con l'arco e le frecce di Eracle e la costruzione del cavallo di legno. Trasferitosi in Grecia, dopo la morte di Neottolemo, ne ereditò il regno e si sposò con Andromaca, ex moglie di Ettore.

ELETTRA: figlia di Agamennone e Clitennestra, assieme al fratello Oreste (*vedi*) vendicò l'uccisione del padre. Eroina di molte tragedie classiche.

ELIO (o Elios): Dio Sole, a volte confuso con Apollo. Figlio di Iperione e di Tea, era fratello di Selene (la Luna) e di Eos (l'Aurora). Conduceva un carro infuocato trainato da quattro cavalli: Etone, Eoo, Flegone e Piroide. Si supponeva che sorgesse dalle terre degli Etiopi e che si tuffasse ogni sera nell'Adriatico.

EMPUSE: figlie di Ecate. Erano sozzi demoni dalle sembianze di donna: sotto le lunghe gonne nascondevano natiche di asino e zoccoli di bronzo. Si piazzavano ai quadrivi e, per attirare i passanti, erano solite scoprirsi il seno all'improvviso. Una volta adescato un uomo lo baciavano sul collo e gli succhiavano il sangue fino a ridurlo in fin di vita.

ENEA: figlio di Anchise e di Afrodite, re dei Dardani. Durante la guerra di Troia fu molto aiutato dagli Dei, in particolare da Poseidone, da Apollo e da sua madre Afrodite. Scampò all'eccidio insieme al figlio Ascanio e al vecchio padre Anchise. Giunto nel Lazio, sconfisse Turno, re dei Rutuli. I suoi discendenti fondarono la città di Roma.

ENEO: re di Calidone e padre di Deianira, Tideo e Meleagro. Artemide, a cui aveva mancato di rispetto durante un sacrificio, lo punì inviando nel suo regno un mostruoso cinghiale. Avvilito dalle devastazioni prodotte dalla belva, Eneo chiese aiuto ai vicini e venne indetta la più colossale caccia al cinghiale dell'antichità. Vi parteciparono gli eroi più prestigiosi della Grecia (*vedi* Cinghiale Caledonio).

ENIO (Bellona per i Romani): figlia di Ares, Dea della Guerra. Detta anche la Strage, accompagnava il padre in battaglia e aveva la tunica lorda di sangue.

ENONE: ninfa del monte Ida. Di lei s'innamorò Apollo che le concesse il dono della profezia. In seguito la ninfa s'invaghì di Paride e, vedendolo partire per Sparta, per dissuaderlo gli profetizzò tutto quello che sarebbe accaduto se avesse rapito Elena. Quando i Troiani le portarono il corpo di Paride mortalmente ferito, si rifiutò di prestargli soccorso, pur sapendo di essere l'unica che avrebbe potuto salvargli la vita; poi, pentita, corse a Troia con un farmaco miracoloso, ma lo trovò che era già morto.

EOS: Dea dell'Aurora. Figlia di Iperione e di Teia, sorella di Elio (il Sole) e di Selene (la Luna), madre dei venti Zefiro, Borea e Noto. Con le sue dita color rosa era solita, ogni mattina, aprire le porte del cielo al carro del Sole. Fra i suoi molti amori citiamo Ares (il loro amore fece ingelosire Afrodite), Orione, Cefalo e Titone.

EPEO: figlio di Panopeo. Famoso per la vigliaccheria e per l'abilità di pugile. Partecipò vittoriosamente ai giochi funebri in onore di Patroclo. Costruì il cavallo di legno. Durante il ritorno approdò in Italia dove fondò la città di Metaponto. Secondo altri, persa la nave durante una tempesta, risalì a piedi l'Italia e fondò la città di Pisa a ricordo della Pisa dell'Elide, sua città natale. Un giorno, a Troia, scolpì una bellissima statua di Ermes; alcuni pescatori avrebbero voluto farne legna da ardere, ma non riuscirono nemmeno a scalfirla, allora cercarono di bruciarla, ma non prese fuoco; infine la gettarono a mare, ma la ritrovarono impigliata nelle reti. A quel punto si arresero e la piazzarono in un santuario.

EPISTROFO: capo dei Focesi, partecipò alla guerra di Troia.

ERA (Giunone per i Romani): figlia di Crono e di Rea, sorella e sposa di Zeus. È l'immagine stessa della gelosia. Non che Zeus non gliene desse motivo, ma le sue vendette erano continue e ossessionanti. Si accanì ostinatamente contro i Troiani solo perché Paride (*vedi*) aveva osato considerare Afrodite più bella di lei: altro esempio del suo carattere tenace e vendicativo.

ERACLE (Ercole per i Romani): figlio di Zeus e di Alcmena. La sua nascita fu avventurosa. Alcmena piaceva molto a Zeus ma era fedele al marito Anfitrione, e non avrebbe mai accettato le proposte del Padre degli Dei. Allora Zeus pensò bene di prendere le sembianze di Anfitrione e di fermare il tempo, ovvero la Luna, il Sole e le Ore, in modo da consumare l'adulterio in santa pace. Eracle nacque dalla loro unione; era così forte che quando Era, gelosa, gli inviò due serpenti per ucciderlo, lui li strozzò nella culla, malgrado avesse solo pochi mesi. Eracle desiderò l'immortalità e Zeus gliela promise a condizione che superasse le dodici fatiche commissionate da Euristeo, il re di Tirinto e di Micene. Euristeo lo costrinse ad affrontare alcuni animali mostruosi e precisamente il Leone Nemeo, l'Idra di Lerna, il cinghiale di Erimanto, la cerva di Cerinea, gli uccelli di Stinfalo, il toro di Creta, i cavalli di Diomede, i buoi di Gerione e il cane Cerbero, e a risolvere alcune incombenze più o meno sgradevoli come ripulire le stalle di Augia o scippare la cintura d'oro di Ippolita e cogliere i pomi nel giardino delle Esperidi.

ERGINO: figlio di Poseidone, re di Mileto, aveva tutti i capelli bianchi malgrado la giovane età. Partecipò all'impresa degli Argonauti.

ERILAO: guerriero troiano.

ERIMANTE: guerriero troiano.

ERINNI (Furie per i Romani): nate dalle gocce di sangue di Urano, a seguito della mutilazione, si chiamavano Aletto, Tisifone e Megera. Venivano raffigurate con in mano una frusta o una torcia infuocata. La loro funzione principale era torturare coloro che si erano macchiati di delitti particolarmente odiosi. In altre parole, rappresentavano i Rimorsi, salvo poi a trasformarsi in soavi fanciulle non appena l'assassino si pentiva; in tale caso cambiavano nome ed erano chiamate Eumenidi.

ERIS: Dea della Discordia, figlia di Erebo e della Notte. Offesa per non essere stata invitata alle nozze di Peleo e Tetide, lanciò sul tavolo degli Dei il cosiddetto «pomo della discordia» con la scritta «Alla più bella», dando così origine alla lite tra Era, Atena e Afrodite, e, conseguentemente, alla guerra di Troia.

ERMAFRODITO: figlio di Ermes e di Afrodite. Quando nacque era soltanto maschio; poi un giorno fu abbracciato dalla ninfa Salmace con tale passione che gli Dei, commossi, fusero i loro corpi in un unico essere dotato di entrambi gli organi sessuali.

ERMES (Mercurio per i Romani): figlio di Zeus e di Maia. Dio dei ladri e messaggero degli Dei. Nacque in una grotta e il giorno stesso della nascita si costruì con il guscio di una tartaruga una lira, quindi rubò le mandrie di Apollo e, quando questi ne pretese la restituzione, gli diede in cambio la lira che aveva appena inventato. Veniva rappresentato come un giovane barbuto con alette ai piedi, un cappellino a punta sulla testa (il petaso) e un'asta con due serpentelli incrociati in mano (il caduceo), simbolo del suo mestiere di araldo.

ERMIONE: figlia bellissima di Menelao e di Elena. In un primo tempo il padre la promise a Oreste, poi cambiò idea e la dette in sposa a Neottolemo, il figlio di Achille. Ermione uccise Andromaca, schiava di Neottolemo ed ex moglie di Ettore; quando Neottolemo fu ucciso da Oreste, si sposò con quest'ultimo, realizzando il suo primo sogno d'amore.

ERODO: figlio di Poseidone e Afrodite.

EROFILO: figlio di Poseidone e Afrodite.

EROS (Cupido per i Romani): Dio dell'Amore. Per quanto riguarda la sua genealogia, le informazioni sono confuse: c'è chi lo vuole figlio di Ares e Afrodite, chi di Ermes e Artemide, e chi addirittura figlio del Caos e primo individuo a uscire fuori dall'Uovo d'Argento. Grazie a lui, nacquero tutti gli altri esseri mortali e immortali. Veniva raffigurato come un giovanetto alato con un arco d'oro tra le mani. Chi veniva colpito da una delle sue frecce s'innamorava all'istante della prima persona che incontrava.

ESACO: figlio primogenito di Priamo e di Arisbe. Possedeva la facoltà di interpretare i sogni. Fu lui, insieme a Cassandra, a fornire la giusta interpretazione del sogno fatto da Ecuba quando stava per nascere Paride. Esaco non venne creduto anche perché era un individuo alquanto strano, affetto da crisi epilettiche. Si racconta che, innamoratosi di una fanciulla, tale Asterope (*vedi*), e non essendo da lei corrisposto, si gettasse ogni giorno da una rupe in mare, senza mai morire; alla fine, impietositi, gli Dei lo trasformarono in uccello marino.

ESONE: figlio di Creteo, re di Iolco e padre di Giasone. Fu spodestato dal fratellastro Pelia e vendicato dal figlio reduce dall'impresa del Vello d'Oro.

ESPERIDI: figlie di Atlante (il titano condannato da Zeus a sorreggere sulle spalle il mondo), erano tre e si chiamavano: Egle, Eriteide (Erizia o Aretusa) ed Espera (Esperetusa o Esperia). Il loro giardino, carico di frutti d'oro, era collocato nella mitica Atlantide, ovvero in mezzo all'oceano Atlantico. Secondo altri era in Marocco.

ESSA (o Issa): nome assunto da Achille quando si nascose sotto abiti femminili nella reggia di re Licomede.

ESTIA (Vesta per i Romani): Dea del Focolare, figlia di Crono e di Rea. Fu la prima a essere mangiata dal padre, dalle cui viscere fu espulsa grazie all'intervento di Zeus. Estia compare assai poco nei miti greci anche perché è una Dea immobile, se non addirittura un'astrazione: proteggeva le case (Olimpo compreso) e non la si vedeva mai in giro.

ETTORE: figlio di Priamo e di Ecuba, il più prestigioso degli eroi troiani. Sposò Andromaca dalla quale ebbe un unico figlio: Astianatte. È ormai il simbolo del soldato coraggioso, del marito esemplare e del padre affettuoso. Uccise Patroclo in duello e fu a sua volta eliminato da Achille. Solo dopo molte suppliche, Priamo riuscì a farsi restituire il suo corpo da Achille.

EUDORO: figlio di Ermes, capo mirmidone alla guerra di Troia.

EUFEMO: figlio di Poseidone e di Europa, ebbe dal padre il dono di camminare sulle acque. Partecipò alla spedizione degli Argonauti e alla caccia del Cinghiale Caledonio.

EUFORBO: figlio di Pantoo, eroe troiano. Pitagora, che credeva nella reincarnazione, sostenne di essere stato prima Etalide, poi Euforbo, poi Pirro e infine Ermotimo (nelle vesti di quest'ultimo aveva anche riconosciuto lo scudo di Menelao).

EUFROSINE: anche detta «la Gioia», una delle tre Cariti (*vedi*).

EUMENIDI: nome assunto dalle Erinni (*vedi*) dopo che l'assassino si era pentito del suo delitto. Avevano l'aspetto di giovani donne affettuose.

EUNEO: figlio di Giasone e Ipsipile (*vedi*).

EURIALO: figlio di Mecisteo. Prese parte alla spedizione degli Argonauti e alla guerra di Troia.

EURIDAMANTE: di lui non sappiamo nulla tranne che partecipò all'impresa degli Argonauti e che era nativo del lago Siniade.

EURIDICE: ninfa molto bella, figlia di Apollo, si innamorò di Orfeo che l'aveva affascinata con il suo dolce canto. Per sfuggire però a un altro pretendente, venne morsa da un serpente velenoso. Orfeo (*vedi*), distrutto dal dolore, si recò nell'Oltretomba per tentare di riaverla, ma non ottemperando alle disposizioni degli Dei, la perse per sempre.

EURIMEDONTE: auriga di Nestore.

EURINOME: a rigore dovrebbe essere il primo personaggio della storia. La Dea emerse nuda dal Caos, poi, desiderando ballare, divise il cielo dal mare, se non altro per avere un qualche riferimento sotto i piedi. Con le sue evoluzioni generò il vento, che a sua volta si trasformò in un serpente chiamato Ofione. Appena la vide, il rettile non poté fare a meno di violentarla. In seguito a questo amplesso, Eurinome partorì un Uovo Universale dal quale uscirono, uno dopo l'altro, il sole, la terra, la luna, le stelle, gli alberi e gli animali. I due amanti di sicuro avrebbero avuto una vita felice se Ofione non si fosse vantato di essere stato lui il creatore dell'Universo. A questa affermazione Eurinome gli mollò un calcio in bocca e gli fece cadere tutti i denti. Dai denti di Ofione nacquero gli uomini.

EURIPILO: figlio di Evemone, capo tessalo alla guerra di Troia. Dopo il saccheggio della città, ebbe in sorte una statua di Dioniso e impazzì solo a vederla. Un oracolo, però, gli predisse che sarebbe guarito non appena avesse visto uno spettacolo davvero crudele, e la guarigione giunse puntuale quando, in Arcadia, fu costretto ad assistere al sacrificio di un fanciullo e di una fanciulla in onore di Artemide.

EURISTEO: re di Tirinto e di Micene, nipote di Perseo, discendente diretto di Zeus che gli donò immenso potere a discapito del cugino Eracle (*vedi*), nato dopo di lui. Per volere di Era, Euristeo sottopose il cugino a immani fatiche.

EURIZIONE: figlio di Attore e re di Ftia. Padre di Antigone, fu ucciso per errore dal genero Peleo durante la caccia al Cinghiale Caledonio.

EVANIO: re di Matala (personaggio inventato dall'autore).

EVASTO: fratello di Evanio (personaggio inventato dall'autore).

EVEMONE: padre di Euripilo.

EZIOLA: presunto figlio di Menelao e di Elena.

FALERO: figlio di Alcone, fu salvato dal padre nella culla mentre stava per essere divorato da un serpente. Partecipò all'impresa degli Argonauti. Era un abilissimo arciere e gli fu dedicato il porto di Atene.

FANO: figlio di Dioniso, originario di Creta, partecipò all'impresa degli Argonauti.

FARETE (o Ferete o Fere): figlio di Giasone e Medea, ucciso ancora adolescente da sua madre Medea per vendetta nei confronti di Giasone.

FATO: *vedi* Ananke.

FENICE: figlio di Amintore, re di Eleone in Beozia. Accusato, ingiustamente, di aver violentato l'amante di suo padre, venne accecato e mandato in esilio. Accolto da Peleo, Fenice recuperò la vista grazie a un intervento miracoloso di Chirone. In seguito Peleo gli affidò l'educazione di Achille, con l'incarico di fargli da consigliere anche durante la guerra di Troia.

FERECLO: famoso carpentiere, figlio di Tectone «l'architetto», e nipote di Armone «l'aggiustatore». Costruì la nave con cui Paride fuggì insieme a Elena.

FILOTERO: comandante di nave (personaggio inventato dall'autore).

FILOTTETE: figlio di Peante. Ebbe in dono da Eracle un arco e una faretra colma di frecce avvelenate, perché l'aveva aiutato ad appiccare il fuoco alla pira sulla quale il poverino intendeva morire per sottrarsi ai tormenti infertigli dalla camicia di Nesso. A causa del morso di un serpente, e del pessimo odore emanato dalla ferita, Filottete venne abbandonato dagli Achei su un'isola deserta durante il viaggio a Troia. Recuperato da Ulisse dopo circa dieci anni, uccise Paride in un duello all'arco.

FOBO: detto lo Spavento, figlio di Ares.

FOCO: figlio di Eaco, venne ucciso per sbaglio dai fratellastri Telamone e Peleo durante una gara di lancio del disco.

FOLO: figlio di Sileno, centauro buono. Ospitò Eracle e gli offrì vino di proprietà degli altri Centauri. Il gesto non piacque ai suoi compagni e lui finì col morire accidentalmente durante la lotta tra Eracle e i Centauri.

FORCI: capo frigio alleato dei Troiani.

FRISSO: figlio di Atamante e Nefele. Per sfuggire alla matrigna Ino che voleva ucciderlo, salì in groppa a un ariete d'oro, insieme a sua sorella Elle, e raggiunse in volo la Colchide. Purtroppo Elle cadde in un braccio di mare che da quel giorno fu chiamato Ellesponto. Frisso, una volta a destinazione, sacrificò l'ariete a Zeus e ne appese il vello a un albero.

GADENORE: padre di Ariasso (personaggio inventato dall'autore).

GANIMEDE: figlio di Troo. Era così bello che Zeus decise di farlo rapire da un'aquila. È possibile che l'aquila rapitrice fosse lo stesso Zeus in una delle sue tante trasformazioni; certo è che, subito dopo il ratto, Zeus pose al centro del cielo una costellazione con l'immagine dell'aquila. Una volta sull'Olimpo, Ganimede venne destinato, insieme a Ebe (*vedi*), a servire alla mensa degli Dei.

GEA: madre di tutti gli Dei e degli uomini, viene identificata anche con la figlia Temi (*vedi*), a sua volta madre delle Ore e principio dell'armonia della Natura. Da suo figlio Urano (il Cielo) ebbe Rea, la madre di Demetra, e quindi fu rispettata come protettrice del focolare e dei campi. Ma da Urano ebbe anche i Ciclopi e i Titani, che poi osarono ribellarsi al padre.

GEMONIDE: maestro di Leonte (personaggio inventato dall'autore).

GERENIO: epiteto di Nestore (*vedi*).

GIASONE: figlio di Esone. Fu inviato nella Colchide alla ricerca del Vello d'Oro dallo zio Pelia, che aveva usurpato il trono di Iolco, a cui Giasone aveva diritto. Comandò la spedizione degli Argonauti, alla quale parteciparono i più grandi eroi dell'epoca. In questa impresa Giasone fu molto aiutato da Medea, la figlia del re Eeta, che custodiva il Vello d'Oro, ma quando, dopo dieci anni, la volle abbandonare per sposare Creusa (o Glauce), Medea si vendicò uccidendo due dei tre figli avuti con lui e inviando alla giovane sposa una veste di nozze avvelenata.

GLAUCE: altro nome di Creusa, figlia di Creonte e promessa sposa di Giasone.

GORGONI: figlie di Focide e Ceto, si chiamavano Steno, Euriale e Medusa. Solo le prime due erano immortali.

GRAIE: mostri dal volto di donna, sorelle delle Gorgoni. I loro nomi erano Enio, Pefredo e Dino. Nate già vecchie, avevano un solo occhio e un solo dente in comune e, ogni volta che dovevano vedere o mangiare, erano costrette a passarseli. Perseo prese in ostaggio il loro occhio e il loro dente, per ottenere le informazioni che gli avrebbero permesso di uccidere Medusa.

IALMENO: figlio di Ares e di Astioche. Prese parte alla spedizione degli Argonauti e alla guerra di Troia.

IASO: figlio di Licurgo, marito di Climene e padre di Atalanta.

ICETIONE (o Ichetaone): figlio di Laomedonte, fratello di Priamo.

IDA: figlio di Afareo, gemello di Linceo. Partecipò sia alla spedizione degli Argonauti che alla caccia del Cinghiale Caledonio. Insieme con Linceo stava per sposarsi con le Leucippidi, Febe e Ilaira, quando queste furono rapite dai Dioscuri (*vedi*). Nella lite che ne seguì, Ida uccise Castore e Linceo fu ucciso da Polluce. Zeus pose fine alla lotta uccidendo Ida.

IDMONE: figlio di Apollo e di Cirene, celebre indovino, partecipò all'impresa degli Argonauti.

IDOMENEO: re di Creta e nipote di Minosse, era uno dei belli dell'esercito acheo. Già pretendente alla mano di Elena, arrivò a Troia con ottanta navi. Come quasi tutti gli Achei ebbe un ritorno difficile: sorpreso da una tempesta, fece voto a Poseidone di sacrificargli il primo essere umano che avesse incontrato mettendo piede a terra e ovviamente fu sfortunato: il primo che vide era suo figlio. Il ragazzo non fece in tempo a dire «Papà» che lui aveva già alzato la spada per scannarlo; ma un improvviso rumore consentì al giovanetto di scappare e a suo padre di riflettere.

IFICLE: figlio di Anfitrione e di Alcmena. Era gemello di Eracle, pur non essendo figlio di Zeus. Quando Era mandò due serpenti a strangolare i gemelli nella culla, Ificle, che aveva natura umana, si mise a piangere, svegliando così Eracle che li uccise con la sola forza delle mani. Partecipò all'impresa degli Argonauti e alla caccia del Cinghiale Caledonio.

IFIGENIA: figlia di Agamennone e Clitennestra o, per altri, di Teseo ed Elena. In base a questa seconda ipotesi, sarebbe stata concepita durante il primo rapimento di Elena (quello a opera di Teseo) e, per coprire lo scandalo, attribuita alla zia, già sposata con Agamennone.

IFITO: figlio di Stenelo e fratello di Euristeo. Partecipò all'impresa degli Argonauti.

ILA: giovane bellissimo, con ogni probabilità amante di Eracle. Partecipò all'impresa degli Argonauti, ma durante una breve sosta scese a terra per approvvigionarsi d'acqua e venne rapito da alcune ninfe. Eracle lo cercò piangendo per tutta l'isola, inutilmente.

ILEO: centauro che nel tentativo di usare violenza ad Atalanta venne ucciso da costei.

IOLAO: primo nome di Protesilao (*vedi*).

IPERENORE: figlio di Pantoo, fratello di Euforbo, ucciso da Menelao durante la guerra di Troia.

IPPASA: fanciulla troiana (personaggio inventato dall'autore).

IPPIA: soprannome di Atena, così chiamata perché amante dei cavalli.

IPPOLITA: figlia di Ares, regina delle Amazzoni. Eracle nella nona fatica, su ordine di Euristeo, la scippò della cintura d'oro avuta dal padre. Secondo alcuni l'eroe ci riuscì con la forza, secondo altri invece facendola innamorare. I primi sostengono che Ippolita fu uccisa da Eracle, i secondi che fu uccisa da sua sorella Pentesilea, per errore.

IPPOTOO: capo dei Pelasgi.

IPSIPILE: figlia di Mirina, regina di Lemno, isola di sole donne. Accolse gli Argonauti e dette loro acqua e cibo in cambio di prestazioni sessuali, dirette a ingravidare le suddite. Si dice che, nel corso di questa operazione, si sia innamorata di Giasone e che abbia avuto con lui Euneo, futuro re dell'isola, e Nebrofono.

IRIS (o Iride): Dea dell'Arcobaleno. Figlia di Taumante, sorella delle Arpie, messaggera di pace.

ISSIONE: re dei Lapiti, sposò Dia, la figlia di Deioneo; per non pagare la dote, invitò a cena il suocero e lo gettò in un fosso pieno di tizzoni ardenti. Incuriosito dalla meccanica del delitto, Zeus lo convocò sull'Olimpo, e qui Issione, per nulla intimorito, si mise a corteggiare Era. A questo punto il Padre degli Dei perse la pazienza e gli tese un tranello: confezionò con una nuvola una controfigura della moglie e lo sorprese a letto con quel simulacro. La punizione fu tremenda: Zeus frustò Issione fin quando non ebbe gridato per mille volte «i benefattori vanno onorati», poi lo legò a una ruota e lo fece roteare in cielo per l'eternità. Fu il padre dei Centauri.

LACHESI: «la misuratrice», una delle tre Moire. Suo compito era verificare che la vita di un uomo fosse giunta al termine.

LAERTE: noto soprattutto per essere il padre di Ulisse. Potrebbe anche non esserlo stato, perché sua moglie Anticlea fu violentata da Sisifo nove mesi prima della sua nascita. Quando Ulisse tornò a Itaca era ancora vivo e, sebbene avanti con gli anni, dette una mano al figlio nel cacciare i Proci. Partecipò all'impresa degli Argonauti.

LAMIA: figlia di Belo e di Libia, fu amata da Zeus; ed Era per gelosia le uccise tutti i figli, a eccezione di Scilla (vedi). La poverina, impazzita dal dolore, in breve tempo divenne orribile e andò in giro a rubare i figli degli altri. Di notte era solita togliersi gli occhi in modo che potessero farle da guardia mentre dormiva.

LAMPADO: regina delle Amazzoni.

LAMPO: figlio di Laomedonte, uno degli anziani di Troia.

LANIZIA: sorella di Leonte (personaggio inventato dall'autore).

LAOCOONTE: figlio di Antenore, sacerdote di Apollo, famoso per essersi opposto all'entrata del cavallo di legno entro le mura di Troia. Allorché espresse le sue riserve per lo strano dono degli Achei, due mostri marini a forma di serpente uscirono dal mare e lo stritolarono, insieme ai suoi figlioletti, davanti agli occhi terrorizzati dei Troiani.

LAODAMIA: scultrice, figlia del re Acasto. Sposò Protesilao ma giacque con lui una sola notte, quella delle nozze. Morto il marito a Troia, chiese a Persefone di farlo tornare in vita ancora per una notte. Ottenuta la grazia, lo utilizzò come modello per confezionare una statua di cera con la quale dormire abbracciata ogni notte. Acasto, ritenendo la figlia impazzita, fece buttare la statua in una caldaia di olio bollente, in cui Laodomia si gettò subito dopo.

LAODOCO: a Troia di Laodoco ce n'erano due: uno tra gli Achei e uno tra i Troiani. Quello a cui facciamo riferimento era uno degli uomini più saggi di Troia, figlio di Antenore e fratello di Laocoonte.

LAOGONE: guerriero troiano.

LAOMEDONTE: figlio di Ilo II e di Euridice, padre di Priamo, Clitio, Esione e Icetione. Per innalzare le mura di Troia chiese aiuto ad Apollo e a Poseidone, rifiutandosi però di pagare il compenso pattuito una volta terminato il lavoro. Gli Dei si arrabbiarono e Poseidone gl'inviò contro un mostro marino; per placarlo Laomedonte fu costretto a legare a una roccia la figlia Esione, poi salvata da Eracle.

LAOTOE: schiava di Priamo, madre di Licaone e Polidoro.

LATONA: nome latino della Dea greca Leto. Figlia di Ceo e di Febe, fu amata da Zeus e per questo perseguitata da Era che le mise alle costole il serpente Pitone (vedi) in modo che non potesse mai partorire. Ma Latona si fece trasportare in volo dal vento Noto nell'isola vagante di Delo, e lì ebbe Apollo e Artemide.

LEDA: moglie di Tindaro e madre di Elena, Clitennestra, Castore e Polluce. Secondo alcuni sarebbe stata violentata da Zeus trasformatosi in cigno, secondo altri, si sarebbe limitata a ospitare l'uovo che Nemesi-oca aveva concepito con Zeus-cigno.

LEONE NEMEO: nato da un rapporto incestuoso di Ortro con sua madre Echidna, aveva la pelle invulnerabile a qualsiasi tipo di metallo. Eracle, dopo aver tentato inutilmente di forarlo con le frecce, lo sospinse in una caverna e lo soffocò con le nude mani. Dopo averlo ucciso, si servì della sua testa per costruirsi un elmo e della pelliccia per proteggersi il corpo.

LEONTE: giovane dell'isola di Gaudos (personaggio inventato dall'autore).

LEONTEO: capo tessalo alla guerra di Troia.

LEUCIPPO: re della Messenia, noto per essere il padre delle Leucippidi, Febe e Ilaira, prima rapite da Castore e Polluce, e poi andate in sposa ai gemelli Ida e Linceo (*vedi*).

LICAONE: figlio di Priamo e di Laotoe, ucciso da Achille.

LICOFRONE: guerriero acheo, figlio di Mastore. Scudiero di Aiace Telamonio.

LICOMEDE: re di Sciro. Presso di lui Tetide nascose il proprio figlio Achille (*vedi*), dopo avergli fatto indossare abiti femminili. Ospitò anche Teseo, ma, temendo che l'eroe volesse usurpare il suo trono, lo uccise gettandolo da una rupe.

LINCEO: figlio di Afareo, gemello di Ida. Partecipò sia alla spedizione degli Argonauti che alla caccia del Cinghiale Caledonio. Insieme con Ida stava per sposarsi con le Leucippidi, Febe e Ilaira, quando queste furono rapite dai Dioscuri (*vedi*). Nella lite che ne seguì Ida uccise Castore e Linceo fu ucciso da Polluce.

LISIPPE: regina delle Amazzoni. Ebbe per il figlio Tanai un affetto morboso e per questo contravvenne alle regole delle Amazzoni, che volevano i maschi estromessi dal paese. Pare che a provocare questo amore sia stata Afrodite, che intendeva punire Lisippe per la sua avversione al matrimonio. Si dice anche che Tanai, onde evitare l'incesto, abbia preferito uccidersi.

LISTODEMO: guerriero locrese (personaggio inventato dall'autore).

LITAI (o Lité): figlie di Zeus, simboleggiano le suppliche che il pentito rivolge alla persona offesa.

MACAONE: figlio di Asclepio. È il più celebre chirurgo dell'epoca omerica. Insieme al fratello Podalirio apprese l'arte della medicina dal padre Asclepio. Partecipò, sempre con Podalirio, alla guerra di Troia ed ebbe modo di curare, tra gli altri, Menelao, Telefo e Filottete.

MAIA: una delle Pleiadi. Figlia di Atlante, si unì a Zeus e concepì Ermes (*vedi*).

MARAFIO: presunto figlio di Menelao e di Elena.

MARIDE (o Mari): guerriero troiano, figlio di Amisodaro.

MARPESIA: regina delle Amazzoni. Conquistò la Tracia e la Siria ed estese il suo regno sino al mare Egeo.

MEDEA: figlia di Eeta, personaggio molto discusso. Innamoratasi di

Giasone, lo aiutò a trafugare il Vello d'Oro custodito dal padre in un bosco della Colchide. Per ritardare il successivo inseguimento del padre per mare, fece a pezzi e gettò in acqua il proprio fratellino Absirto. Esperta in filtri e incantesimi, indusse Pelia, il nemico di Giasone, a gettarsi in una pentola di acqua bollente con la scusa che il bagno lo avrebbe ringiovanito; infine, quando Giasone la lasciò per sposare Creusa, prima uccise due dei tre figli che aveva avuto con lui, e poi donò alla sposa una veste nuziale avvelenata che la fece morire tra mille tormenti.

MEDUSA: la più piccola delle tre Gorgoni (vedi). Appena nacque era bellissima, poi fece lo sbaglio di fare l'amore con Poseidone davanti a una statua di Artemide. La Dea, in quanto vergine, si ritenne offesa e la tramutò in un mostro spaventoso, con serpenti sibilanti al posto dei capelli, lunghe zanne di cinghiale al posto dei denti, unghie di bronzo, occhi fiammeggianti e ali di pipistrello. Chi la fissava in viso restava pietrificato. Perseo la uccise guardandola riflessa nel suo scudo. Dal collo reciso della Medusa uscirono due figli di Poseidone: Crisaore e Pegaso, il cavallo alato. Con le gocce del sangue di Medusa, provenienti dal lato destro, Atena fabbricò il fármacon, medicina capace di resuscitare i morti, mentre con quelle del lato sinistro produsse un veleno (vedi Asclepio).

MEGERA: è una delle tre Erinni (vedi) insieme a Tisifone e Aletto.

MELAMPO: figlio di Amitaone (o Poseidone, secondo i maligni) e Idomenea, fratello di Biante. Il suo nome voleva dire «piedi neri»; questo perché la madre, appena nato, lo lasciò per un'ora all'ombra di un albero, con i piedi esposti al sole. Per aver reso gli onori funebri a due serpenti ed essersi preso cura dei loro figli, fu molto amato dagli animali. Riusciva a intendere il linguaggio degli uccelli, dei quadrupedi e perfino degli insetti. Grazie a questa facoltà un giorno riuscì a capire cosa si dicevano tra loro due tarli e a prevedere la caduta di un soffitto di legno. Partecipò all'impresa degli Argonauti.

MELANIPPE: forse altro nome di Antiope (vedi), regina delle Amazzoni. Riuscì a liberare la sorella Ippolita, prigioniera di Eracle, ma fu a sua volta uccisa da Telamone.

MELEAGRO: figlio di Eneo e di Altea, fratello di Deianira. Quando nacque, le Moire predissero che sarebbe vissuto fino a quando un tizzone, che in quel momento si trovava nel camino, non si fosse consumato del tutto. Eneo e Altea presero il tizzone e lo nascosero in una specie di cassaforte; ma quando Meleagro uccise gli zii, la madre, per vendicare la morte dei fratelli, lo ributtò nel fuoco. Morto Meleagro, Altea e le sorelle dell'eroe si suicidarono in massa, e Artemide le trasformò in galline faraone.

MEMNONE: figlio di Titone e di Eos, re di Etiopia e di Egitto. Era considerato il più bello degli uomini di colore. Giunse a Troia in soccorso di Priamo e uccise molti Achei tra cui Antiloco, il figlio di Nestore. Fu ucciso a sua volta da Achille dopo un lungo duello. Durante i suoi funerali le ceneri si tramutarono in uccelli rapaci chiamati Memnonidi e le lacrime di sua madre in rugiada.

MENADI (Baccanti per i Romani): seguaci di Dioniso. Masticavano in continuazione foglie d'edera (o di altro) e, «invase dal furore», si scatenavano in riti orgiastici.

MENELAO: figlio di Atreo e fratello di Agamennone. Famoso per aver sposato Elena che l'avrebbe poi abbandonato per Paride (*vedi*). Da Elena ebbe solo una figlia, Ermione (ma alcuni autori gliene accreditano diverse). Da una schiava ebbe anche un figlio maschio a cui dette nome Megapente, ovvero «grande dolore», per sottolineare quanto aveva sofferto a causa della moglie. Riavuta Elena, in un primo momento avrebbe voluto ucciderla, poi, ancora una volta sopraffatto dalla sua bellezza, preferì perdonarla.

MENESTIO: capo mirmidone alla guerra di Troia.

MENESTO (o Meneste): guerriero acheo ucciso da Ettore.

MENEZIO: re di Opunte, figlio di Attore e padre di Patroclo.

MERIONE: capo cretese, compagno di Idomeneo. Vinse la gara con l'arco durante i giochi funebri in onore di Patroclo.

MERMERO: figlio di Giasone e Medea: ucciso ancora adolescente da Medea, per vendicarsi di Giasone.

MINIZIA: regina delle Amazzoni.

MINOSSE: re di Creta, marito di Pasifaé. Per ottenere il trono promise a Poseidone di sacrificargli il più bel toro che avesse mai visto. Il Dio gliene mandò dal mare uno bellissimo, dal manto bianco, ma Minosse lo trovò così attraente che preferì sacrificarne un altro. Poseidone, offeso, fece in modo che la moglie Pasifae s'innamorasse dell'animale e, congiuntasi a lui, generasse il Minotauro, mostro metà uomo e metà toro, che si nutriva di carne umana. Minosse allora fece costruire dall'architetto Dedalo un labirinto dove poter nascondere il mostro. Perché nessuno potesse rivelare ad altri i segreti della costruzione, vi rinchiuse dentro lo stesso Dedalo e suo figlio Icaro; i due però riuscirono a evadere, grazie a due paia di ali di cera costruite appositamente da Dedalo. Per soddisfare il Minotauro, infine, Minosse impose alle città sotto il suo dominio un tributo di sette giovani e sette giovanette l'anno. In una di queste spedizioni, quella proveniente da Atene, s'inserì volontariamente l'eroe Teseo che, con l'aiuto di una figlia di Minosse, Arianna, riuscì a uccidere il Minotauro. Nell'Oltretomba Minosse diventò giudice delle anime dei morti.

MINOTAURO: feroce mostro della mitologia, nato dall'amore di Pasifae, moglie di Minosse (*vedi*), re di Creta, per un toro. Fu ucciso da Teseo.

MIRINA: nome adottato da Batieia, regina delle Amazzoni. Ex regina di Libia, uccise tutti gli uomini del suo regno, poi si trasferì a Lemno dove, in pratica, fece la medesima cosa. Madre di Ipsipile e moglie di Toante.

MNEMONE: ovvero «colui che ricorda». Tetide lo aveva messo alle costole di Achille, per ricordargli di non uccidere mai i figli di Apollo, altrimenti sarebbe stato ucciso a sua volta dal Dio. Mnemone era tenuto a dirglielo ad alta voce ogni mezz'ora. Purtroppo tacque quando Achille uccise Cicno (*vedi*), che era per l'appunto un figlio di Apollo e per questa dimenticanza venne messo a morte dallo stesso Achille.

MNEMOSINE: la Memoria, figlia di Urano e di Gea. Madre delle nove Muse.

MOIRE (Parche per i Romani): per alcuni erano figlie di Erebo e della Notte (Esiodo, *Teogonia*, 217), per altri di Zeus e Temi, per altri ancora di Ananke, la Necessità (Plutarco, *Il demone di Socrate*, 591 b). C'è anche chi le considera solo sorelle di Ananke (Platone, *La Repubblica*, X, 14). Seguivano l'uomo dal giorno della nascita fino al suo ultimo respiro. Cloto, la filatrice, tesseva il filo della vita. Lachesi, la misuratrice, ne verificava la lunghezza, e Atropo, «colei che non si può evitare», provvedeva al taglio finale.

MOMO: figlio di Ipno e della Notte, Dio della Maldicenza. Fu lui a consigliare Zeus di far nascere Elena e di provocare così un vasto conflitto.

MOPSO: figlio di Apollo e di Manto, forse il più abile indovino di tutti i tempi. Costrinse Calcante al suicidio dopo averlo battuto in una gara divinatoria.

MORFEO: figlio di Ipno e della Notte, e Dio del Sonno, era immaginato come un vecchio dalle grandi e leggerissime ali. Il suo avvicinarsi al letto era così lieve che nessuno fu mai capace di vederlo in viso. Aveva come fratelli, secondo Ovidio, Fantaso, il Dio dei sogni belli, e Fobetore, il Dio dei sogni brutti, cioè degl'incubi. Dal suo nome deriva il sostantivo «morfina».

MUNIPPO: figlio di Cilla e nipote di Priamo.

MUSE: figlie di Zeus e di Mnemosine. Erano nove e vivevano sul monte Elicona protette da Apollo. Ciascuna di loro proteggeva una forma d'arte: Calliope la poesia epica e l'eloquenza, Clio il canto epico e la storia, Erato la poesia d'amore, Euterpe la musica, Melpemone la tragedia, Polimnia il canto sacro, Talia la commedia, Tersicore la danza e Urania l'astronomia.

NARCISO: figlio di Cefiso e della ninfa Liriope. Quando nacque l'indovino Tiresia predisse che sarebbe vissuto finché non si fosse visto a uno specchio. Per questo la madre eliminò da casa tutti gli specchi e qualsiasi altra superficie riflettente. Ma un giorno, preso da una gran sete, Narciso si chinò per bere a uno stagno e vide la propria immagine riflessa. Secondo alcuni, nel tentativo di abbracciarsi, cadde in acqua e morì annegato; secondo altri, si trafisse con la spada, per l'impossibilità di amare se stesso. Dalle gocce del suo sangue nacque un fiore: il narciso.

NASTE: figlio di Nomione, capo dei Carii, alleati dei Troiani.

NAUPLIO: figlio di Nauplio, abilissimo navigatore, partecipò alla spedizione degli Argonauti. Quando seppe che suo figlio Palamede era stato ucciso dagli Achei perché incolpato ingiustamente di tradimento, decise di vendicarsi e mise in giro la voce che i capi achei avevano contratto vincoli amorosi con le donne troiane. A seguito di questi pettegolezzi, Clitennestra tradì Agamennone con Egisto, Egialea tradì Diomede con Comete, e Meda, sposa di Idomeneo, giacque con Leuco. Accese anche falsi fari lungo tutta la costa dell'Eubea, in modo da far naufragare le navi che tornavano da Troia.

NEBROFONO: figlio di Giasone e Ipsipile.

NELEO: padre di Nestore.

NEMESI: Dea della Vendetta, onorata sia dai Greci che dai Romani.

NEOPULO: padre di Leonte (personaggio inventato dall'autore).

NEOTTOLEMO: figlio di Achille e di Deidamia, noto anche come Pirro. Seppure giovanissimo (forse non ancora quindicenne), si distinse per le crudeltà commesse durante l'eccidio di Troia: uccise con le proprie mani Priamo e Polissena e gettò dall'alto delle mura il piccolo Astianatte. Una volta tornato in patria, si unì alla schiava Andromaca, ex moglie di Ettore, suscitando le ire di Ermione, sua promessa sposa. La fanciulla allora sobillò gli abitanti di Delfi e lo fece lapidare, affermando che, se non fosse stato ucciso, avrebbe saccheggiato l'oracolo di Apollo.

NEREIDI: cinquanta Dee marine, figlie di Nereo e di Doride. Venivano rappresentate quasi sempre a cavallo di delfini o di altri mostri marini. Le più famose furono Tetide, Anfitrite e Galatea.

NEREO: figlio di Ponto e di Gea, Dio del Mare prima di Poseidone. Padre delle cinquanta Nereidi. Viveva con la famiglia sul fondo marino in una caverna tutta d'oro.

NESSO: centauro, figlio di Issione e di Nefele. S'innamorò di Deianira, la donna di Eracle, e venne da questi ucciso mentre tentava di rapirla. Prima di spirare, però, il centauro donò a Deianira un po' del suo sangue, consigliandole di usarlo il giorno in cui qualcuno le avesse mancato di rispetto. Forte di questo suggerimento, quando Eracle cominciò a corteggiare Iole, la figlia di Eurito, Deianira gli regalò una tunica intrisa del sangue di Nesso. Non appena il poverino se la mise addosso, si sentì bruciare vivo e inutilmente provò a liberarsene: il veleno del centauro non glielo permetteva, la camicia sembrava diventata un tutt'uno con la pelle. L'eroe, piuttosto che continuare a vivere tra inaudite sofferenze, preferì farsi bruciare su una pira.

NESTORE: figlio di Neleo e di Cloride, re di Pilo, detto anche il Gerenio. Famoso per la sua saggezza, fu l'unico dei figli di Neleo a non essere ucciso da Eracle; era infatti assente. Visse molto a lungo e questo gli consentì di partecipare alla lotta dei Lapiti contro i Centauri, alla spedizione degli Argonauti, alla caccia al Cinghiale Caledonio e alla guerra di Troia.

NIOBE: figlia di Tantalo. Commise l'errore di vantarsi con un'amica della sua numerosa prole. «Latona» disse «ha solo due figli, io, invece, ne ho quattordici!» Non l'avesse mai detto: i supervendicativi Apollo e Artemide presero l'arco e le frecce e le uccisero tutti i figli (Apollo i maschi e Artemide le femmine). Tramutata in roccia dagli Dei, continuò a piangere attraverso una sorgente.

NOTO: figlio di Astreo e di Eos, fratello di Zefiro e di Borea, rappresentava il vento del Sud, ovvero lo scirocco.

OCEANO: figlio di Urano e di Gea. Dalla sua unione con la sorella Teti nacquero gli oceani, i mari e i fiumi. Fu l'unico dei Titani a non rivoltarsi contro gli Dei.

OILEO: re della Locride, padre di Aiace il Minore. Partecipò alla spedizione degli Argonauti.

ONFALE: regina delle Amazzoni. Costrinse Eracle (venuto presso di lei per purificarsi dell'assassinio di Ifito) a vestire per tre anni abiti femminili e a filare la lana. Finì con l'innamorarsi dell'eroe e col dargli due figli.

ORE: figlie di Zeus e di Temi. All'inizio erano solo tre (Eunomia l'Equità, Diche la Giustizia e Irene la Pace), poi divennero cinque (con Carpo e Tallo), quindi dodici e infine ventiquattro.

ORESTE: figlio di Agamennone e Clitennestra. È passato alla storia come il vendicatore: aiutato da sua sorella Elettra, vendicò la morte del padre uccidendo la mamma Clitennestra (vedi) e il suo amante Egisto.

ORFEO: figlio di Eagro (o di Apollo) e di Calliope. Eccezionale cantore. Con la bellezza delle sue canzoni attraeva gli animali e muoveva le montagne. S'innamorò di Euridice (vedi) e quando lei morì per un morso di serpente scese negl'Inferi per riportarla nel mondo dei vivi. Sempre cantando, soggiogò Caronte, Cerbero, i giudici dei morti, Ade e Persefone. Purtroppo, però, una volta ottenuto il permesso di portarsi via Euridice, la perse per essersi girato troppo presto a guardarla, prima ancora che la fanciulla fosse uscita dal cunicolo dell'Oltretomba. Morì squartato dalle Menadi, le seguaci di Dioniso, per aver rifiutato qualsiasi contatto con le donne dopo la scomparsa di Euridice.

OTO: capo epeo nativo di Cillene.

PALAMEDE: figlio di Nauplio, era ritenuto l'inventore dei numeri, del disco, dei fari, della bilancia, delle misure, di alcuni caratteri dell'alfabeto, dell'arte di appostare le sentinelle, ma soprattutto dei dadi e dei pessi (specie di dama o scacchi). Smascherò Ulisse quando questi si finse pazzo per non andare in guerra. In seguito Ulisse si vendicò e lo accusò di tradimento, dopo aver nascosto nel suo capanno un mucchio di monete d'oro. Venne lapidato dagli Achei.

PALEMONE: figlio di Efesto. Partecipò all'impresa degli Argonauti.

PAN: Dio dei boschi, figlio di Ermes e della ninfa Penelope. Aveva i piedi di capra, un paio di piccole corna e il corpo tutto coperto di peli; era così brutto a vedersi che, quando nacque, la madre giustamente lo gettò via, ma Ermes lo raccolse e lo portò sull'Olimpo dove invece piacque moltissimo. Due furono le sue occupazioni: inseguire le ninfe e suonare la siringa. Sembra che questi due hobby siano in stretta correlazione tra loro. La ninfa Siringa, per sottrarsi all'inseguimento di Pan, pregò Gea di tramutarla in una canna, e lui subito ne approfittò per farci sopra dei buchi e farla diventare uno strumento musicale.

PANDARO: figlio di Licaone, capo dei Lici. Famoso per la sua abilità di arciere, colpì con una freccia Menelao che aveva appena terminato il duello con Paride, e fece così riprendere le ostilità tra gli Achei e i Troiani.

PANTOO: nobile troiano, amico di Priamo, padre di Iperenore, Euforbo e Polidamante.

PARIDE: figlio di Priamo e di Ecuba. I genitori decisero di abbandonarlo sul monte Ida a seguito di un brutto sogno fatto dalla madre, ma grazie a un'orsa che lo allattò e a un pastore, Agelao, che se lo portò a casa, crebbe sano e forte. Designato da Zeus perché decidesse chi delle tre Dee in competizione (Era, Atena e Afrodite) fosse la più bella, si cacciò in un mare di guai: scelse Afrodite ed ebbe come ricompensa l'amore di Elena, la donna più bella del mondo. Si crearono così i presupposti per la guerra di Troia. Uccise Achille ma fu a sua volta ucciso da Filottete.

PASITEA: altro nome di Aglaia (vedi), una delle tre Cariti.

PATROCLO: figlio di Menezio, re di Opunte, il più caro amico di Achille. I due, diciamo così, erano stati compagni di scuola, avendo studiato entrambi col centauro Chirone. Quando Achille si ritirò dai combattimenti per protestare contro Agamennone, Patroclo indossò le sue armi e uccise molti Troiani, tra cui Sarpedonte, un figlio di Zeus, ma fu infine ucciso da Ettore e a stento il suo cadavere fu recuperato dagli Achei. In suo onore vennero indetti solenni giochi funebri e dopo la morte di Achille le sue ceneri furono mischiate a quelle dell'amico e poste nella medesima urna.

PEANTE: figlio di Taumaco il Magnesio, padre di Filottete. Partecipò all'impresa degli Argonauti.

PEDASO: insieme a Balio e Xanto (vedi) formava il trio di cavalli che trainavano il cocchio di Achille.

PELEGONE: figlio del fiume Assio, re peone, padre di Asteropeo.

PELEO: figlio di Eaco e fratello di Telamone. Non era molto fortunato con le armi: uccise per errore il fratellastro Foco, e sempre per errore fece fuori il suocero Eurizione durante la caccia al Cinghiale Caledonio. Consegnato ai Centauri perché venisse sbranato, fu tratto in salvo da Chirone, centauro di animo gentile. Per ordine di Zeus si accoppiò con Tetide e generò Achille. Partecipò all'impresa degli Argonauti (vedi).

PELOPE: figlio di Tantalo e padre di Atreo e Tieste. Diede nome al Peloponneso. I panni sporchi della sua famiglia stimolarono la fantasia dei vari Sofocle, Eschilo ed Euripide, dando un notevole contributo alle fortune della tragedia greca. Quand'era ancora un bambino fu fatto a pezzi da suo padre, poi bollito e servito alla mensa degli Dei. Scoperto l'inganno, gli Dei punirono Tantalo e risuscitarono Pelope.

PELOPIA: figlia e amante di Tieste.

PENELEO: figlio di Mecisteo. Prese parte alla spedizione degli Argonauti e alla guerra di Troia.

PENELOPE: figlia di Icario, sposa di Ulisse e madre di Telemaco (*vedi*). Viene considerata il modello della moglie fedele, in pratica l'opposto di Elena. Quando si sposò, suo padre Icario avrebbe voluto che lei e il marito restassero in casa sua, in Acarnania, ma Penelope si coprì il viso con un velo, come a dire: «Papà, voglio stare sola con Ulisse». Icario capì l'antifona e per consolarsi costruì un tempio al Pudore. Famosa per la tela che tesseva di giorno e disfaceva di notte, Penelope ritardò con questo espediente la decisione di sposare uno dei Proci.

PENTESILEA: figlia di Ares, regina delle Amazzoni, uccise per errore sua sorella Ippolita e per farsi purificare si recò a Troia da Priamo. Qui si trovò in piena guerra e ritenne suo dovere schierarsi al fianco dei Troiani. Si scontrò con Achille che la uccise e successivamente la violentò.

PERICLIMENO: figlio di Neleo e nipote di Poseidone. Partecipò all'impresa degli Argonauti durante la quale litigò a morte con Eracle. Avuto in dono da Poseidone la facoltà di mutarsi in qualsiasi animale, sfuggì alla vendetta dell'eroe finché, diventato aquila, fu colto in pieno da una freccia avvelenata.

PERIFANTE: di Perifante a Troia ce n'erano due: uno, figlio di Epito, araldo troiano, e uno, figlio di Ochesio, amico di Neottolemo.

PERIFETE: figlio di Capreo, guerriero acheo.

PERSEFONE (Proserpina per i Romani): figlia di Zeus e di Demetra, fu rapita da Ade e trasportata negli Inferi. Sua madre, Dea delle Messi, la cercò per nove giorni e nove notti e alla fine scoprì il nome del sequestratore. Zeus allora ordinò ad Ade di restituire la fanciulla, sempre che costei, nel frattempo, non avesse mangiato il cibo dei morti. Persefone giurò di non aver toccato nulla, e stava per tornare a casa, quando un giardiniere di nome Ascalafo la sbugiardò: «Veramente io ho visto la signora mangiare un chicco di melograno». La faccenda del melograno (che da quel giorno divenne il frutto dei morti) bloccò le trattative: Demetra si mise in sciopero e comandò a tutti gli alberi e a tutte le messi di non dare più frutti. In breve tempo i campi divennero sterili e il genere umano corse il rischio di scomparire. Nuovo intervento di Zeus e nuovo compromesso: Persefone sarebbe stata nove mesi con la madre e tre mesi con il marito. Demetra accettò il verdetto, ma nel trimestre in cui la figlia era con Ade continuò a restare inoperosa (è questa la causa dell'inverno). La spia Ascalafo fu trasformata dalla Dea in un barbagianni.

PERSEO: figlio di Danae e di Zeus. Il padre di Danae, Acrisio, re di Argo, a causa di una profezia che lo voleva ucciso da Perseo, gettò in mare dentro una cesta la figlia e il nipotino. Raccolti presso Serifo, il re dell'isola, Polidette, innamoratosi di Danae, cercò di disfarsi del ragazzo sottoponendolo a prove sovrumane. Perseo allora rubò alle Graie (vedi) l'unico occhio e l'unico dente che avevano in comune, onde estorcere loro il luogo segreto di una cappa invisibile e dei calzari alati, che gli sarebbero serviti per raggiungere le Gorgoni e uccidere la Medusa (vedi). Con la testa recisa della Medusa, che pietrificava chiunque la fissasse in volto, sterminò Polidette e la sua gente. Fece quindi ritorno ad Argo, ma il nonno, sempre nel timore della profezia, fuggì a Larissa. Perseo lo convinse a tornare, ma lo uccise involontariamente durante una gara di lancio del disco. Addolorato per l'accaduto, l'eroe decise di non far più ritorno ad Argo e di riparare a Tirinto dove divenne re, per poi dar vita alla dinastia degli Achemenidi in Persia.

PIRITOO: figlio di Issione e Dia, re dei Lapiti, partecipò alla caccia del Cinghiale Caledonio e all'impresa degli Argonauti. Quando sposò Ippodamia invitò alle proprie nozze i Centauri che, dopo essersi ubriacati, cercarono di rapirgli la sposa; lui allora, con l'aiuto dei Lapiti, di Nestore e di Teseo, ne uccise un bel po'. Insieme a Teseo rapì Elena, ma perse il sorteggio per scegliere chi dovesse averla come amante. Cercò, sempre con Teseo, di rapire anche Persefone, ma furono fatti prigionieri da Ade, che li fece sedere entrambi su un masso dal quale non era più possibile staccarsi. Mentre Teseo venne liberato a stento da Eracle, per lui non ci fu alcuna via di salvezza.

PIROO: figlio di Imbraso, capo dei Traci.

PIRRA: uno dei nomi assunti da Achille quando si nascose sotto abiti femminili presso la reggia di re Licomede. Da non confondere con un'altra Pirra, moglie di Deucalione (vedi).

PISANDRO: di Pisandro a Troia ce n'erano due: uno troiano, figlio di Antimaco, e uno acheo, figlio di Mémalo, capo dei Mirmidoni.

PITONE: serpente indovino caro a Era. Un giorno Era, gelosa perché Latona era rimasta incinta, ordinò a Pitone di seguirla in ogni luogo per impedirle di partorire; ma Latona si fece trasportare dal vento Noto in un'isola vagante chiamata Delo, dove mise al mondo Artemide e Apollo. Si racconta che, dopo quella nascita, Delo smise di vagare e si fermò al centro dell'Egeo su quattro colonne d'oro. Si dice anche che non fu consentito più a nessuno di nascere nell'isola: le donne di Delo sul punto di partorire venivano trasportate nelle isole vicine. Appena nato, a soli quattro giorni, Apollo si fece prestare arco e frecce da Efesto e uccise Pitone nel crepaccio di Delfi; proprio in quel luogo in seguito sorse il più prestigioso dei suoi oracoli. In onore di Pitone vennero istituiti i Giochi Pitici.

PIZIA: sibilla dell'oracolo di Delfi. Dava i suoi responsi seduta sul tripode, nel luogo dove Apollo aveva ucciso Pitone. Parlava una sola volta all'anno e dopo aver digiunato tre giorni. In genere tutto quello che le usciva dalla bocca sembrava non avere alcun significato.

PLEIADI: nome di sette ninfe, figlie di Atlante e di Pleione. Nacquero in Arcadia, ma perseguitate da Orione, con l'aiuto di Zeus, ripararono con la madre nella volta celeste, dando il nome all'omonimo gruppo di stelle. La più nota fu Maia, la madre di Ermes (vedi), le altre sei furono: Alcione, Asterope, Celeno, Elettra, Merope, Taigete.

PLESSIPPO: figlio di Testio, fratello di Altea. Venne ucciso da suo nipote Meleagro per aver osato strappare il vello del Cinghiale Caledonio dalle mani di Atalanta.

PLISTENE: presunto figlio di Menelao ed Elena.

PODALIRIO: figlio di Asclepio e fratello di Macaone. Bravissimo medico, al pari del padre e del fratello, più versato però nella medicina interna che non nella chirurgia dove invece eccelleva Macaone.

PODARCE: figlio di Ificlo e fratello di Protesilao, era noto per essere il più veloce dei mortali (subito dopo Achille) e per aver ucciso l'amazzone Clonia.

PODEO: figlio di Eezione, guerriero troiano.

POLIDEGMONE: altro nome di Ade (vedi).

POLIDORO: figlio di Priamo e di Laotoe (o di Ecuba). Secondo Omero, sarebbe stato ucciso da Achille. Secondo altri, fu messo in salvo prima dell'eccidio, insieme a una notevole quantità d'oro, presso Polimestore, re del Chersoneso. Quando Troia cadde, Polimestore lo uccise e si impossessò dell'oro.

POLIFEMO: figlio di Poseidone e di Ippe, da non confondere con il famoso Ciclope. Partecipò all'impresa degli Argonauti.

POLISSENA: figlia di Priamo ed Ecuba. Assistette allibita all'assassinio di suo fratello Troilo da parte di Achille e giurò di vendicarsi. Finse di essere innamorata dell'eroe e si offrì come compenso per la restituzione del corpo di Ettore. Mentre giaceva con lui, si fece confidare in quale punto del corpo fosse vulnerabile, poi lo attirò nel tempio di Apollo Timbreo e lo fece colpire nel tallone dal fratello Paride. Pagò con la vita il suo gesto, giacché Neottolemo volle trucidarla sulla tomba del padre.

POLLUCE: *vedi* Castore e Polluce.

PORCETE: uno dei due mostri marini inviati da Poseidone a stritolare Laocoonte. L'altro era Caribia.

POSEIDONE (Nettuno per i Romani): figlio di Crono e di Rea, fratello di Zeus e di Ade, e Dio del Mare. Appena nato venne inghiottito dal padre, ma poi fu rigettato quando Zeus fece bere a Crono un emetico. Viveva in un gigantesco palazzo d'oro sul fondo del mare, da dove usciva su un cocchio trainato da cavalli con le unghie di bronzo. Simbolo del suo potere era il tridente donatogli dalle Telchine (*vedi*).

PRIAMO: figlio di Laomedonte e re di Troia. Ebbe cinquanta figli, diciannove dei quali con Ecuba. I più famosi furono: Ettore, Paride, Troilo, Deifobo, Cassandra e Polissena.

PROMETEO: difensore dell'umanità, figlio del titano Giapeto. Un giorno, dovendo sacrificare un bue per metà a suo cugino Zeus e per metà al popolo di Sicione, pensò bene di nascondere le ossa nella metà di Zeus e la carne nella metà del popolo. La cosa non fece piacere al Padre degli Dei che, per vendicarsi, tolse il fuoco agli uomini. «Avete voluto la carne,» disse il Cronide «e adesso ve la mangiate cruda.» Ma Prometeo non si dette per vinto: salì sull'Olimpo e, rubata una scintilla dal carro del Sole, riportò il fuoco sulla Terra. Per questo secondo affronto fu incatenato a una montagna, nel Caucaso, e condannato ad avere il fegato divorato da un'aquila.

PROTEO: figlio di Poseidone, guardiano di mostri marini. Viveva in fondo al mare, nei pressi dell'isola di Faro, all'imbocco del Nilo. La sua specialità era mutarsi in qualsiasi cosa, animale o elemento, fuoco o pioggia; da qui il termine *proteiforme*. Le trasformazioni avevano luogo quando qualcuno cercava di fargli predire il futuro. Un giorno, per sfuggire a Menelao, si mutò prima in leone, poi in drago, quindi in pantera, cinghiale, albero e infine in acqua. In vecchiaia divenne re dell'Egitto.

PROTESILAO: figlio di Ificlo. Il nome Protesilao, «colui che salta per primo», gli fu attribuito solo dopo che fu ucciso da Ettore mentre, primo della spedizione greca a Troia, saltava giù dalla nave.

REA: una delle Titanesse, figlie di Urano e di Gea, e pertanto sorella e sposa di Crono con il quale generò, tra gli altri, Zeus, Era, Demetra, Estia, Poseidone e Ade. Quando si accorse che Crono divorava i figli per impedire che uno di essi lo potesse spodestare, sostituì con una pietra l'ultimo nato, Zeus, e la dette in pasto al marito; poi allevò Zeus di nascosto, nell'isola di Creta.

RECO: centauro che nel tentativo di usare violenza ad Atalanta venne ucciso da costei.

RESO: capo dei Traci e alleato dei Troiani. Era celebre per i suoi cavalli bianchi. Secondo una profezia Troia non sarebbe mai caduta in mani nemiche fino a quando quei cavalli bianchi non si fossero abbeverati nelle acque dello Scamandro. Fu ucciso nel sonno da Ulisse e Diomede.

SARPEDONTE: figlio di Zeus e di Laodamia. Combatté a Troia e fu ucciso da Patroclo (*vedi*).

SCAMANDRO: è uno dei fiumi che attraversano la piana di Troia. Per gli antichi era anche un Dio, figlio di Zeus e di Doride. Sposò la ninfa Idea e generò Teucro, capostipite dei reali di Troia.

SCHEDIO: figlio di Perimede, capo focese.

SCILLA: unica figlia di Lamia a non essere uccisa da Era. Divenuta adulta, sedusse Glauco e ingelosì la maga Circe che, vedendola nuotare in una fontana, gettò nell'acqua un veleno e la trasformò in un essere mostruoso dotato di sei teste e dodici zampe. Scilla per la vergogna si andò a nascondere nello stretto di Messina in un antro marino dal quale usciva solo per divorare i naviganti. Di fronte a lei viveva un'altra divinità mostruosa, Cariddi. Omero nell'*Odissea* le cita entrambe: la prima come «colei che dilania» e la seconda come «colei che risucchia».

SELENE: Dea della Luna, figlia di Iperione e di Tea, sorella di Elio e di Eos. Veniva raffigurata come una fanciulla bellissima che correva su un carro trainato da due cavalli bianchi. A volte identificata con Artemide.

SINONE: figlio di Esimo, cugino di Ulisse. Quando gli Achei simularono l'abbandono di Troia, Sinone si fece lasciare sulla spiaggia onde farsi catturare dai Troiani. Portato al cospetto di Priamo, disse di essere appena sfuggito alla morte in quanto testimone degli inganni di Ulisse nei confronti di Palamede. Aggiunse che il cavallo di legno era un dono lasciato dagli Achei per Atena. Si dice anche che sia stato lui ad accendere il fuoco sulle mura di Troia per avvisare i compagni che tutto era andato nel modo prestabilito.

SISIFO: figlio di Eolo, fondatore di Corinto. Passa per essere stato l'uomo più scaltro dei suoi tempi. Allorché Egina fu rapita da Zeus, lui ne informò il padre, il fiume Asopo, e chiese in cambio una nuova fonte per Corinto. Punito da Zeus per la spiata e inviato agl'Inferi, si fece spiegare da Ade come funzionassero i ceppi ai quali doveva essere legato e, con la scusa di non averne capito bene il meccanismo, incatenò lo stesso Ade. A seguito dell'incidente, nessuno più moriva sulla Terra, con gran disappunto di Ares che fece di tutto per liberare il re delle Tenebre. Sisifo però ne pensò un'altra: disse che sua moglie lo aveva lasciato insepolto e chiese un permesso di tre giorni per sistemare la propria tomba. Ovviamente non fece più ritorno. Quando morì davvero (di morte naturale) fu condannato a trasportare in cima a una collina un masso che poi rotolava a valle e così via per l'eternità, senza mai fermarsi, in modo che non avesse mai il tempo per pensare.

SOCO: figlio di Ippaso, guerriero troiano.

STAFILO: figlio di Dioniso. Partecipò insieme al fratello Fano all'impresa degli Argonauti.

STAGIONI: figlie di Zeus e Temi. In un primo tempo erano solo tre e venivano confuse con le Ore, poi divennero quattro con l'aggiunta dell'autunno, ed ebbero ciascuna un protettore: Ermes per la primavera, Apollo per l'estate, Eracle per l'inverno e Dioniso per l'autunno.

STENELO: ci furono più eroi con questo nome. Quello che ci interessa era uno degli occupanti del cavallo. Figlio di Capaneo e amico di Diomede, giunse a Troia con venticinque navi.

STENOBIO: pilota della nave di Leonte (personaggio inventato dall'autore).

TALIA: una delle nove Muse, protettrice della commedia, e anche una delle tre Cariti, soprannominata «l'Abbondanza».

TALO: detto anche il «servo di bronzo». Robot inventato da Efesto e regalato a Minosse per proteggere Creta dall'attacco dei pirati. Ogni notte Talo faceva di corsa tre giri intorno all'isola e lanciava massi enormi su qualsiasi nave in avvicinamento. Aveva un'unica vena che gli andava dalla bocca fino al tallone. Venne ucciso da Medea che, dopo averlo ipnotizzato, riuscì a togliergli il tappo che aveva nel tallone e a farlo morire dissanguato.

TALTIBIO: il più celebre degli araldi. Lavorava al servizio di Agamennone, ed era così famoso che, quando tornò a Sparta, i suoi compaesani gli dedicarono un tempio. Il suo nome divenne sinonimo di «araldo».

TANAI: figlio di Lisippe, regina delle Amazzoni. Preferì gettarsi nel fiume omonimo, e annegare, piuttosto che soggiacere all'amore incestuoso della madre.

TANTALO: re con la mania della mondanità. Era spesso invitato alle feste sull'Olimpo; un giorno, per ricambiare, volle essere lui a invitare gli Dei a casa sua; sennonché all'ultimo momento si accorse che non aveva il «secondo», allora decise di fare a pezzi e bollire il figlio Pelope. Gli Dei, però, si accorsero del misfatto e si alzarono da tavola disgustati, a eccezione di Demetra che, distratta, continuò a rosicchiare la spalla del ragazzo. La punizione fu esemplare: Tantalo venne condannato ad avere sempre fame e sete. I frutti dell'albero a cui era legato si avvicinavano alla sua bocca per poi allontanarsi non appena cercava di addentarli; così pure l'acqua dello stagno dov'era immerso si abbassava all'improvviso ogni qualvolta cercava di berne un sorso. Per la cronaca suo figlio Pelope fu rincollato e resuscitato. Efesto gli rifece anche la spalla con un pezzetto d'avorio.

TAUMANTE: figlio di Ponto e di Gea, padre delle Arpie.

TELAMONE: figlio di Eaco, fratello di Peleo. Dopo aver ucciso per errore il fratellastro Foco fu esiliato insieme a Peleo nell'isola di Salamina. Partecipò alla caccia del Cinghiale Caledonio e all'impresa degli Argonauti. Ebbe tre mogli e precisamente Glauce, Peribea (madre di Aiace il Maggiore) ed Esione (madre di Teucro).

TELCHINE (o Telchini): figlie (o figli) del Mare. Non erano granché a vedersi: avevano la faccia di cane e le pinne al posto delle mani. Donarono il tridente a Poseidone e il falcetto a Crono perché evirasse suo padre. Si dice anche che avessero inventato la nebbia, e che per questo motivo Zeus le volesse sopprimere. Per evitare la punizione, vissero scappando da un posto all'altro.

TELEMACO: figlio di Ulisse e Penelope, nato pochi mesi prima della partenza di Ulisse per la guerra. Palamede lo pose sulla sabbia appena nato, innanzi all'aratro del re di Itaca, allo scopo di smascherarne la finta follia. In seguito Telemaco, vedendo che dopo dieci anni dalla fine della guerra il padre non era ancora tornato, cominciò a cercarlo per tutta la Grecia e si recò a Sparta, da Menelao, dove Elena, per calmarne le angosce, gli somministrò l'*elenon*, un tranquillante, se non addirittura una droga.

TELONE: taverniere licio (personaggio inventato dall'autore).

TEMI: Dea della Giustizia. Figlia di Urano e di Gea, sorella e amante di Zeus con il quale generò molte figlie tra cui le Ore e le Stagioni (*vedi*) e con il marito Capi il figlio Anchise. Consigliera di Zeus in più occasioni, veniva raffigurata con una bilancia tra le mani.

TERSITE: figlio di Agrio, guerriero acheo sciancato, cugino di Diomede. Sua caratteristica principale, dire sempre tutto quello che pensava del prossimo. Accusò di necrofilia Achille, che lo uccise con un pugno al mento.

TESEO: figlio di Egeo e di Etra, uno dei più famosi eroi della Grecia. Tra le sue innumerevoli imprese ricordiamo il primo rapimento di Elena (*vedi*), l'eliminazione del Minotauro (*vedi*), l'uccisione del brigante Perifete (quello che uccideva i passanti con una clava di bronzo) e la discesa agl'Inferi con Piritoo (*vedi*). Governò su Atene e fu il primo a tentare un'alleanza tra tutti i popoli greci. Combatté contro le Amazzoni al fianco di Eracle e partecipò, come tutti i grandi eroi, alla caccia del Cinghiale Caledonio e all'impresa degli Argonauti. Tornato ad Atene trovò che il trono gli era stato usurpato da Menesteo; si recò allora da Licomede (*vedi*), re di Sciro, ma questi lo precipitò dall'alto di una rupe.

TESSALO: terzo figlio di Giasone e Medea, stava per essere ucciso dalla mamma al pari dei suoi fratellini, Mermero e Farete, quando riuscì a scappare. In età adulta fondò il regno di Tessaglia.

TESTORE: sacerdote di Apollo, padre di Calcante, di Teonoe e di Leucippa. Assisté al rapimento di Teonoe da parte di alcuni pirati e cercò di inseguire i rapitori, ma, catturato a sua volta, fu venduto a Icaro, re dei Carii. In seguito venne liberato, insieme a Teonoe, dalla figlia minore che s'introdusse nella reggia di Icaro travestita da sacerdote.

TETI: figlia di Urano e di Gea, moglie di Oceano con il quale ebbe moltissimi figli tra cui gli oceani, i mari e i fiumi.

TETIDE: figlia di Nereo e di Doride. Poiché un oracolo aveva predetto che il suo primo figlio sarebbe stato invincibile, Zeus non le permise di accoppiarsi con nessun Dio. Violentata da Peleo, ebbe un figlio, Achille, al quale fu predetta una morte gloriosa in guerra. Tetide fece di tutto per salvargli la vita: cercò di renderlo invulnerabile immergendolo nello Stige, lo nascose nella reggia di Licomede (*vedi*), gli fu sempre accanto in battaglia, ma alla fine dovette arrendersi al Fato.

TEUCRO: figlio di Telamone e di Esione. Piccolo di statura, era solito nascondersi dietro lo scudo del fratellastro Aiace Telamonio, per poi apparire all'improvviso e trafiggere il nemico. Tornato a Salamina, il padre lo esiliò perché non aveva saputo badare a suo fratello Aiace (*vedi*).

TIDEO: figlio di Eneo e di Peribea. Dalla moglie Deipile ebbe Diomede. Partecipò alla spedizione dei «sette contro Tebe» e all'impresa degli Argonauti.

TIESTE: figlio di Pelope e fratello di Atreo.

TIFIDE (o Tifi): timoniere della nave Argo durante la spedizione degli Argonauti. Morì di malattia prima di raggiungere la Colchide e fu sostituito da Anceo il Piccolo.

TIMETE: cognato di Priamo, marito di Cilla. Priamo, interpretando male una profezia di Cassandra e di Esaco, uccise, insieme ad altre donne troiane gravide, sua sorella Cilla che stava per partorire il figlio di Timete, Munippo. Timete si sarebbe vendicato dieci anni più tardi, convincendo i Troiani a far entrare il cavallo di legno entro le mura.

TINDARO: figlio di Periere e di Gorgofone. Sposò Leda (*vedi*) dalla quale ebbe quattro gemelli: Elena, Clitennestra, Castore e Polluce. In realtà questi figli così prestigiosi non sarebbero tutti suoi, essendosi Leda unita quel giorno anche con Zeus. Allorché Tindaro decise di concedere a un principe acheo la corteggiatissima Elena, dietro suggerimento di Ulisse, pretese che tutti i candidati firmassero un patto di alleanza per il caso che uno straniero avesse offeso l'onore della sposa. In cambio del consiglio convinse suo fratello Icario a dare in sposa la figlia Penelope a Ulisse.

TIRESIA: fu reso cieco da Atena per averla spiata mentre faceva il bagno in un laghetto. Secondo altri, fu punito con la cecità per aver dato torto a Era in uno dei suoi tanti litigi con Zeus. Per attenuare la pena gli fu concesso il dono della preveggenza.

TISIFONE: Dea della Vendetta. È una delle tre Erinni insieme a Megera, l'Odio, e Aletto, la Collera.

TITONE (o Titono): figlio di Laomedonte, uno degli uomini più belli della mitologia. Di lui s'innamorò Eos, Dea dell'Aurora, che, presa dalla passione, chiese a Zeus di renderlo immortale. Purtroppo la Dea si dimenticò di chiedere anche l'eterna giovinezza, motivo per cui Titone divenne sempre più vecchio e decrepito, fino a essere abbandonato da tutti, perfino da Eos.

TOANTE: figlio di Andremone e di Gorge, re degli Etoli. Arrivò a Troia con quaranta navi. Fu tra quelli che si nascosero nel cavallo di legno.

TOANTE: figlio di Dioniso e di Arianna, re di Lemno, marito di

Mirina e padre di Ipsipile. Venne salvato dalla figlia e messo su una barca il giorno in cui le donne di Lemno decisero di uccidere tutti i maschi dell'isola.

TONI: sacerdote egizio al servizio di Proteo.

TROILO (o Tonite): era il più giovane dei figli di Priamo e di Ecuba. Fu ucciso da Achille nel tempio di Apollo Timbreo sotto gli occhi della sorella Polissena (*vedi*).

UCALEGONTE: uno degli anziani di Troia.

ULISSE (Odisseo per i Greci): figlio di Laerte e re di Itaca. Famoso per la sua astuzia. Non potendo aspirare alla mano di Elena, si fece promettere da Tindaro quella di Penelope, con la quale generò un figlio, Telemaco. Per non partire per la guerra di Troia si finse pazzo, e si mise a seminare sale sulla spiaggia, ma fu smascherato da Palamede che in seguito avrebbe pagato con la vita questa sua intromissione. La guerra di Troia è caratterizzata dalle astuzie di Ulisse, ultima delle quali la progettazione del cavallo di legno che permise agli Achei di entrare nella città. Una volta conquistata Troia, il figlio di Laerte tribolò ancora dieci anni prima di poter tornare a Itaca. Qui trovò i Proci che insidiavano sua moglie Penelope al fine d'impossessarsi del regno. Ancora una volta, ricorrendo all'astuzia, eliminò i rivali e riprese il suo posto sul trono dell'isola.

URANO: rappresentava il Cielo. Figlio e nello stesso tempo marito di Gea, ebbe molti figli e precisamente: i Titani (Ceo, Crio, Crono, Giapeto, Iperione e Oceano), le Titanesse (Febe, Mnemosine, Rea, Tea o Tia, Temi e Teti), i Ciclopi (Arge, Bronte e Sterope) e i Centimani (Briareo, Cotto e Gige). Timoroso che uno dei figli potesse un giorno spodestarlo, li confinò tutti nel profondo Tartaro. La moglie però li convinse a ribellarsi e Crono, il più giovane di tutti, lo evirò con un falcetto.

XANTO: *vedi* Balio e Xanto.

ZEFIRO: figlio di Astreo e di Eos, fratello di Noto e di Borea, rappresentava il vento di ponente.

ZETI (o Zete): figlio di Borea. Partecipò all'impresa degli Argonauti insieme al fratello alato Calaide.

ZEUS (Giove per i Romani): figlio di Crono e di Rea. Fu l'unico dei figli di Rea a non essere divorato dal padre. Crebbe nascosto nell'isola di Creta, allevato dalla capra Amaltea. Diventato adulto, costrinse suo padre a vomitare i fratelli e con due di essi si spartì l'Universo. A Zeus toccò il Cielo, ad Ade il regno degl'Inferi e a Poseidone quello del Mare. Considerato il più importante degli Dei, tradì sua moglie Era svariate volte, disseminando figli un po' dappertutto. Presiedeva ai fenomeni celesti. La sua arma preferita era il fulmine.

Indice

OSCAR BESTSELLERS

Follet, Il codice Rebecca

Bao Lord, Luna di primavera

Goldoni L., Se torno a nascere

Freeman, Il vento della vita

Robbins H., Gli eredi

Bevilacqua, La califfa

Follett, L'uomo di Pietroburgo

Wallach, Domina

Ludlum, Il treno di Salonicco

Sheldon, Uno straniero allo specchio

Taylor Bradford, Una vera donna

Cruz Smith, Gorky Park

Krantz, La figlia di Mistral

García Márquez, Cronaca di una morte annunciata

Suyin, Fin che verrà il mattino

Robbins H., L'incantatore

Forsyth, Il giorno dello sciacallo

Fruttero e Lucentini, La donna della domenica

Follett, Triplo

Follett, La cruna dell'Ago

Sheldon, Il volto nudo

Robbins H., Goodbye, Janette

Freeman, Non è tempo di lacrime

Kaye, Padiglioni lontani

Robbins H., L'uomo che non sapeva amare

Tacconi, La verità perduta

Sheldon, L'altra faccia di mezzanotte

Goldoni L., Lei m'insegna

Fruttero e Lucentini, Il pallo della contrade morte

Smith, Come il mare

Conran, Segreti

Smith, Sulla rotta degli squali

Follett, Sulle ali delle aquile

Kaye, Vento dell'Est

Krantz, Princess Daisy

Biagi, Mille camere

Wallace I., L'onnipotente

Guest, Gente senza storia

Forsyth, Il quarto protocollo

Goldoni L., Viaggio in provincia

De Crescenzo, Così parlò Bellavista

Forsyth, L'alternativa del diavolo

Robbins H., Ricordi di un altro giorno

Forsyth, Dossier Odessa

Smith, Gli eredi dell'Eden

Freeman, Ritratti

Robbins H., I mercanti di sogni

Lapierre – Collins, Il quinto cavaliere

Hailey, Aeroporto

Forsyth, I mastini della guerra

Salvalaggio, Villa Mimosa

McMurtry, Voglia di tenerezza

Van Slyke, Una donna necessaria

Freeman, Illusioni d'amore

Bevilacqua, Il curioso delle donne

Goldoni L., Colgo l'occasione

Ludlum, L'eredità Scarlatti

Steel, Due mondi due amori

West, La salamandra

Collins L., Fortitude

Agnelli S., Vestivamo alla marinara

Condon, L'onore dei Prizzi

Smith, Una vena d'odio

Biagi, Senza dire arrivederci

Fruttero e Lucentini, A che punto è la notte

Conran, Segreti II

Lapierre – Collins, "Parigi brucia?"

Mason, Il mondo di Suzie Wong

Puzo, Il padrino

Steel, Stagione di passione

Higgins, Il tocco del diavolo

Steel, Una perfetta sconosciuta

Clavell, La Nobil Casa

Sulitzer, Il Re verde

Van Slyke, I visitatori devono farsi annunciare

Steel, Un amore così raro

Lapierre – Collins, Gerusalemme! Gerusalemme!

Tacconi, Lo schiavo Hanis

Lipper, Wall Street

Puzo, Il Siciliano

De Crescenzo, Storia della filosofia greca. I presocratici

Gilmour, Attrazione fatale

Smith, Un'aquila nel cielo

Parma, Sotto il vestito niente

Le Carré, La spia che venne dal freddo

Smith, La spiaggia infuocata

Robbins H., L'immortale

Slaughter, Affinché nessuno muoia

Puzo, Mamma Lucia

De Crescenzo, Storia della filosofia greca. Da Socrate in poi

Zimmer Bradley, Le nebbie di Avalon

Higgins, La notte dell'aquila

Steel, Palomino

King, Incendiaria

Lapierre – Collins, Alle cinque della sera

Goldoni L., Esclusi i presenti

Webb, Il laureato

Hailey, Hotel

King, Christine la macchina infernale

Smith, Il potere della spada

Tam, Tè all'oppio

Hailey, Black-out

Chase-Riboud, La virginiana

Signoret, Addio Volodia

Nese, La Piovra

García Márquez, L'amore ai tempi del colera

Konsalik, Viaggio alla Terra del Fuoco

Biagi, Il sole malato

Bevilacqua, La donna delle meraviglie

Slaughter, Pericolo medico

West, Arcicorruttore

Smith, Quando vola il falco

Krantz, Conquisterò Manhattan

Conroy, Gli intoccabili

Fruttero e Lucentini, L'amante senza fissa dimora

Smith, Stirpe di uomini

Robbins H., La passione di Joe Crown

Smith, Gli angeli piangono

Tacconi, Salomè

Gardner, 007 vendetta privata

Follett, Un letto di leoni

Konsalik, Squali a bordo

Harris, Il delitto della terza luna

King, La zona morta

King, Cujo

Steel, Una volta nella vita

Casati Modignani, Saulina

Lapierre – Collins, Stanotte la libertà

Shaw Gardner, Batman

Maas, Caccia all'uomo

Gould, Peccati

Condon, La gloria dei Prizzi

Cato, Così scorre il fiume

Pilcher, I cercatori di conchiglie

Anonimo, Uomo di rispetto

Puzo, I folli muoiono

King, La lunga marcia

Manfredi, Lo scudo di Talos

Harris, Il silenzio degli innocenti

Chase-Riboud, La sultana bianca

Clavell, Tempesta (2 voll.)

Conran, Selvagge

Le Carré, La spia perfetta

Slaughter, Non c'è amore più grande

De Crescenzo, Oi dialogoi

Bevilacqua, Una città in amore

Follett, Lo scandalo Modigliani

Rutherfurd, Sarum

Robbins H., Betsy

Hailey, Ruote

James P.D., Un lavoro inadatto a una donna

Konsalik, La minaccia

L'Amour, La lunga fuga

Wood, Verde città nel sole

Collins Joan, Prima serata

Brown, Il mio piede sinistro

Forsyth, Nessuna conseguenza

Montalembert, Buio

Crown, Il magistrato

Slaughter, Mogli di medici

Follett, Alta finanza

Freeman, Le stagioni del cuore

Konsalik, Clinica privata

Mackey, Una grande passione

Altieri, Città oscura

Le Carré, La tamburina

Wolfe, Il falò delle vanità

De Carlo, Due di due

Freeman, Sempre e per sempre

García Márquez, Il generale nel suo labirinto

Collins L., Dedalo

Cruz, Los Alamos

Condon, Il candidato della Manciuria

Slaughter, Ospedale generale

Gordon, Pagamento finale

Bevilacqua, Una misteriosa felicità

Condon, L'imperatore d'America

Caldwell T., Vivido scorre il fiume

Pilcher, La tigre che dorme

Slaughter, Figlie di medico

Forsyth, Il negoziatore

Isaacs, Il nome di una donna

Filson, Sposa dei Sensei

Bevilacqua, La Grande Giò

De Crescenzo, Vita di Luciano De Crescenzo scritta da lui medesimo

Turow, Presunto innocente

Segal, Un uomo, una donna, un bambino

Strieber – Kunekta, War Day

Manfredi V.M., Palladion

Freeman, L'ultima principessa

Irvine, Fuga

Alberoni R.G., L'orto del paradiso

Krantz, Fino al prossimo incontro

Michele di Grecia, La donna sacra

Ellroy, Dalia nera

Caldwell, Essere uomo

Montalembert, L'estate perduta

Gage, Amore in terra